J.-H. Niggemeyer

Beschwörungsformeln aus dem „Buch der Geheimnisse"

Judaistische Texte und Studien

Herausgegeben von

JOHANN MAIER

Band 3

Jens-Heinrich Niggemeyer

Beschwörungsformeln aus dem „Buch der Geheimnisse"

1975

Georg Olms Verlag
Hildesheim · New York

Jens-Heinrich Niggemeyer

Beschwörungsformeln aus dem „Buch der Geheimnisse"

(Sefär ha-razîm)

Zur Topologie der magischen Rede

1975

Georg Olms Verlag
Hildesheim · New York

Printed in Germany
Umschlagentwurf: Paul König, Hildesheim
Herstellung: fotokop wilhelm weihert KG, Darmstadt
ISBN 3 487 05648 8

I N H A L T S V E R Z E I C H N I S

1. E I N L E I T U N G S. 1-5

1.1 Magie und Religion
1.2 Die Bewertung magischer Schriften
1.3 Die "Wissenschaft vom Judentum"
1.4 Magie und Mystik
1.5 Das Quellenmaterial
1.6 Forschungserträge
1.7 "Magische Rede" und "Topos"
1.8 Aufbau und Ziele der Arbeit

2. D A S B U C H D E R G E H E I M N I S S E

2.1 EINLEITUNG S. 7-9

2.1.1 Erscheinen der Schrift
2.1.2 Auffindung der Textzeugen
2.1.3 Umfang der Ausgabe. Margaliots Einleitung
2.1.4 Die verschiedenen Register

2.2 INHALT UND CHARAKTER DER SCHRIFT S. 10-12

2.2.1 Einleitung und sieben Himmel als Gliederung
2.2.2 Die magischen Praktiken
2.2.3 Esoterischer Traktat?
2.2.4 Stil der Schrift

2.3 DIE TEXTÜBERLIEFERUNG S. 12-15

2.3.1 Vorbemerkung
2.3.2 Fragmente aus der Genizah
2.3.3 Spätere handschriftliche Ausgaben
2.3.4 Weitere Handschriften (Amulettbücher)
2.3.5 Arabische und lateinische Übersetzungen

2.4 MARGALIOTs AUSGABE S. 16-17

2.4.1 Mängel der äußeren Form
2.4.2 Grundsätzliche Probleme
2.4.3 Die Schautafel

2.5	ANALYSE DER MAGISCHEN BESTANDTEILE			S. 17-62
2.5.1	Vorbemerkung			
2.5.2	Terminologisches			
2.5.3	Der erste Himmel,	allgemeine Beschreibung		
2.5.4	Erstes Lager,	1. Komplex	(I,28-34)	
2.5.5	Zweites Lager,	2. Komplex	(I,48-83)	
2.5.6	Zusammenfassung			
2.5.7	Drittes Lager,	3. Komplex	(I,94-106)	
2.5.8	Viertes Lager,	4. Komplex	(I,117-150)	
2.5.9	Zusammenfassung			
2.5.10	Fünftes Lager,	5. Komplex	(I,160-192)	
2.5.11	Zusammenfassung			
2.5.12	Sechstes Lager,	6. Komplex	(I,200-208)	
2.5.13	Siebentes Lager,	7. Komplex	(I,218-236)	
2.5.14	Der zweite Himmel,	allgemeine Beschreibung		
		8. Komplex	(II,6-11)	
2.5.15	Erste Stufe,	9. Komplex	(II,17-25)	
2.5.16	Zweite Stufe,	10. Komplex	(II,30-37)	
2.5.17	Dritte Stufe,	11. Komplex	(II,45-56)	
2.5.18	Vierte Stufe,	12. Komplex	(II,62-72)	
2.5.19	Fünfte Stufe,	13. Komplex	(II,80-88)	
2.5.20	Sechste Stufe,	14. Komplex	(II,94-102)	
2.5.21	Siebente Stufe,	15. Komplex	(II,110-117)	
2.5.22	Achte Stufe,	16. Komplex	(II,123-127)	
2.5.23	Neunte Stufe,	17. Komplex	(II,134-138)	
2.5.24	Zehnte Stufe,	18. Komplex	(II,144-153)	
2.5.25	Elfte Stufe,	19. Komplex	(II,160-174)	
2.5.26	Zwölfte Stufe,	20. Komplex	(II,181-185)	
2.5.27	Der dritte Himmel,	allgemeine Beschreibung		
	Erste Engelgruppe,	21. Komplex	(III,16-31)	
2.5.28	Zweite Engelgruppe,	22. Komplex	(III,35-43)	
2.5.29	Dritte Engelgruppe,	23. Komplex	(III,47-59)	
2.5.30	Der vierte Himmel,	24. Komplex	(IV,25-72)	
2.5.31	Der fünfte Himmel,	25. Komplex	(V,15-42)	
2.5.32	Der sechste Himmel,	26. Komplex	(VI,25-51)	
2.5.33	1. - 26. Komplex,	Zusammenfassung		

3. <u>D I E   B E S C H W Ö R U N G E N</u>

3.1	EINLEITUNG	S. 63-64
3.1.1	Vorbemerkung	
3.1.2	Gebet und Beschwörung	
3.1.3	Der magische Zwang	

3.2 STRUKTUR S. 64-67

3.2.1 Tabelle der Zwangmittel
3.2.2 Erläuterungen
3.2.3 Die zwei Teile einer Beschwörung
Der bindende Teil
Der kommunikativ-sachliche Teil
3.2.4 Beispiel

3.3 STIL S. 68-71

3.3.1 Einschränkung
3.3.2 Unterschiede in den beiden Teilen
3.3.3 Formularelemente
3.3.4 Bitte
3.3.5 Befehl
3.3.6 Drohung
3.3.7 Dialog
3.3.8 Poetische Stilmittel

4. E L E M E N T E D E R M A G I S C H E N R E D E

4.0 EINLEITUNG S. 73

4.1 DER NAME S. 74-78

4.1.1 Die antike Lehre von der Sympathie und Antipathie
4.1.2 Überblick über die Verwendung des Namens
4.1.3 Aussprechen des Namens
4.1.4 Kenntnis des wahren Namens
4.1.5 Namenlisten. Offizielle und geheime Namen
4.1.6 Vernichtung des Namens
4.1.7 Eigenleben des Namens
4.1.8 Namensformen
4.1.9 Zauberworte. Transkriptionen

4.2 DAS ATTRIBUT S. 79-87

4.2.1 Vorbemerkung
4.2.2 Die Gottesvorstellung in talmudischer Zeit
4.2.3 Kraft, Macht
4.2.4 Der machtvolle Name
4.2.5 Konkrete Beispiele der Macht
4.2.6 Historische Taten
4.2.7 Der Schöpfer
4.2.8 Allgegenwart
4.2.9 Der König
4.2.10 Ewigkeit
4.2.11 Weisheit
4.2.12 Verborgenheit. Heiligkeit

4.3 DIE FUNKTIONSBEZEICHNUNG S. 88-90

4.3.1 Vorbemerkung
4.3.2 Grundsätzliches am "Buch der Geheimnisse" erläutert
4.3.3 Die Engel des Feuers
4.3.4 Weitere hebräische Beispiele
4.3.5 Aramäische und mandäische Beispiele
4.3.6 Ausführlichere Bezeichnungen
4.3.7 Amulette und Zauberschalen
4.3.8 Ausweitung zu Katalogen

4.4 DIE IDENTIFIZIERUNG S. 91-93

4.4.1 Allgemeines
4.4.2 "Du bist"
4.4.3 Nennung des eigenen Namens
4.4.4 "Ich bin"
4.4.5 Aramäische und mandäische Beispiele
4.4.6 Beispiele aus den Zauberpapyri
4.4.7 Schema in den Formularen
4.4.8 Zum Ursprung dieser Redeweise

4.5 DIE BINDEFORMEL S. 94-96

4.5.1 Allgemeines. Das "Buch der Geheimnisse"
4.5.2 Die Schalentexte
4.5.3 Das griechische und lateinische Material
4.5.4 Die resumierende Wiederholung

4.6 DIE LÖSEFORMEL S. 97-98

4.6.1 Allgemeines
4.6.2 Das "Buch der Geheimnisse"
4.6.3 Die griechischen Texte
4.6.4 Das "Umkehren" eines Fluches

4.7 DAS INSTRUMENTALE "BEI..." S. 99-107

4.7.1 Allgemeines
4.7.2 Die Beispiele aus dem "Buch der Geheimnisse" und ihre Anordnung
4.7.3 "Bei" + Name
4.7.4 "Bei" + Bezeichnung
4.7.5 "Bei" + Zaubermittel
4.7.6 Wirkungsweise dieser Formel
4.7.7 Allgemeines Schema
4.7.8 Weitere Erläuterungen
Das aramäische und mandäische Material
4.7.9 "Bei" + Name (direkt)
4.7.10 "Bei" + Name (indirekt)
4.7.11 "Bei" + Bezeichnung
4.7.12 "Bei" + Zaubermittel

4.7.13 Die Formel "im Namen" auf Zauberschalen
4.7.14 Schlagworte
4.7.15 Ein Extrem
Das griechische und lateinische Material
4.7.16 "Bei" + Name (direkt)
4.7.17 "Bei" + Name (indirekt)
4.7.18 "Bei" + Bezeichnung
4.7.19 "Bei" + Zaubermittel
4.7.20 BASEMM, BASYM, BESSOUM

4.8 DIE PRÄZISIERUNG S. 108-114

4.8.1 Allgemeines
4.8.2 Angaben zur Person. Matronymie
4.8.3 Die übrigen Personennamen
4.8.4 Allgemeine Ersatzformeln
4.8.5 Anwendung auf Dämonen
4.8.6 Personengruppen
4.8.7 Dämonische Mächte. Krankheiten
4.8.8 Gliederlisten im apotropäischen Zauber
4.8.9 Im Liebeszauber
4.8.10 Zur Dämonenbindung
4.8.11 Pauschalbezeichnungen
4.8.12 Magische Handlung und Zauberwirkung
4.8.13 Stilisierungstendenzen
4.8.14 Orts- und Zeitangaben

4.9 DER ANALOGIESPRUCH S. 115-116

4.9.1 Allgemeines
4.9.2 Beispiele aus dem "Buch der Geheimnisse"
4.9.3 Das griechische und lateinische Material
4.9.4 Die Schalentexte
4.9.5 Stilisierte Formen (Gleichnis)

4.10 MODALITÄTEN S. 117-118

4.10.1 Allgemeines
4.10.2 Apotropäische Formeln
4.10.3 Aus dem Offenbarungszauber
4.10.4 "Schnell, schnell!"
4.10.5 Zeitangaben

ANMERKUNGEN S. 119-177

ANHANG S. 179-274

1. Die Beschwörungstexte aus dem "Buch der Geheimnisse"
Vorbemerkung S. 181
Sigelliste S. 182
Text Nr. 1-36 S. 183-224

2. Rückläufige Liste der Engel- und Geisternamen
Vorbemerkung S. 225
Liste S. 226-238

3. Index zum altjüdischen Zauberwesen S. 239-245

4. Bibliographie und Abkürzungsverzeichnis S. 247-256

5. Transkriptionstabelle und textkritische Zeichen S. 257-258

6. Stellenregister S. 259-270

7. Buchtitel und Autoren S. 271-274

B E S C H W Ö R U N G S F O R M E L N

A U S   D E M

" B U C H   D E R   G E H E I M N I S S E "

Kapitel 1-4

1. E I N L E I T U N G

1.1 Die Diskussion um das Wesen der Magie und ihr Verhältnis zur Religion ist lang und hat im Verlaufe der letzten hundert Jahre die verschiedenartigsten Ergebnisse erzielt[1]. Besonders durch die in zunehmendem Maße bekanntgewordenen Berichte über Sitten und Gebräuche fremder Völker wurde das Bild in Bewegung gebracht, was allerdings auch eine gewisse nivellierende Betrachtungsweise zur Folge hatte. J.G. FRAZERs umfangreiches Werk "The Golden Bough" ist ein eindrucksvolles Beispiel für diese Entwicklung[2]. Wenn auch die dort vorgetragene Auffassung als überholt betrachtet werden kann, so steht dieses Werk mit seiner enormen Ausstrahlungskraft und Nachwirkung auf die folgenden Generationen immer noch einzigartig da[3]. Doch auch in jüngster Zeit nennt Fr. HEILER zum Thema "Magie und Religion" noch vier Haupttheorien[4], trifft dann aber im Verlauf seiner weiteren Darstellung die wesentliche Unterscheidung zwischen "Magie" als einem quasi-wissenschaftlichen System und dem Glauben an eine "zauberhafte Kraft", der ein Bestandteil jeder primitiven Religion ist[5].

1.2 Dieser Hinweis auf die Magie als einer Vorläuferin der Naturwissenschaft[6] ist für die Bewertung der literarischen Formen von magischen Schriften bedeutsam: er gibt einen wichtigen und wohl auch allzu häufig vernachlässigten Aspekt frei, der die frühen magischen Traktate in der Nähe der ersten naturwissenschaftlichen Abhandlungen des Altertums erscheinen läßt. Dieser Punkt verdiente eine umfassendere Darstellung, die zweifellos zu einer gerechteren Würdigung dieses Teils der Volksliteratur führen würde. Magische Schriften der Antike wie auch des Mittelalters standen ja im allgemeinen in dem Verruf, verunglückte Erzeugnisse literarisch und sprachlich minderbemittelter Zeitgenossen zu sein, was einerseits an der zumeist angewandten kanonischen bzw. klassizistischen Optik, andererseits am Mißverständnis des eigentlichen Anliegens einer solchen Schrift lag[7].

1.3 Was hier besonders für die klassisch-philologische Forschung zutrifft, läßt sich bedingt auch für die "Wissenschaft vom Judentum" geltend machen, so wie sie bereits im vorigen Jahrhundert in Deutschland zu einem ihrer Höhepunkte gelangt war. Die noch ganz vom Rationalismus der jüdischen Aufklärung (Haśkālāh) durchdrungene Forschung z.B. eines H. GRAETZ ließ nicht viel Raum für eine vorurteilsfreie Untersuchung der frühen magischen und mystischen Schriften im Judentum[8]. Unterscheiden sich die vielfältigen Arbeiten M. GASTERs davon bereits in bemerkenswerter Weise[9], so wurde jedoch erst mit dem Erscheinen von L. BLAUs Abriß über "Das altjüdische Zauberwesen"[10] ein entscheidender Wendepunkt erreicht. Zum ersten Mal wurde die Vielfalt der magischen Überlieferung in talmudischer Zeit sichtbar gemacht[11], und das in einer derart umfassenden Weise, daß dieses Werk bis heute die wichtigste zusammenfassende Arbeit zu diesem Thema ist[12].

1.4 Die stärkere Beschäftigung mit den Erscheinungsformen der jüdischen Mystik besonders durch G. SCHOLEM[13] führte zu einer aufmerksameren Betrachtung auch der magischen Elemente, mit denen die literarischen Erzeugnisse der frühen Märkābāh- und Hêkālôt-Mystik (Esoterik) aus talmudischer Zeit wie auch die Schriften der mittelalterlichen Kabbala durchsetzt sind[14]. Es hat sich dabei gezeigt, daß die Grenze zwischen einem mystischen (esoterischen) Traktat und einer Schrift rein magisch-praktischen Charakters nicht immer leicht zu ziehen ist[15], und hier ist auch der Punkt, an dem die judaistische Forschung weitergehen könnte. Vorläufig bleibt freilich das größte Hindernis der Umstand, daß auch die wichtigsten Zeugnisse aus diesem Grenzbereich immer noch nicht in Texteditionen vorliegen[16]. Dementsprechend bieten auch neuere religionsgeschichtliche Arbeiten[17] nichts bahnbrechend Neues, wenn auch die sukzessive Entschlackung von zeitbedingten Vorurteilen festzustellen ist[18]. Hier sind neue Ansätze wohl erst in der Zukunft zu erwarten[19].

1.5 Das zur Verfügung stehende Quellenmaterial[20] läßt sich in drei große Gruppen aufteilen:

1) angewandte Zaubertexte
   (Primärbezeugung angewandter Magie)
   a) Amulette auf Gold, Silber, Gemmen etc.[21]
   b) Bleitafeln ("Defixions"- oder Fluchtafeln)[22]
   c) Zauberschalen aus Ton[23]
   d) Vermischtes auf Papyrus, Holz, Ostraka etc.[24]

2) die eigentliche Zauberliteratur
   (Sekundärbezeugung des angewandten Zaubers; Primärbezeugung der Magie als theoretisches System einer quasi-Naturwissenschaft)
   a) Formulare und systematische Beschreibungen vorzunehmender "Experimente" (mag. Praktiken) mit genauer Angabe aller Einzelheiten, die zur erfolgreichen Durchführung nötig sind, d.h. also auch der zu sprechenden oder zu schreibenden Beschwörungen[25].
   b) Sammlungen verschiedenen Charakters wie Amulettbücher, Rezeptbücher, Spruchsammlungen etc.[26]

3) indirekte Überlieferung
   (Zitate und Testimonien in der übrigen Literatur des betreffenden Kulturbereichs)
   Die Sammlungen von HEIM, ABT, BLAU bieten bereits eine große Menge des Materials[27].

1.6 Neben editorischen und textkritischen Bemühungen waren es bisher vor allem religionsgeschichtliche Ausbeuten[28], die das Resultat der Beschäftigung mit diesem bereits in sehr großem Umfang vorliegenden Quellenmaterial ausmachen. Formkritische und stilgeschichtliche Interessen standen demgegenüber mehr im Hintergrund, wobei die Arbeiten von E. NORDEN[29], J. KROLL[30] und neuerdings auch von E. HEITSCH[31] eine - wenn auch sehr bemerkenswerte - Ausnahme bilden[32]. Gleiches kann auch für den judaistischen Bereich gesagt werden, wo bis jetzt nur vereinzelte Ansätze zu formkritischen Untersuchungen verzeichnet werden können[33].

1.7 Wenn im Untertitel zur vorliegenden Arbeit von einer "Topologie der magischen Rede" gesprochen wird, so sind hierzu zwei Erläuterungen nötig. Einerseits hat die "magische Rede" wohl nichts mit der antiken Rhetorik zu tun, wenngleich es sich teilweise schon um Reden mit einem genau kalkulierten Effekt handelt. Das ist jedoch allenfalls ein terminologisches Problem[34]. Auf der anderen Seite mag die Verwendung des Begriffes "Topos" etwas heikel erscheinen, auch wenn man die Ergebnisse der neueren Toposforschung im Auge hat[35].

Die nachfolgende Untersuchung geht von der Beobachtung aus, daß die "magische Rede", d.h. also die während einer magischen Handlung zu sprechende Beschwörung, aus bestimmten formelhaften Elementen besteht, die nicht nur für die Gattung innerhalb eines Kulturbereichs stereotyp sind, sondern auch über dessen Grenzen hinaus allgemein eine entsprechende Verwendung finden. Der literarische Topos im Sinne von E.R. CURTIUS und M.L. BAEUMER als festes Klischee bzw. dialektisch angewandte Denk- und Ausdrucksform[36] bedingt ja eine dem Schreiber mehr oder weniger bewußte Kontinuität der kulturellen Tradition; das aber ist für die im Folgenden behandelten Texte nur teilweise vorauszusetzen: es gilt zwar ganz sicherlich für das griechische und lateinische Material, doch sind schon die hebräisch und aramäisch verfaßten Texte, auch wenn sie dem gleichen Raum entstammen, teilweise in einem anderen Licht zu sehen[37]. Das gilt in noch stärkerem Maße für die aramäischen und mandäischen[38] Zauberschalen, deren Produktion ja geographisch ganz begrenzt war[39]. Dennoch sind die Übereinstimmungen zwischen den ausgewählten Texten[40] teilweise frappierend, was wohl eher auf verwandte Denkstrukturen[41] als auf eine direkte kulturelle Abhängigkeit zurückzuführen ist.

1.8 Die Darstellung in den folgenden drei Kapiteln verfolgt zwei Ziele. Zum einen soll das kürzlich von M. MARGALIOT rekonstruierte "Buch der Geheimnisse" (Sēfär hā-rāzîm) einem breiteren Publikum bekanntgemacht werden. Das geschieht im zweiten Kapitel durch eine ausführliche Beschreibung von Inhalt und Charakter der Schrift sowie die Erörterung spezieller Probleme, die durch die vorliegende Textausgabe aufgeworfen werden. Zum anderen sollen auf einer verbreiterten Basis die Beschwörungen in ihren typischen Merkmalen beschrieben werden. Das Material aus dem "Buch der Geheimnisse" wird dabei vollständig ausgenutzt, Zauberpapyri, Fluchtafeln und Zauberschalen werden in starkem Maße, das übrige teilweise herangezogen. Kapitel drei ist einer kurzen Charakterisierung von Struktur und Stil der Beschwörungen gewidmet, während im vierten Kapitel die Hauptmasse der Beispiele die verschiedenen Elemente der magischen Rede illustrieren soll. Daß dieser Teil der Untersuchung in vielen Fällen nur als ein erster Versuch zu werten ist, liegt bei der Fülle des nicht berücksichtigten Materials auf der Hand. Hier bedarf es noch weit umfassenderer Untersuchungen, ehe tatsächlich so etwas wie eine magische Topologie beschrieben werden kann. Ein kleiner Schritt in diese Richtung soll der folgende Beitrag sein.

2. DAS BUCH DER GEHEIMNISSE

2.1 EINLEITUNG

2.1.1 Als gegen Ende 1966 Mordekaj MARGALIOT eine alte hebräische Schrift unter dem Titel "Sēfär hā-rāzîm" (Das Buch der Geheimnisse) herausgab[1], war der Anstoß für eine Entwicklung im Bereich der judaistischen Forschung gegeben, die so bald ihren Abschluß noch nicht gefunden haben dürfte. Zwar waren Teile des Buches der Fachwelt bereits bekannt, so aus der mystischen Schrift "Sôdê rāzajjā'" von R. El'azar aus Worms (12./13. Jdt.) oder der Kompilation "Sēfär Rāzi'ēl", die in der 1701 in Amsterdam gedruckten Form starke Verbreitung gefunden hatte.[2] Das ganze Buch in einer anscheinend altertümlichen[3] Form bedeutete jedoch etwas grundsätzlich Neues, was von den Gelehrten dann auch im allgemeinen entsprechend honoriert wurde[4].

2.1.2 Die vorliegende Edition war möglich geworden durch die Entdeckung vieler kleiner und kleinster Fragmente aus der Kairoer Genizah[5], einer ganzen Reihe kompletter Handschriften, dazu arabischer und lateinischer Übersetzungen sowie der indirekten Überlieferung vor allem in der Amulettliteratur, die immer noch in unübersehbarer Fülle in den verschiedensten Bibliotheken auf Entdeckung und Auswertung harrt[6]. Das Zusammenfügen der Textzeugen war eine langwierige und mühselige Arbeit, die den Herausgeber, der sich besonders durch die kritische Ausgabe des Midrāš "Leviticus rabbāh" einen Namen gemacht hat[7], über Jahre hinweg beschäftigt hat. So, wie das "Buch der Geheimnisse" jetzt vorliegt, kann es als ein wichtiges Zeugnis der jüdischen Geistesgeschichte aus talmudischer Zeit gelten, wie sehr auch im einzelnen Fragen der literarischen Komposition und der Abfassungszeit noch nicht befriedigend beantwortet sind.

2.1.3 MARGALIOTs Edition umfaßt 45 Seiten hebräischen Text (718 Zeilen), zu dem ein 32 engbedruckte Seiten umfassender Variantenapparat kommt. Neben einem langen "Vorwort" (S. IX-XVII), das wohl gleichzeitig als Zusammenfassung seiner Forschungsergebnisse gedacht war (!), behandelt der Herausgeber in einer ausführlichen Einleitung (S. 1-62) viele wichtige Fragen, die sich im Zusammenhang mit der von ihm rekonstruierten Schrift ergeben. Um den Inhalt dieser hebräisch geschriebenen Untersuchung auch weiteren Kreisen etwas zugänglicher zu machen, soll hier die Gliederung der sechs Kapitel in deutscher Übersetzung geboten werden:

I: DAS BUCH DER GEHEIMNISSE UND DIE GRIECHISCH-ÄGYPTISCHE ZAUBERLITERATUR S. 1-16

⟨Entlehnungen aus der griechischen Fachterminologie⟩

a) krtjʿs' jrṭjqwn ... bzmjrnh mlnwn = gr. chártēn hieratikón[8], zmyrnomélanon[9] S. 1-2

b) qsjṭrwn = gr. kassitérinon S. 3

c) pswkrwpwrwn = gr. psychrophóron S. 3-4

d) krqṭjrjm, klqṭjrjm = gr. charaktêres S. 4

e) dwqmj, dwqm' = gr. dokimḗ S. 4-5

Gemeinsame magische Praktiken S. 5-6

Engelnamen S. 6-7

Abrasax (oder Abraxas) und Marmaraot S. 8

Reinigungsvorschriften S. 8-9

Die Zeitpunkte der magischen Handlung S. 9-10

Engelanbetung und das himmlische Gefolge S. 10

Weinspende S. 10-11

Rauchopfer S. 11

Schlachten eines weißen Hahns S. 12

Das Gebet an Helios S. 12-13

⟨Zusammenfassung⟩ S. 13-16

II: DAS BUCH DER GEHEIMNISSE UND DIE GNOSTISCHE LITERATUR[10] S. 17-22

III: ZEIT UND ORT S. 23-28

⟨Beitrag von A.S. ROSENTHAL zur indictio⟩ S. 24

IV: DIE FORTWIRKUNG DES BUCHES DER GEHEIMNISSE S. 29-46

Die Zauberliteratur S. 29-36

a) Das Schwert des Moses (Ḥarbā' deMošäh), 2. Fassung S. 29-31

b) Das Buch Adam (Sēfär 'Adām) S. 31-33

c) Das Buch der Ankleidung (S. ham-malbûš) S. 33-36

Die Karäer S. 36-37

Die babylonischen Gaonen und ihre Beziehung zum Buch der Geheimnisse[11] S. 37-42

Die deutschen Ḥasîdîm und ihre Beziehung zum Buch der Geheimnisse S. 42-46

a) Das Buch "Sôdê rāzajjā'" S. 42-44

b) Das Buch Rāzi'ēl S. 44-46

V: DIE TEXTÜBERLIEFERUNG S. 47-55

Die Fragmente der Genizah S. 47-48

Codices S. 48-50

Nicht eingesehene Handschriften S. 50-51

Die Amulettliteratur und ihre Benutzung des Buches der Geheimnisse S. 51-53

Die Übersetzungen S. 53-55

a) Die arabische Übersetzung S. 53-54

b) Die lateinische Übersetzung S. 54-55

VI: DER NAME "DAS BUCH DER GEHEIMNISSE" S. 56-62

Andere Namen: das Buch Noah (Sēfär Noaḥ), das Buch der Stufen (Sēfär ham-ma'alôt) S. 59-60

Die übrigen Bücher der Geheimnisse S. 61-62

2.1.4 Neben zahlreichen, zum Teil erläuternden Anmerkungen zum Text wird die Ausgabe noch durch mehrere Register abgerundet: 1) eine Liste der sogenannten "baqqāšôt" (S. 147 f; s. dazu w.u., 2.5.2), 2) ein Register hebräischer Worte aus dem Text (S. 149-155), 3) eine Liste der aramäischen Worte (S. 155), 4) eine Liste der griechischen Fremdworte (S. 156 f), 5) eine Liste der Engel- und Geisternamen (S. 158-166) und 6) durch einen Sachindex (S. 167-170).

2.2 INHALT UND CHARAKTER DER SCHRIFT

2.2.1 In der von MARGALIOT rekonstruierten Form besteht das "Buch der Geheimnisse" aus einer Einleitung (p^e^tîḥāh)[12] und sieben Kapiteln unterschiedlicher Länge, deren Einteilung zwar nicht überliefert, durch den Inhalt aber zwanglos gegeben ist: nachdem nämlich in der Einleitung das "Buch der Geheimnisse"[13] als Offenbarung des Engels Rāzi'ēl sowie seine Überlieferung von Noah bis auf König Salomo dargestellt und anschließend ein Abriß der dem Buche zu entnehmenden "Weisheit" (d.h. hier: der magischen Erkenntnisse) gegeben wird[14], hat jedes der darauffolgenden Kapitel einen der sieben Himmel (d.h. Firmamente, r^e^qîʿîm) zum Thema. Hier erfolgt jeweils nach Angabe der allgemeinen "klimatischen" Bedingungen wie Feuer, Wasser, Hagel, Schnee etc. eine genaue und systematisch angelegte Aufzählung der Engelwesen[15] und deren Wächter (šôṭ^e^rîm) oder Fürsten (śārîm), die den Himmel bevölkern und bestimmten Funktionen zugeordnet sind. Im einzelnen ergeben sich dabei für den ersten Himmel: sieben "Lager" (maḥ^a^nôt) von Engeln, die sieben Wächtern dienen; der zweite Himmel hat zwölf Stufen mit jeweils einer Engelschar; im dritten Himmel dienen drei Engelscharen drei Wächtern; im vierten Himmel werden zwei Gruppen von Engeln genannt; den fünften Himmel bewohnen zwölf Engelfürsten; im sechsten Himmel werden Scharen von Geistern und Engeln von zwei Fürsten befehligt.[16] Für den siebenten Himmel wird die Systematik der vorangegangenen Kapitel aufgegeben, denn hier wird allein die göttliche Präsenz mit einer Fülle von esoterischen Bildern beschrieben. Es handelt sich dabei um eine Kompilation mehrerer verschieden gearteter Hymnen.[17]

2.2.2 In den Kapiteln I-VI werden jeweils an die Beschreibung der Engelfunktionen, die neben himmlischen "Dienstleistungen" freilich in den meisten Fällen gleich auf irdische Bedürfnisse ausgerichtet sind, magische Praktiken der unterschiedlichsten Schattierungen angefügt. Hier werden Heilungen vorgenommen, Wundertaten vollbracht, Offenbarung aller möglichen Dinge verlangt,

Schutz vor schädlichen Einflüssen gesucht, Liebe, Gunst, Sieg beim Pferderennen, Vorteil bei Gericht erlangt bzw. zu erlangen versucht. Auch reine Formen des Schadenzaubers kommen vor. Da weiter unten eine genaue Analyse der magischen Bestandteile des Buches folgen wird, möge dies für einen ersten Überblick genügen. Es sei nur noch soviel gesagt, daß der systematische Aufbau der Kapitel I-VI im großen und ganzen erhalten bleibt, denn auf fast jede Beschreibung einer Engelgruppe folgt ein zusammenhängender Komplex magischer Praktiken, d.h. in den Kapiteln I: sieben, II: zwölf, III: drei, IV (!), V und VI (!) jeweils ein Komplex. Die einzelnen Komplexe bestehen häufig aus mehreren aufeinanderfolgenden oder auch ineinandergearbeiteten Abschnitten, so daß die Gesamtzahl der verschiedenen Praktiken noch größer ist.

2.2.3 Beim ersten Hinschauen erweckt das "Buch der Geheimnisse" den Eindruck, als ob es sich hierbei um einen esoterischen Traktat handelt, in den die magischen Praktiken jeweils eingearbeitet wurden. Die Terminologie des beschreibenden Teils, die kosmologischen Vorstellungen, die Hymnen im siebenten Kapitel, das alles weist auf die jüdische Märkābāh- und Hêkālôt-Mystik hin, die sich in den ersten nachchristlichen Jahrhunderten vor allem in Palästina ausgebildet hatte und in der darauffolgenden Zeit auch literarisch fixiert wurde.[18] Nach genauerer Prüfung erweisen sich aber die Bindungen zu dieser Esoterik als nicht so tiefgreifend, daß von einer selbständigen Schöpfung aus diesem Kreise gesprochen werden kann. Es handelt sich vielmehr - auch bei den rein beschreibenden Teilen - um eine Kompilation verschiedener Vorlagen, wobei die esoterischen Vorbilder uneinheitlich und auch nur recht oberflächlich befolgt werden.[19]

2.2.4 Aus diesem Grund nimmt es auch nicht Wunder, daß in dem hebräischen Text sprachlich große Unterschiede festzustellen sind. Abgesehen davon, daß wegen der fragmentarischen Textüberlieferung orthographisch in MARGALIOTs Ausgabe bunteste Vielfalt herrscht - und das oft innerhalb eines einzelnen Abschnitts -, fällt besonders der Unterschied zwischen den beschreibenden und den magisch-praktischen Teilen auf.[20] Während in ersteren ein reines, literarisches und mit vielen Biblizismen durchsetztes Hebräisch verwendet wird, tauchen in den letzteren Teilen, die stilistisch der Umgangssprache nahestehen, viele Fremdwörter auf, die hauptsächlich der griechischen magischen Fachsprache entstammen; die Zauberpapyri bieten dazu gutes Vergleichsmaterial.[21] Das gipfelt in der Übernahme eines (ursprünglich vielleicht kompletten) Gebets an Helios in griechischer Sprache.[22] Solche Transkriptionen sind freilich in magischen Texten häufig anzutreffen. Auf der anderen Seite zeigen jedoch auch die esoterischen Texte teilweise starke Berührungen mit der griechischen Kultur[23], so daß die eben erwähnten Umwelteinflüsse nicht als typisch für das "Buch der Geheimnisse" angesehen werden können.

2.3 DIE TEXTÜBERLIEFERUNG

2.3.1 Bedenken gegen das Vorgehen des Herausgebers, die Rekonstruktion des Buches auf Textzeugen zu basieren, die in Charakter und Alter ganz erhebliche Unterschiede aufweisen, sind bereits erhoben worden.[24] Da diese Problematik im Verlauf der weiteren Darstellung noch eine Rolle spielen wird, soll hier zunächst eine Aufzählung des von MARGALIOT herangezogenen Materials[25] erfolgen.

2.3.2 Fragmente aus der Genizah

Es handelt sich um insgesamt 14 Textstücke aus den Bibliotheken in OXFORD (2), CAMBRIDGE (9), LENINGRAD (1) und NEW YORK (2). Ein Fragment besteht aus drei, allerdings an drei verschiedenen Orten aufgefundenen Blättern (Nr. 5, 7, 9 in der Numerierung des Herausgebers), zwei Fragmente bestehen aus je zwei Blättern (Nr. 2, 10), während der Rest aus jeweils nur einem Blatt besteht.

Alle Blätter (Pergament oder Papier) sind mit Ausnahme von Nr. 14 beidseitig beschrieben (a und b) und stammen aus insgesamt zwölf verschiedenen Handschriften[26]. In der folgenden Liste, die nach dem jeweiligen Erscheinen der Stücke im Text sortiert ist, wird die Numerierung des Herausgebers beibehalten. Außerdem werden die im Variantenapparat verwendeten Sigeln angegeben[27].

1. HS OXFORD Heb. C 18/30 : 1 Bl. Perg., 19 Z. pro S., am rechten Rand von der Mitte ab beschädigt (Photo n. S. 12).
   Sigel : G — SHR 0,1-I,6

2. HS Adler (NEW YORK) JTS[28] ENA 2750, fol. 4-5 : 2 kl. Bl. Pap., 17 Z. pro S., zerlöchert und verwischt (Photo v. S. 13).
   Sigel : G1 — SHR 0,1-I,1

3. HS CAMBRIDGE T-S K 21/95, Fragm.1 : 1 Bl. Perg., 22 Z.(a), 24 Z.(b).[29]
   Sigel : G2 — SHR 0,10-I,18

4. HS CAMBRIDGE T-S K 1/97 : 1 kl. Bl. Pap., 20 Z.(a), 21 Z.(b).[30]
   Sigel : G — SHR I,13-54

5. HS CAMBRIDGE T-S K 1/98 : 1 Bl. Perg., 26 Z. pro S., am rechten Rand stark beschädigt (Photo v. S. 29).
   Sigel : N — SHR I,17-65

6. HS CAMBRIDGE T-S n.s. 135 : 1 Bl. Pap., 21 Z. pro S., etwas zerlöchert und verwischt.
   Sigel : G1 — SHR I,47-71

7. HS OXFORD Heb. D 62/50 : 1 Bl. Perg., 25 Z. (pro S.?) rechte obere Ecke über 5 Z. abgerissen, Rückseite sehr verwischt (Photo n. S. 76).
   Sigel : N — SHR I,114-163

8. HS Adler (NEW YORK) JTS[28] ENA 2673/23 : 1 Bl. Pap., am stärksten von allen verdorben, daher nicht verwendet.[31]
   SHR I,237-II,25

9. HS LENINGRAD Antonin 238 : 1 Bl. Perg., 26 Z. pro S. (Photo v. S. 77).
   Sigel : N — SHR II,30-76

10. HS CAMBRIDGE T-S K 1/145 : 2 gr. Bl. Pap., ca. 36 Z.

pro S., an allen vier Rändern beschädigt.
Sigel : G SHR II,100-IV,47

11. HS CAMBRIDGE T-S K 1/102 : 1 Bl. Pap., 21 Z. pro S.
Sigel : G1 SHR III,15-46

12. HS CAMBRIDGE T-S K 1/13 : 1 Bl. Pap., 20 Z.(a), 17 Z.(b).
Sigel : G1 SHR IV,8-30

13. HS CAMBRIDGE T-S n.s. 246/26 : 1 Bl. Pap., 16-17 Z. pro S. erhalten, am oberen Rand beschädigt.
Sigel : G2 SHR IV,29-52

14. HS CAMBRIDGE T-S K 21/95, Fragm.2 : 1 kl. Bl. Pap., 20 Z.(a), Rückseite nicht beschrieben.
Sigel : G SHR VII,1-9

2.3.3 Spätere handschriftliche Ausgaben (codices)

Es gibt eine ganze Reihe von Handschriften späteren Datums[32], die den gesamten Text in überarbeiteter Form bieten und offensichtlich im Mittelalter starke Verbreitung gefunden haben. Vier von ihnen haben bei der Konstitution des Textes beigetragen:

HS NEW YORK JTS 163, fol. 15a-48b.
Sigel : A

HS NEW YORK JTS 14[33], fol. 8b-28b.
Sigel : B

HS FLORENZ Medic. Laur., Plut. 44.13, fol. 107b-118a.
Sigel : P

HS Kaufmann (BUDAPEST) 244, fol. 41-63.
Sigel : Q

MARGALIOT nennt noch eine Reihe weiterer Handschriften, die aber entweder nicht von ihm ausgewertet wurden[34], oder ihm nicht zugänglich gewesen waren[35]. Für ABPQ stellt er die gemeinsame Abhängigkeit von einem Stammcodex fest[36].

2.3.4 Weiterhin wurden vom Herausgeber u.a. folgende Handschriften herangezogen:

HS NEW YORK JTS 12[37], fol. 1-24.
Sigel : S

Dem Schreiber dieser Handschrift lag eine Fassung aus der ABPQ-Gruppe sowie eine "überarbeitete und erweiterte lateinische Übersetzung"[38] vor. Beide Versionen werden teilweise nebeneinander zitiert.

HS NEW YORK JTS 2272, fol. 47b-55a.
Sigel : H

Ein Amulett- und Heilmittelbuch, welches SHR I,199-III,31 (excl. II,64-88) enthält.

HS Kaufmann (BUDAPEST) 245.
Sigel: L

Eine Sammlung von Amuletten und Beschwörungen mit dem Titel "Sēfär ham-malbûš"[39]; sie enthält verschiedene SHR-Excerpte in ähnlicher Weise wie die folgende Handschrift:

"Mafteaḥ Šelomoh"[40], in Faks. hrg.v. H.GOLLANCZ, Oxford 1914
Sigel : Ḥ

Dieses Amulettbuch hat seinen besonderen Wert darin, daß neben Auszügen aus dem "Buch der Geheimnisse" (fol. 49b-52b) auch die nur selten überlieferten Zauberzeichen (charaktêres) mitgeteilt werden.

2.3.5 Von den zahlreichen Fragmenten arabischer Übersetzungen zählt der Herausgeber zehn auf, von denen das umfangreichste 18 Blätter umfaßt. Sie entstammen den Archiven der Genizah und bieten den arabischen Text in hebräischer Transkription, ein im frühen Mittelalter durchaus übliches Verfahren[41]. Diese Texte wurden besonders für die Engelnamen herangezogen, welche hier am besten überliefert sind (Sigel : ʿ).

Es sind auch lateinische Übersetzungen erhalten[42], die aber keine Verwendung für die vorliegende Ausgabe fanden.

2.4 MARGALIOTs Ausgabe

2.4.1 Die Art und Weise, wie der Herausgeber seine kritische Ausgabe angelegt hat, läßt schon von der Technik her manche Wünsche offen. Ganz abgesehen davon, daß der viel zu umfangreiche Variantenapparat im hinteren Teil des Buches ein Schattendasein führt, was eine Überprüfung des Textes durch dauerndes Hin- und Herblättern beträchtlich erschwert, fehlen im konstituierten Text selbst die notwendigsten Hinweise auf den jeweiligen Überlieferungsstand. So wie der Text sich anschaut, könnte man meinen, ein Original vor sich zu haben[43]. Selbst da, wo dem Herausgeber über ganze fünf Zeilen nicht ein einziger direkter Textzeuge zur Verfügung stand (I,137-142), fehlt die gehörige Markierung im Text. Das gleiche gilt für die vielen Konjekturen, die nur hinten im Apparat (!) mit einem Sternchen gekennzeichnet sind[44].

2.4.2 Eine weitere Äußerlichkeit führt zu starken Bedenken gegen MARGALIOTs editorische Technik überhaupt: nirgendwo ist übersichtlich angezeigt (z.B. am Seitenrand), welche Textzeugen für den jeweiligen Abschnitt grundlegend waren. Alle diese Angaben sind in den Anmerkungen verpackt. Will man nun eine Textstelle im Variantenapparat prüfen, so findet man dort zwar die Sigeln der Varianten, doch nicht die des Stichworts. Hierfür muß der Leser nun erst wieder in den Anmerkungen nach dem entsprechenden Hinweis suchen, denn die Textbezeugung wechselt von Schritt auf Tritt. Hier wird auch die Schwäche der vorliegenden Ausgabe deutlich: MARGALIOT betrachtet alle Genizahfragmente a priori als "originale" Textzeugen und macht sie, ohne auch nur den Anflug einer Rezension[45], zur Grundlage seines Textes; überall da, wo Lücken entstehen - und das gilt für gut die Hälfte des Buches! - setzt er das ein, was die viel jüngere und in manchem andersartige Gruppe ABPQ bietet. Die sich daraus ergebende Heterogenität macht sich z.B. in der Orthographie und im Stil deutlich bemerkbar. Zudem ist über die Gesamtstruktur des vorliegenden Textes das letzte Wort wohl noch nicht gesprochen[46].

2.4.3 Um einen Überblick über diese etwas verworrene Lage zu verschaffen, wurden auf der umseitig abgebildeten Schautafel alle wichtigeren Textzeugen in ihrem quantitativen Verhältnis zueinander dargestellt. Dabei markieren die schraffierten Partien jeweils das, was MARGALIOT seinem Text zugrundegelegt hat. Auf der Mittellinie, die maßstabsgerecht den Umfang des Buches wiedergibt, wurden die magischen Bestandteile in ihrer Ausdehnung kenntlich gemacht; ebenso erscheinen dort die Nummern der im Anhang wiedergegebenen Beschwörungstexte. Die Schautafel mag sich besonders für die nun folgende Darstellung als nützlich erweisen, da in ihr viele textkritische Fragen aufgeworfen werden.

2.5 ANALYSE DER MAGISCHEN BESTANDTEILE

2.5.1 Die eingehende Behandlung der magischen Bestandteile aus dem "Buch der Geheimnisse" verfolgt zwei Ziele: einerseits sollen die Voraussetzungen geschaffen werden für den Hauptteil der Untersuchung, der dem Stil und der Form der "magischen Rede" gewidmet ist, d.h. also den Beschwörungstexten, die laut Formularanweisung während der magischen Handlung zu sprechen sind[47]. Der Kontext dieser Beschwörungen soll dadurch deutlich gemacht werden. Andererseits soll mit Mitteln der Literarkritik das Zustandekommen des Textes in seiner jetzigen Gestalt durchsichtiger gemacht werden.

Um in diesem Zusammenhang Mißverständnisse zu vermeiden, seien hier einige Punkte thesenartig vorangestellt:

im Gegensatz zu MARGALIOTs stillschweigend vorausgesetzter Annahme, daß <u>ein</u> Autor das Buch in der jetzigen Form niedergeschrieben hat, wird hier davon ausgegangen, daß solche Art von Schriften im allgemeinen gerade <u>keine</u> einheitlichen Kompositionen darstellen. Sie sind Kompilationen, die Material aus verschiedensten Vorlagen in mehr oder auch weniger redigierter Form enthalten. Dies gilt auch für das "Buch der Geheimnisse", das freilich durch seine systematische Behandlung der sieben Himmel auf den ersten Blick schon einen recht einheitlichen Eindruck macht[48]. Doch sollte das nicht daran hindern, die zahlreichen textlichen Unebenheiten, die besonders in den magischen Bestandteilen auftreten, einer genaueren Betrachtung zu unterziehen. Damit ist natürlich noch nichts über die Altertümlichkeit gesagt, die zweifellos vielen Teilen des Buches zuzusprechen ist[49]. Bei der Datierung der Schrift in der vorliegenden Form ist aber ein allzu frühes Ansetzen nicht zwingend[50], denn es ist mit einer ganzen Reihe von Redaktionen und Überarbeitungen zu rechnen, die noch vor Einsetzen der erhaltenen Textüberlieferung die Gestalt des Buches bestimmt haben.

2.5.2 Spuren solcher Überarbeitungen sollen im Folgenden aufgezeigt, Schnittstellen sichtbar gemacht und verschieden alte Überlieferungsschichten nach Möglichkeit ermittelt werden. Das geschieht im Rahmen einer eingehenden Analyse der magischen Stücke im Zusammenhang sowie deren Beziehung untereinander und auch zu den beschreibenden Teilen des Buches. Vorweg noch die Erläuterung einiger häufig benutzter Begriffe.

"Komplex" : bezeichnet jeweils ein zusammenhängend überliefertes Textstück des praktischen Teils, wobei die Frage der Homogenität des Stückes nicht berührt wird. Die Abgrenzung erfolgt also nach rein äußerlichen Gesichtspunkten.

"Anliegen" : leitet ein Zauberformular ein, indem es genau den Zweck der nachfolgenden magischen Handlung angibt; beginnt formelhaft mit "wenn du ... willst" (ʾim biqqaštā/tᵉbaqqēš/tirṣäh) und entspricht im engeren Sinne dem, was MARGALIOT mit "baqqāšāh" bezeichnet[51].

"Anweisung" : beginnt meist formelhaft mit "nimm ..." (qaḥ)[52] und gibt die Durchführung der magischen Handlung an (Rezept).

"Beschwörung" : ist eher ein behelfsmäßiger Ausdruck und bezeichnet hier jede Form der magischen Rede, die an höhere Wesen gerichtet ist, ganz gleich, ob in ihr die typische Formel "ich beschwöre" (mašbîaʿ ʾanî) vorkommt oder nicht[53].

In großen und kompliziert geschichteten Stücken wird eine Anweisung oft durch mehrere Beschwörungsformulare unterbrochen. Reinigungsvorschriften erscheinen entweder ganz zu Anfang, also noch vor der ersten Anweisung, oder am Schluß, dort oft nur in einer kurzen Klausel[54], die gleichzeitig den Abschluß des betreffenden Stückes anzeigt.

Vor jedem Komplex wird eine Zusammenfassung des beschreibenden Teils geboten, wobei in der Regel jedoch nur das angeführt wird, was in unmittelbarem Bezug zu den magischen Praktiken steht.

2.5.3 DER ERSTE HIMMEL, allgemeine Beschreibung (I,1-28)

Auf dem ersten Firmament, das den Namen "Himmel" (šāmajim) hat[55], stehen sieben Throne; auf ihnen sitzen sieben Wächter (šôṭerîm), die über sieben Engellager befehlen[56]. Die Engel sind dem "Grimm"[57] zugeordnet, von der Funktion her also eine Art Racheengel.
Weiterhin (Z. 9f) werden alle[58] Bewohner des Himmels mit dem Feuer in Verbindung gebracht: "aus Feuer wurden sie gebildet, ihr Antlitz ist wie Feuer und ihr Feuer lodert, denn aus Feuer gingen sie hervor"[59].
Jeder einzelne Engel hat seinen eigenen Aufgabenbereich[60]: "zum Guten oder zum Schlechten, zum Überfluß oder zum Mangel, zum Krieg oder zum Frieden"[61].

2.5.4 Beschreibung des ersten Lagers (I,18-28)

Funktion der Engel: sie gewähren Gehör in jeder Angelegenheit, "nach der Zählung 'fünfzehn Jahre', nach der Rechnung der griechischen Könige"[62].

PRAKTISCHER TEIL, 1. KOMPLEX (I,28-34)

Anliegen (I,28)

Eine Heilung vornehmen.

Anweisung (I,29-32)

Myrrhe und Weihrauch "dem Engel, der über das erste Lager herrscht"[63], opfern. Dazu die Namen der 72 ihm untergebenen Engel siebenmal aussprechen.

Beschwörung (I,32 f)

Es wird lediglich die Bitte ausgesprochen, die betreffende Heilung gelingen zu lassen. - Anhang, Text 1 -

Schlußsatz (I,33 f)

Alles wird nach Wunsch geheilt, durch Schrift oder durch Wort[64]; Reinigungsklausel.

Bemerkungen: die schlichte Bitte könnte durchaus nur Teil eines umfangreicheren Beschwörungsformulars gewesen sein, denn es fehlen alle präzisen Angaben, die sonst in solchen Texten üblich sind. Darauf weist auch der Vermerk "durch Schrift etc." hin, der hier nur als leere Floskel erscheint (fehlt in A). Auch der vom beschreibenden Teil abweichende Sprachgebrauch in Z. 30 geht vielleicht auf eine unvollständige Redaktion zurück.

2.5.5 Beschreibung des zweiten Lagers (I,35-48)

Die Engel des zweiten Lagers sind "erfüllt mit Zorn und Grimm"[65] und für jegliche Art von Kampf und Krieg bestimmt: sie bringen den Menschen in Bedrängnis und zum Tode; sie kennen keine Gnade, wenn sie Rache nehmen und ein Strafgericht an demjenigen vollziehen, der in ihre Hände gegeben wird.

PRAKTISCHER TEIL, 2. KOMPLEX (I,48-83)

Anliegen (I,48-51)

Es werden zehn verschiedene Zwecke des Schadenzaubers listenartig aufgezählt: die Engel aussenden

1. gegen einen Feind
2. gegen einen Gläubiger
3. um ein Schiff zu vernichten
4. um eine Mauer niederzureißen
5. zu jedem feindlichen Vorhaben: zu verderben und Böses anzutun
6. um den Feind zu verbannen
7. ihn auf das Krankenlager zu werfen
8. sein Augenlicht zu trüben
9. ihn an seinen Füßen zu binden
10. ihn in jeder Weise in Bedrängnis zu bringen[66].

Diese Liste zerfällt in zwei Gruppen: die erste beginnt mit einem allgemein gehaltenen Zweck (1), präzisiert diesen durch Angabe verschiedener Möglichkeiten (2-4) und endet mit einer allgemeinen Klausel, die alles nicht genannte mit einschließen soll (5). Die zweite Gruppe knüpft an 1 an, präzisiert weitere Möglichkeiten (6-9) und endet ebenfalls mit einer allgemeinen Klausel (10). Auch sprachlich sind die beiden Gruppen voneinander geschieden: 2-5 werden mit "ʾô" eingeleitet, 6-10 mit "bên".

Anweisung (I,52-57)

Wasser aus sieben Quellen in sieben Tongefäßen sieben Nächte lang aufbewahren: in der siebenten Nacht das Wasser in eine Glasschale schütten[67], die Tongefäße zerbrechen und (die Scherben) in alle vier Himmelsrichtungen werfen[68]; dazu die folgende Beschwörung sprechen[69].

Beschwörung (I,57-61)

Es werden vier Geister mit Namen genannt, die in den vier Himmelsrichtungen wohnen; sie mögen die Scherben als Sinnbild der physischen Vernichtung des Feindes annehmen: das symbolische Zerbrechen der Tongefäße sei stellvertretend für das Zerbrechen der Knochen des Feindes. - Anhang, Text 2 -

Anweisung (I,62 f)

Über die Glasschale mit dem Wasser sind die Namen der Engel und der Name des Wächters zu nennen[70].

Das nachfolgende Beschwörungsformular zerfällt in einen festen Teil und drei variable Teile, die entsprechend dem jeweiligen Zweck einzusetzen sind.

Beschwörung (I,63-66)

Enthält den festen und den ersten variablen Teil: den "Engeln des Zorns und des Grimmes" wird der Gegner übergeben[71], damit sie ihm allerlei Schaden zufügen: sie sollen ihn erdrosseln, ihn und sein Ansehen vernichten[72], ihn aufs Krankenlager werfen, seinen Reichtum schmälern, seinen Geist verwirren und ihn überhaupt durch Mangel zum Tode befördern. - Anhang, Text 3 -

Anweisung (I,66)

Soll er verbannt werden, folgendermaßen sprechen[73].

Beschwörung (I,66 f)

Enthält den zweiten variablen Teil: sie sollen ihn verbannen und verstoßen von Haus und Familie, so daß ihm nichts übrig bleibe. - Anhang, Text 3 -

Anweisung (I,67 f)

Geht es um den Gläubiger, folgendermaßen sprechen[74].

Beschwörung (I,68 f)

Enthält den dritten variablen Teil: sie sollen den Geist des Gläubigers derart verwirren, daß er nicht mehr an seinen Schuldner denkt, noch von ihm spricht oder ihn erblickt, auch wenn dieser an ihm vorübergeht. - Anhang, Text 3 -

Anweisung (I,69 f)

Handelt es sich um das Schiff, folgendermaßen sprechen[75].

Beschwörung (I,70-73)

Die "Engel des Zorns und der Vernichtung" werden beschworen[76], sich des Schiffes zu bemächtigen und es zuletzt mit Mann und Fracht untergehen zu lassen. - Anhang, Text 4 -

Anweisung (I,73)

Soll die Mauer niedergerissen werden, folgendermaßen sprechen[77].

Beschwörung (I,74-77)

Die "Engel der Wut, des Zorns und des Grimmes" werden beschworen[78], die Mauer umzustürzen und es nicht zuzulassen, daß sie jemals wieder aufgebaut werde. - Anhang, Text 5 -

Anweisung (I,77-83)

Das Wasser an die vier Ecken des Hauses gießen (?)[79].

An diese nicht ganz klare Anweisung schließt sich noch eine ganze Reihe von Anweisungen an, welche die Verwendung des sich in der Glasschale befindlichen Wassers vorsehen, wobei die einzelnen Zwecke in etwas anderer Reihenfolge noch einmal genannt werden:

"um deinen Feind auf das Krankenlager zu werfen, oder sein Ansehen zu vernichten, oder zu jeglicher Bedrängnis: gieße das Wasser an seinen (!) Eingang[80];

um ihn zu verbannen: gieße das Wasser in die vier Himmelsrichtungen[81];

um deinen Gläubiger zu binden (!): werfe (!) das Wasser an sein Gewand[82];

um das Schiff zu versenken: werfe das Glas und sein Wasser, auf den Namen des Schiffes und seines Besitzers, mitten ins Schiff hinein[83];

um die Mauer niederzureißen: grabe an den vier Ecken der Mauer (?) und verteile das Wasser darin"[84].

Abschließend eine Reinigungsklausel: "bei jeder einzelnen Angelegenheit handle in Reinheit, dann wird es dir gelingen"[85].

2.5.6 Zusammenfassung

Daß das Stück nicht aus einem Guß ist, zeigt schon ein Vergleich des Anliegens mit der anschließend beschriebenen Ausführung. So wird Nr. 9 der Zweckliste überhaupt nicht berücksichtigt, es sei denn, in Z. 80 liegt der Versuch vor, hier auszugleichen (Gläubiger binden). Dasselbe gilt für Nr. 8; hier könnte jedoch vielleicht der in dem Zusammenhang seltsame Ausdruck "das Ansehen vernichten" (Z. 64, 78) den Mangel beheben[86]. Mit der ersten Beschwörung (Z. 57-61) lassen sich eigentlich nur die allgemeinen Angaben Nr. 1 und 5 in Zusammenhang bringen, die zweite Beschwörung (Z. 63-69) greift dann Nr. 5 (8?), 7, 6, 2 auf, die dritte (Z. 70-73) Nr. 3 und die vierte (Z. 74-77) Nr. 4 der Zweckliste. Auch in dem systematischen Durchgehen der Zwecke gegen Ende (Z. 77-83) ist die Reihenfolge: Nr. 7 (8?), 10, 6, 2 (9?), 3, 4. Schon die äußere Form der Liste weist darauf hin, daß diese erst nach mehreren Überarbeitungen die vorliegende Gestalt bekommen hat.

Als älteste Schicht weist sich das Kernstück (Z. 52-61) durch seine Schlichtheit, die konsequente Durchführung der beschriebenen Zauberhandlung, den inneren Zusammenhang zwischen Anweisung und Beschwörung[87] und nicht zuletzt durch das völlige Fehlen irgendeiner Anspielung auf den beschreibenden Teil des Buches aus. Auch die Namen der vier angerufenen Geister werden sonst nicht mehr erwähnt.

Wie anders im Verlaufe der Redaktion des Buches zusätzliche Stücke eingefügt wurden, zeigt die sich anschließende jüngere Schicht (Z. 62-83), die mit einer erneuten Anweisung, formelhaft mit "w^{e}qaḥ" eingeleitet, einsetzt. Hier wird direkt an den beschreibenden Teil angeknüpft: "nenne die Namen dieser Engel und den Namen des Wächters, das ist TJGRH" (Z. 62 f), "Engel des Zorns und des Grimmes" (Z. 63), "ich übergebe euch ..." (ebd.)[88] usw. Die Formulierungen der Zweckliste werden genau wiedergegeben[89], und das Bestreben, die einzelnen Zwecke systematisch zu erledigen (besonders in Z. 77-83) wird deutlich.

Die beiden letzten Beschwörungen (Z. 70-73 und 74-77) passen nicht ganz in den vorgegebenen Rahmen: zwar beziehen sie sich ebenfalls auf die Engel, doch entsprechen die Formulierungen nicht genau dem beschreibenden Teil. Auch ist ihre Struktur anders, denn sie verwenden die Formel "ich beschwöre euch" und zitieren die Engel herbei, während zuvor der Gegener den Engeln ausgehändigt wurde. Möglicherweise wurden diese beiden Texte einer anderen Vorlage entnommen und in das Stück eingefügt, mit der entsprechenden Erweiterung der Zweckliste, wo sie auch jetzt noch zusammen erscheinen (Nr. 3 und 4).

Nach den eben gemachten Beobachtungen ist es nun auch noch nötig, Z. 55 ("nimm dir eine Glasschale ... und gieße das Wasser hinein") von der ältesten Schicht zu trennen[90]. Hier wurde der Anknüpfungspunkt für die Erweiterung der ursprünglich wohl mit dem Zerbrechen der Tongefäße endenden Zauberhandlung vom Verfasser der jüngeren Schicht eingefügt. Darauf bezieht er sich, wenn er Z. 62 den Faden fortspinnt. Die Schale (gr. phiálē) ist für die erste Handlung völlig entbehrlich und steht vielleicht sogar mit dieser im Widerspruch, da zuvor noch besonders darauf hingewiesen wird, daß das Wasser in den sieben Thongefäßen nicht miteinander zu vermischen sei[91].

Eine weitere Spur mehrfacher Überarbeitung ist in der etwas in der Luft hängenden Anweisung "und gieße (das Wasser) an die vier Ecken des Hauses" (Z. 77) zu finden. So, wie sie im Text steht, müßte sie sich auf die vorangegangene Beschwörung (Zerstörung der Mauer) beziehen. Von einer Hausmauer oder gar einem ganzen Haus ist aber dort nicht die Rede. Die zu dieser Beschwörung gehörige Anweisung über die Verwendung des Wassers erscheint dann auch ganz folgerichtig am Ende des Stückes (Z. 82 f). Allerdings sind die "vier Ecken der Mauer", die dort erwähnt werden, auch nicht so ohne weiteres verständlich. Vielleicht liegen hier

Reste von sonst eliminierten Praktiken vor, mit denen der Verfasser der jüngeren Schicht selbst nichts Rechtes mehr anzufangen wußte.

2.5.7 Beschreibung des dritten Lagers (I,84-94)

Funktion der Engel: sie geben Auskunft darüber, was in jedem Jahr auf Erden passiert[92].

PRAKTISCHER TEIL, 3. KOMPLEX (I,94-106)

Anliegen (I,94 f)

Wissen, was in jedem Jahr passiert[93].

Anweisung (I,95-98)

Mit Myrrhentinte jede einzelne Frage gesondert auf ein Stück hierätisches Papier schreiben und dies in eine Schale mit Nardenöl werfen[94]; zur aufgehenden Sonne die folgende Beschwörung sprechen.

Beschwörung (I,98-101)

Die Sonne wird "bei dem Namen der Engel, die Einsicht haben und Weisheiten und verborgene Dinge einsichtig machen"[95], beschworen kundzutun, was in "diesem Jahr"[96] sein wird. - Anhang, Text 6 -

Anweisung (I,101-106)

Die Beschwörung ist dreimal, an drei Tagen, zu sprechen[97]. Beim dritten Mal auf das Öl schauen. Jedes Papierstück, welches zur Oberfläche aufgestiegen ist, deutet an, daß das darauf geschriebene Ereignis in dem betreffenden Jahr[98] eintreten wird. Danach ist das Öl "auf den Namen der Engel, die diesem Lager dienen"[99], zu verbrennen und das Geschriebene in einer Mauer oder einem Fenster zu verstecken; Reinigungsklausel.

Bemerkungen: die Beschwörung bezieht sich nur in einer Formulierung auf den beschreibenden Teil[100], wobei noch dazu die Sonne angesprochen ist. Von einer konsequenten Anwendung der Engel des dritten Lagers kann in diesem Fall nicht gesprochen werden. Erst in der Anweisung Z. 105 erfolgt ein eindeutiger Hinweis auf den beschreibenden Teil.

2.5.8 Beschreibung des vierten Lagers (I,107-116)

Funktion der Engel: sie führen den Sinn des Königs, den Willen der Großen, der Häupter und Anführer der Königsherrschaft in die Irre und erlangen Huld und Gnade für jeden, der ihnen sein Anliegen in Reinheit vorträgt[101].

PRAKTISCHER TEIL, 4. KOMPLEX (I,117-150)

Anliegen (I,117-119)

In einer Liste werden sechs Personen bzw. Personengruppen genannt, deren Sinn man beeinflussen kann:

1. der König
2. der Heerführer
3. ein Reicher, Mächtiger oder ein Richter der Stadt
4. jegliche Bewohner des Landes
5. eine große oder reiche Frau
6. eine schöne Frau[102].

Anweisung (I,119-126)[103]

Ein Löwenjunges schlachten, das Blut auffangen und das Herz herausreißen[104]; mit dem Blut die Namen der Engel auf die Haut des Löwen schreiben[105], dann das Geschriebene mit dreijährigem Wein abwischen (d.h. spülen), Wein und Blut miteinander vermengen.

Vor den Abendstern sich in Reinheit hinstellen, Räucherwerk anmachen, den Becher, der das Blut und den Wein enthält[106], in die Hand nehmen und darüber 21 Mal den Namen des Wächters und die Namen der Engel seines Lagers sagen[107]; gegen den Abendstern "Aphrodite und den Engel Hasdî'ēl"[108] ist die folgende Beschwörung zu sprechen.

Beschwörung (I,126-129)

Bei dem Namen der Engel des vierten Lagers, die dem KLMJ' dienen[109], wird (der Abendstern ?) beschworen[110], den König, sein Heer[111] und seine Diener dem Sprechenden wohlgesinnt zu machen.

- Anhang, Text 7 -

Anweisung (I,129-131)

Nach dem einundzwanzigmaligen (?) Sprechen der Beschwörung aufblicken[112]: es wird eine Art Feuerglut zu sehen sein, die sich in das Blut-Wein-Gemisch hinabsenkt.

Anliegen (I,132)

Beim König, bei irgendjemandem oder bei einem Richter vorsprechen[113].

Anweisung (I,132-134)

Eine Waschung mit "Lebenswasser" vornehmen, den Körper mit dem Blut-Wein-Gemisch bestreichen und das Löwenherz auf das eigene Herz legen.

Anliegen (I,134)

Die Bewohner des Landes gefügig machen[114].

Anweisung (I,134-136)

Das Löwenherz im Land, d.h. in der Landstadt[115] verstecken, auf ein Plättchen den Wächter und sein Lager schreiben[116] und die folgende Beschwörung sprechen.

Beschwörung (I,136-140)

Die Engel, die "in der Welt herumziehen und umherstreifen"[117], sollen die Bewohner des Landes umgeben, ihnen Furcht einjagen und es ihnen unmöglich machen, etwas gegen die betreffende Person[118] auszurichten. - Anhang, Text 8 -

Anweisung (I,140-142)

Das Löwenherz mitten in der Landstadt verstecken[119], sich selbst drei Tage verbergen und nach Ablauf dieser Zeit wieder in der Landstadt blicken lassen: die Fußsohlen mit dem Löwenblut bestreichen[120].

Anliegen (I,143)

Das Herz einer großen oder reichen Frau an sich binden[121].

Anweisung (I,143-145)

Gesichtsschweiß in ein Glasgefäß tun[122], den Namen des Wächters und die Namen der Engel auf ein Zinnplättchen schreiben[123], dieses in das Gefäß werfen und darüber die folgende Beschwörung sprechen.

Beschwörung (I,146 f)

Die "Engel der Huld" und die "Engel des Wissens" werden beschworen[124], das Herz (d.h. den Sinn) der Frau zu wenden und zur Liebe mit dem Sprecher[125] zu vereinen. - Anhang, Text 9 -

Anweisung (I,147 f)

Eine neue Schale am Ort ihres Kommens und Gehens verstecken[126].

Beschwörung (I,148-150)

Wie eine Frau sich den Kindern ihres Leibes zuwendet, so soll sie sich dem Sprecher in Liebe zuwenden[127].

- Anhang, Text 9 -

Anweisung (I,150)

Das ist zu schreiben (?) bei Vollmond[128].

2.5.9 Zusammenfassung

Nach der Darstellung des Anliegens (Z. 117-119) zerfällt der Komplex in vier ungleichmäßige Teile:

a) Z.119-131, b) Z.132-134, c) Z.134-142, d) Z.143-150

Es fällt auf, daß b und d mit einer nochmaligen, formelhaften Beschreibung des Anliegens einsetzen, wobei sich gewisse Unterschiede zur Zweckliste (Z. 117-119) ergeben. Weiterhin fällt auf, daß b keine eigene Beschwörung enthält und lediglich eine zusätzliche Anweisung zur vorher beschriebenen Haupthandlung darstellt. Diese Handlung wird in d völlig ignoriert, was wohl darauf hindeutet, daß das auch in sich sehr widersprüchlich überlieferte Stück d aus einer anderen Vorlage stammt.
Das zeigen auch die Engelattribute in der dazugehörigen Beschwörung (Z. 146 f), die nicht genau auf den beschreibenden Teil passen; das "Binden" (Z. 143) fällt aus dem Rahmen der Zweckliste, deren Nr. 6 wiederum überhaupt nicht mehr erwähnt wird.

Ein weiterer Vergleich der Zweckliste mit der darauffolgenden Durchführung deckt noch die folgenden Unstimmigkeiten auf: Nr. 2 erscheint nicht oder höchstens in einer verstümmelten Form in Z. 127 f, während die dort genannten Diener des Königs nicht in der Zweckliste erscheinen. Dasselbe gilt für "irgendjemand" (Z. 132), während der "Reiche" und der "Mächtige" aus Nr. 3 der Zweckliste später - z.B. in Z. 132, wo ja auch der "Richter" genannt wird - nicht mehr auftauchen.

Teil a ist besonders uneinheitlich und in sich widersprüchlich. Selbst wenn man den ersten Abschnitt der Anweisung (Z. 119-121) als Vorbereitung und den Rest mit Beschwörung und weiterer Anweisung (Z. 129-131) als eigentliche Handlung auffaßt, bleiben noch Unstimmigkeiten übrig: die in der Luft hängende Erwähnung des "Bechers" (Z. 123), die doppelte Verwendung der Engelnamen

(Z. 124 mit Wächter), die textlichen Schwierigkeiten in Z. 125f, das "einundzwanzigmalige" Sagen der Beschwörung (Z. 129 f: in Z. 124 f sollten nur die Engelnamen so oft genannt werden!). Die Anweisung "aufzublicken" (Z. 131) war wohl ursprünglich auf das Besprechen des Bechers (mit gesenktem Kopf ?) bezogen. Demnach wäre die folgende Anrufung des Abendsterns, die ja wohl das Anblicken des Sterns am Himmel mit einschließt, erst nachträglich eingefügt worden.

So, wie der Komplex jetzt vorliegt, dürfte er nur allmählich gewachsen sein, denn bei einer bewußten Redaktion des Stückes aus einer Hand wäre zweifellos mehr Ordnung geschaffen worden, sachliche und textliche Unebenheiten wären gewiß weiter ausgeglichen, als es hier der Fall ist.

2.5.10 Beschreibung des fünften Lagers (I,151-160)

Funktion der Engel: sie gewähren Gehör in der Nacht, um mit dem Mond und den Sternen zu reden, einen Totengeist befragen oder mit den Geistern zu reden[129].

PRAKTISCHER TEIL, 5. KOMPLEX (I,160-192)

Erster Abschnitt (I,160-175)

Anliegen (I,160 f)

Mit dem Mond und den Sternen über jegliche Angelegenheit reden[130].

Anweisung (I,161-165)

Einen weißen Hahn "in Lebenswasser"[131] schlachten, das Blut-Wasser-Gemisch mit Mehl verkneten[132] und daraus drei Kuchen machen, die in der Sonne getrocknet werden müssen. Mit Blut die Namen[133] der Engel und des Wächters daraufschreiben, die Kuchen dann auf einen Tisch aus Myrtenholz legen und zum Mond oder zu den Sternen die folgende Beschwörung sprechen.

Beschwörung (I,165-168)

Der Mond und die Sterne (?) werden beschworen[134], die Schicksale (d.h. auch: Sternbilder) zweier Personen zusammenzubringen, damit sie zur Liebe miteinander vereint werden.
Außerdem[135] sollen die Engel ihr Feuer in das Herz der betreffenden Person tun, damit diese aus Liebe zu der anderen Person das elterliche Haus verläßt. - Anhang, Text 10 -

Anweisung (I,168 f)

Zwei der Kuchen zusammen mit dem geschlachteten Hahn in eine Glasschale tun, diese mit Wachs versiegeln und an einem Ort verstecken, wo die Sonne nicht hinscheint.

Anliegen (I,169 f)

Erlangung von Gnadenerweisen[136].

Anweisung (I,170-172)

Den übriggebliebenen Kuchen zerreiben und in einen mit altem Wein gefüllten Glasbecher tun; vor Mond und Sternen die Namen der Engel sagen und die folgende Beschwörung sprechen.

Beschwörung (I,172-174)

Sie mögen Huld, Gnade und Barmherzigkeit vom Glanze ihres Angesichts[137] auf die betreffende Person kommen lassen. Auch der Sprecher der Beschwörung möge Gnade erlangen[138].

- Anhang, Text 11 -

Anweisung (I,174 f)

Gegen den Wind blasen[139]; das Gesicht neun Tage lang mit dem Wein und dem hineingebröckelten Kuchen waschen.

Zweiter Abschnitt (I,176-186)

Anliegen (I,176)

Einen Totengeist befragen[140].

Anweisung (I,176-178)

Sich an ein Grab stellen, die Namen der Engel nennen, dabei eine Glasschale mit Öl und Honig in der Hand halten und die folgende Beschwörung sprechen.

Beschwörung (I,178-182)

Der Geist "QRJPWRJJ'", der über die Gebeine der Toten wacht, wird beschworen, Öl und Honig als Geschenk anzunehmen und dafür den betreffenden Toten auferstehen zu lassen, damit dieser dem Sprecher Rede und Antwort stehe. - Anhang, Text 12 -

Anweisung (I,182-184)

Er wird sogleich auferstehen; wenn nicht, die Beschwörung bis zu dreimal sprechen. Wenn er heraustritt, die Schale vor ihm niederlegen[141] und das Anliegen sagen; dabei ist ein Myrtenszepter in der Hand zu halten[142].

Anliegen (I,184)

Den magischen Zwang lösen[143].

Anweisung (I,184-186)

Dem Totengeist drei Schläge mit dem Myrtenstab verabreichen, das Öl-Honig-Gemisch ausschütten, den Becher[144] zerbrechen und den Myrtenstab fortwerfen; für den Rückweg nach Hause einen anderen Weg benutzen.

Dritter Abschnitt (I,187-192)

Anliegen (I,187)

Mit den Geistern reden[145].

Anweisung (I,187)

Zum Hinrichtungsplatz gehen und dort ausrufen, d.h. die folgende Beschwörung sprechen[146].

Beschwörung (I,188-191)

Die beiden Geister 'WBNJT und RWNNJT werden beim Namen der Engel und ihres Wächters beschworen, den Geist HGRGJRWT zu senden, damit dieser dem Sprecher in allem eine bestimmte Zeit lang diene.

- Anhang, Text 13 -

Anweisung (I,191 f)

Wenn eine Rauchsäule zu sehen ist, das Anliegen sagen und den Geist nach Belieben fortsenden.

2.5.11 Zusammenfassung

Der Komplex zerfällt in drei miteinander nicht in Beziehung stehende Abschnitte. Sie entstammen wohl verschiedenen Vorlagen und wurden vom Verfasser bzw. Redaktor des beschreibenden Teils überarbeitet. An der Beschreibung des fünften Lagers läßt sich erkennen, wie die nun notwendig gewordenen Engelfunktionen einfach im Wortlaut der hinzugefügten Texte nachgetragen wurden.

Spuren der redigierenden Überarbeitung lassen sich an allen drei Abschnitten feststellen. Die erste Beschwörung (Z. 165-168) besteht aus zwei verschiedenartigen Teilen, zwischen denen sogar die Nahtstelle noch erhalten ist. Sie scheinen nur Ausschnitte umfangreicherer Beschwörungen zu sein, denn in ihrer vorliegenden Form sind sie recht unvollständig. Besonders schwer wiegt, daß die angesprochenen Wesen weder näher bezeichnet noch mit ihren Namen genannt werden. Dasselbe gilt für die zweite Beschwörung (Z. 172-174). Auch ist der Inhalt dieser beiden Beschwörungen durch die Angabe "mit dem Mond und den Sternen reden" nur sehr unzureichend bezeichnet, denn es geht ja um die Erlangung von Liebe und Gunst und nicht um irgendeine Form des

Offenbarungszaubers. Zusammengekittet wurden die beiden Stücke durch eine zusammenhängend konzipierte Zauberhandlung (zwei Kuchen für die erste, ein Kuchen für die zweite Handlung), wobei jedoch schwer zu begreifen ist, wie das eine vom anderen abhängen soll. In Wahrheit ist ihnen - abgesehen von dem allgemeinen Zusammenhang zwischen Liebe und Gunst - nur gemeinsam, daß sie sich an die Gestirne wenden, und auch das geschieht nur andeutungsweise.

Im zweiten Abschnitt fällt die Verwendung der mit Öl und Honig gefüllten Glasschale aus dem Rahmen. Sonst macht das Stück jedoch einen geschlossenen Eindruck, wenn man von der etwas fragwürdigen Lösung absieht, die möglicherweise erst später hinzugekommen ist.

Das Anliegen des dritten Abschnitts paßt auch nur grob auf das, was in der Beschwörung (Z. 188-191) tatsächlich verlangt wird, denn es handelt sich hier weniger um Offenbarungszauber als um die Gewinnung eines im wahrsten Sinne des Wortes "dienstbaren Geistes", mit dem man natürlich auch reden kann[147].

In allen drei Abschnitten ist die Hand des Überarbeiters an der Verwendung der Engel des fünften Lagers erkennbar. Das wird jedoch nur für die Anweisungen durchgeführt, die Beschwörungstexte bleiben davon frei; daß dies nicht die Regel ist, wurde bereits gezeigt und wird auch weiterhin zu zeigen sein.

2.5.12 Beschreibung des sechsten Lagers (I,193-200)

Funktion der Engel: sie sind mit Kraft und Macht gegürtet, um von einem Ort zum anderen zu eilen und in alle Ecken der Welt zu fliegen[148].

PRAKTISCHER TEIL, 6. KOMPLEX (I,200-208)

Anliegen (I,200 f)

Einen Flüchtigen, einen geflohenen Sklaven oder Dieb, herbeibringen[149].

Anweisung (I,201-203)

Den Namen der betreffenden Person, den Namen seiner Mutter, dazu die Namen von Wächter und Engel auf vier Erztafeln schreiben und die folgende Beschwörung sprechen.

Beschwörung (I,203-207)

Die "Engel der Größe"[150] mögen die betreffende Person ergreifen und sie gegen ihren Willen herbeibringen. - Anhang, Text 14 -

Anweisung (I,207 f)

Die vier Tafeln sind "in den vier Himmelsrichtungen" zu verstecken, sei es in der Stadt, sei es auf dem Lande[151].

Bemerkung: der fließende Übergang vom beschreibenden zum praktischen Teil ist ungewöhnlich und beruht wohl auf eine Textverderbnis, die jedoch wegen der mangelhaften Überlieferung dieser Stelle nicht geheilt werden kann.

2.5.13 Beschreibung des siebenten Lagers (I,209-217)

Funktion der Engel: sie verstehen sich auf den Traum und klären jeden, der sich ihnen in Reinheit nähert, darüber auf, was der Traum und was dessen Deutung ist[152].

PRAKTISCHER TEIL, 7. KOMPLEX (I,218-236)

Anliegen (I,218-221)

Dem König, Stadthalter, Herrscher oder Freund von seiner Weisheit künden: was der Betreffende über ihn denkt, was er zu tun vorhat, was die Deutung seines Traumes ist[153].

Anweisung (I,221-226)

Drei Tage Zeit sind dafür nötig. Am ersten Tag, nach Einhaltung bestimmter Reinigungsvorschriften, in einen neuen Mantel gehüllt zur dritten Nachtstunde zum Meeres- oder Flußufer gehen, Myrrhe und Weihrauch opfern und, mit dem Gesicht zum Wasser gewandt, die Namen des Wächters und der Engel dreimal aufsagen: wenn eine Feuersäule zwischen Himmel und Erde erscheint, die folgende Beschwörung sprechen.

Beschwörung (I,226-230)

Unter Berufung auf die höhere Macht Gottes und auf die Namen der "sieben Engel des siebenten Lagers"[154] wird das Wesen[155] beschworen, die oben genannten Fragen zu beantworten.

- Anhang, Text 15 -

Anweisung (I,231 f)

So ist auch in der zweiten und dritten Nacht vorzugehen. Dann wird sich über der Feuersäule eine Wolke in der Gestalt eines Menschen enthüllen[156]: dieses Wesen ist zu befragen und es wird alles nach Wunsch aussagen.

Anliegen (I,232 f)

Entlassung des angerufenen Wesens.

Anweisung (I,233 f)

Wasser vom Meer oder vom Fluß dreimal zum Himmel werfen und mit gedämpfter Stimme das Folgende sprechen[157].

Löseformel (I,234 f)

Nach einem griechischen Spruch[158] ist zu sagen: "gelöst, gelöst habe ich, verschwinde und wende deinen Weg zurück!"[159].

- Anhang, Text 16 -

Anweisung (I,236)

Das ist siebenmal zu sprechen; Reinigungsklausel.

Bemerkungen: ungewöhnlich ist die literarische Form, in welcher das Anliegen (Z. 218-221) präsentiert wird. Das ganze Stück ist zwar nur durch späte Textzeugen überliefert, macht aber einen homogenen Eindruck und scheint alt zu sein, wofür auch das Auftauchen eines griechischen Spruches innerhalb der Löseformel spricht.

Beschreibender Teil: Schlußsatz (I,237)

"Das sind die Namen der sieben Geister (?), die im ersten Firmament, welches 'Himmel' genannt wird, dienen. Friede!"[160]

2.5.14 DER ZWEITE HIMMEL, allgemeine Beschreibung (II,1-6)

Das zweite Firmament hat den Namen "Himmel der Himmel" (šᵉmê haš-šāmajim)[161]; in ihm finden sich Reif, Rauch, Schnee und Hagel, seine Engel und Geister haben die Attribute Feuer, Zittern, Angst und Furcht.

Das Firmament hat das Attribut Schrecken, denn in ihm befinden sich unzählige Engel, die nach Heerscharen angeordnet sind; über diesen stehen Fürsten und Wächter[162].

Das Firmament ist in zwölf Stufen (maʿalôt) eingeteilt, auf denen Engel in Würde dastehen: diese gewähren Gehör der (magischen) Praktik der Menschen[163] und jedem, der sich ihnen in Reinheit nähert.

Bemerkung: diese drei Stücke sind in ihrem Charakter unterschiedlich und entstammen wohl verschiedenen Vorlagen bzw. Überlieferungsschichten.

PRAKTISCHER TEIL, 8. KOMPLEX (II,6-11)

Anliegen (II,6 f)

Eine beliebige Sache von den Engeln des zweiten Himmels erfragen[164].

Anweisung (II,7-11)

Besteht aus einer Liste von Reinigungsvorschriften aller Art und ist wohl als Einleitung zu den magischen Praktiken des zweiten Kapitels gedacht.

2.5.15 Beschreibung der ersten Stufe (II,12-17)

Funktion der Engel: einen Gegner zum Schweigen bringen, überfallen und erschrecken[165].

PRAKTISCHER TEIL, 9. KOMPLEX (II,17-25)

Anliegen (II,17 f)

Ein großes und starkes (Kriegs-)Volk, einen Herrscher, einen Richter, die Bewohner von Stadt und Land zum Schweigen bringen[166].

Anweisung (II,19 f)

Eine Handvoll Staub von der Unterseite einer Statue (?) nehmen[167], darüber siebenmal rückwärts die Namen der Engel[168] sagen und die folgende Beschwörung sprechen.

Beschwörung (II,21-23)

Die "Engel des Schweigens" werden gebeten, jede feindlich gesonnene Person zum Schweigen zu bringen[169], so daß der Sprecher Recht in seiner Gerichtssache erhält. - Anhang, Text 17 -

Anweisung (II,24 f)

Den Staub verstreuen: in der Stadt, auf dem Land, vor dem Herrscher, vor dem Richter; dem Sprecher der Beschwörung wird daraufhin Recht widerfahren.

Bemerkungen: beschreibender Teil, magische Handlung und Beschwörungstext passen nur oberflächlich zueinander. Auf der einen Seite wiegt die Erwähnung des Richters im Anliegen (Z.18, fehlt in der ABPQ-Gruppe!) nicht viel, denn es müßten ja wohl eher die Ankläger und gegnerischen Zeugen zum Schweigen gebracht werden; auf der anderen Seite wirkt die Angabe der Engelfunktionen recht konstruiert und wird zudem vom nachfolgenden Teil nur unvollständig aufgegriffen.

2.5.16 Beschreibung der zweiten Stufe (II,26-30)

Funktion der Engel: sie eilen und bringen die Schicksale der Menschen zur Liebe zusammen.

PRAKTISCHER TEIL, 10. KOMPLEX (II,30-37)

Anliegen (II,30 f)

Einer Frau Liebe einflößen oder (!) es erreichen, daß ein armer Mann eine reiche Frau heiratet[170].

Anweisung (II,31 f)

Zwei Erztafeln[171] beidseitig mit den Namen der Engel, des Mannes und der Frau beschreiben und das Folgende sprechen.

Beschwörung (II,33-35)

Die Engel, die über die Schicksale der Menschen herrschen, werden gebeten, die Schicksale der betreffenden Personen zusammenzubringen, damit sie einander lieben. - Anhang, Text 18 -

Anweisung (II,35-37)

Die eine Tafel in einen Ofen, die andere in das Wasserbad der Frau tun, und zwar am 29. des Monats, bei Neumond[172]. Drei Tage lang Enthaltsamkeit beachten.

2.5.17 Beschreibung der dritten Stufe (II,38-45)

Funktion der Engel: sie erschüttern das Herz der Menschen und wenden (böse) Pläne und Gedanken ab[173].

PRAKTISCHER TEIL, 11. KOMPLEX (II,45-56)

Anliegen (II,45-47)

Den Plan eines einflußreichen Mannes, eines Feldherrn oder eines Kriegsvolks, überhaupt jeglichen bösen Plan und alle böse Gedanken von sich abwenden und zunichte machen[174].

Anweisung (II,47-50)

Um Mitternacht bei Vollmond, rein und in einen neuen Mantel gehüllt[175], vor dem Mond die Namen der Engel 21 Mal aufsagen[176] und die folgende Beschwörung sprechen.

Beschwörung (II,50-54)

Der Mond wird gebeten, die Angelegenheit vor die Engel der dritten Stufe zu bringen, damit diese[177] den Plan und die Ränke der betreffenden Person abwenden, zunichte machen und es bewirken, daß seine Feindschaft sich in Freundschaft verwandelt.

- Anhang, Text 19 -

Anweisung (II,54-56)

Die Engelnamen und die "Charaktere"[178] auf eine Silbertafel schreiben und diese auf das Herz legen. Solange sie sich dort befindet, wird der Erfolg nicht ausbleiben.

Bemerkungen: abgesehen von der dürftigen Überlieferungslage für Z. 50 f, wodurch es zumindest fraglich erscheint, ob der Anfang des Beschwörungstextes in der von MARGALIOT rekonstruierten Form haltbar ist, macht das Stück besonders in der N-Überlieferung einen homogenen Eindruck. Deutliche Bezüge auf den beschreibenden Teil weisen es als ein Produkt der Endredaktion aus.

2.5.18 Beschreibung der vierten Stufe (II,57-62)

Funktion der Engel: sie nehmen den Schlaf von den Menschen und haben die Möglichkeit, Gutes oder Böses zu tun.

PRAKTISCHER TEIL, 12. KOMPLEX (II,62-72)

Anliegen (II,62)

Einen Feind des Schlafes berauben.[179]

Anweisung (II,62-64)

Den Kopf eines schwarzen, ungeborenen Hundes nehmen; auf ein Bleiplättchen[180] die Namen der Engel schreiben und die folgende Beschwörung sprechen.

Beschwörung (II,64-68)

Den "Engeln des Zorns, die auf der vierten Stufe stehen"[181], wird der Gegner übergeben, damit sie ihn binden, ihm keinen Schlaf geben und es niemandem erlauben, ihn von dem Zauber zu lösen. - Anhang, Text 20 -

Anweisung (II,68-70)

Das Plättchen in das Maul des Hundekopfes stecken und dieses mit Wachs und einem Ring, der die Abbildung eines Löwen hat, versiegeln; den Kopf hinter dem Haus des Betreffenden oder an einem Ort, wo er ein- und ausgeht, verstecken.

Anliegen (II,70)

Lösung des Zaubers.

Anweisung (II,71 f)

Den Kopf wieder hervorholen, das Geschriebene herausnehmen und ins Feuer werfen: sofort wird er schlafen. Demutsklausel[182].

Bemerkungen: die "Engel des Zorns" werden im beschreibenden Teil nicht erwähnt. Möglicherweise stellt der Vermerk "die auf der vierten Stufe stehen" (Z. 65)den Versuch des Redaktors dar, hier weiter auszugleichen.

2.5.19 Beschreibung der fünften Stufe (II,73-80)

Funktion der Engel: sie sind dem Feuer zugeordnet, "denn aus Feuer gingen sie hervor, und im Feuer ist ihr Standort"[183].

PRAKTISCHER TEIL, 13. KOMPLEX (II,80-88)

Anliegen (II,80 f)

Einen Ofen anzünden[184].

Anweisung (II,81-83)

Einen Schwefelklumpen nach der Zahl der einzelnen Feuerstellen aufteilen, auf jedes einzelne Stück mit einem Erzgriffel[185] die Namen der Engel schreiben und die folgende Beschwörung sprechen.

Beschwörung (II,83-86)

Die "Engel des Feuers" und die "Engel der Flamme" werden beschworen, den Ofen anzuzünden, so daß jeder, der hineingeht[186], sich wegen seiner Hitze erschreckt. - Anhang, Text 21 -

Anweisung (II,86-88)

Nach Durchführung dieses Fähigkeitsbeweises (gr. dokimē) wird man erfolgreich sein[187].

Die Schwefelstücke in jede einzelne Feuerstelle[188] des Ofens werfen, worauf dieser mit Macht brennen wird. Zur Wiederholung ist in der angegebenen Weise zu verfahren.

Bemerkungen: das Stück ist nur in verderbter Form überliefert (keine Genizahfragmente!), die nur bedingte Aussagen über die Struktur zuläßt. Der Nachsatz Z. 86 ist eventuell zu streichen.

2.5.20 Beschreibung der sechsten Stufe (II,89-94)

Funktion der Engel: sie verstehen sich auf die Heilung[189].

PRAKTISCHER TEIL, 14. KOMPLEX (II,94-102)

Anliegen (II,94 f)

Jemanden heilen, der vom Schlaganfall betroffen wurde, durch einen Geist oder durch Zauberei[190].

Anweisung (II,95-102)

Nardenöl[191] und Honig nehmen, zur aufgehenden Sonne an sieben Tagen den Namen des Mannes, den seiner Mutter sowie die Namen der Engel des sechsten Lagers nennen, und zwar jeweils dreimal pro Tag: am siebenten Tag den Patienten nackt zur Sonne hin aufstellen, über seinen Körper das Öl gießen und vor der Sonne Myrrhe, Weihrauch und Balsamspitzen räuchern.

Außerdem sind die "Engel der Würde"[192] zusammen mit den "Charakteren"[193] als Amulett auf eine Silbertafel zu schreiben: diese ist mit einem "Amiant"[194] und dem Balsamräucherwerk[195] um seinen Hals zu legen.

Das Amulett am 20. des Monats schreiben, dann wird Erfolg beschieden sein.

Bemerkungen: die erst Z. 100 einsetzende G-Überlieferung ist in einem so schlechten Zustand, daß der Schluß des Stückes unsicher bleibt. Die auffällige Anknüpfungsformel "außerdem schreibe ..."[196] legt die Vermutung nahe, daß dieser Teil ursprünglich nicht zur Heilpraxis gehörte, worauf auch die nochmalige, andersartige Bezeichnung der Engel hinweist.

2.5.21 Beschreibung der siebenten Stufe (II,103-110)

Die Engel sind furchtbar anzuschauen, sie wenden sich nach allen Seiten hin und gehen in jede Richtung.

PRAKTISCHER TEIL, 15. KOMPLEX (II,110-117)

Anliegen (II,110-112)

Jegliches böse Getier aus der Stadt vertreiben: einen Löwen, Wolf, Bären oder Panther; auch einen Fluß oder ein Meer, das ansteigt und die Häuser überschwemmt[197].

Anweisung (II,112-114)

Ein erzenes Abbild des betreffenden Tieres anfertigen: eine Eisentafel auf beiden Seiten mit den Namen der Engel beschreiben[198] und der Figur umhängen: das Ganze am Eingang der Stadt verbergen, wobei das Gesicht der Figur nach Norden gerichtet sein muß.

Anliegen (II,114 f)

Ein Meer oder einen Fluß binden[199], damit das Wasser nicht kommt und eine Überschwemmung anrichtet.

Anweisung (II,115-117)

Ein Steinbildnis anfertigen (!), auf zwei Erztafeln die Namen der Engel schreiben[200] und diese unter die Fersen der Figur legen: letztere soll einen Marmorstab in der Rechten halten (und damit zum Schlag ausholen), so daß der Stab sich über der Schulter befindet; die linke Hand sei geöffnet, das Gesicht zum Wasser gewendet.

Bemerkungen: die Technik, mehrere Praktiken miteinander zu verkoppeln, wird hier besonders deutlich. Zunächst lag der erste Teil vor (Vertreibung der Tiere); an die Anweisung wurde dann die zweite Praktik einfach angehängt, und die Zweckliste am Anfang des Stückes wurde um das entsprechende Anliegen erweitert. Hierbei ergab sich freilich eine sachliche und stilistische Unebenheit, denn in der Liste ist alles vom Verb "vertreiben" abhängig. Genauer wird das zweite Anliegen dann Z. 115 formuliert: das Wasser soll an seinem Ort gebunden werden, damit es gar nicht erst in die Stadt hineingelangt. Warum der Redaktor es bei der besagten Unebenheit in Z. 111 f beließ, ist verständlich, denn die vorangehende "oder"-Reihe bot sich ja förmlich zur Fortsetzung an. Das Wachsen solcher Zwecklisten wurde auch schon an anderer Stelle beobachtet (z.B. I,48-51) und ist symptomatisch für die heterogene Struktur dieser Texte.

2.5.22 Beschreibung der achten Stufe (II,118-123)

Funktion der Engel: sie herrschen über die Geister, die auf der Erde umherstreifen; wo sie genannt werden, kann kein böser Geist erscheinen[201].

PRAKTISCHER TEIL, 16. KOMPLEX (II,123-127)

Anliegen (II,123-125)

Einen bösen Geist fortjagen, damit er nicht zu einer Frau komme in der Stunde ihrer Niederkunft und ihre Kinder töte, (auch nicht) bevor sie noch schwanger wird (d.h. sie unfruchtbar macht)[202].

Anweisung (II,125-127)

Auf ein Goldtäfelchen die Namen der Engel schreiben[203] und dieses mit einer Silbernadel an ihr befestigen; in der Stunde ihrer Niederkunft vier mit den Engelnamen beschriebene Silbertafeln in die vier Ecken des Hauses legen: kein Geist wird auftauchen.

2.5.23 Beschreibung der neunten Stufe (II,128-133)

Funktion der Engel: sie sind den Dingen des Krieges zugeordnet.

PRAKTISCHER TEIL, 17. KOMPLEX (II,134-138)

Anliegen (II,134)

Einen Mann, der in den Krieg zieht, vor Verwundung durch Pfeil, Schwert etc. schützen[204].

Anweisung (II,134-138)

Sieben mit je zwei der Engelnamen beschriebene Lorbeerblätter[205] in Nardenöl eintauchen; das (durch die aufgelöste Tinte magisch potent gemachte) Öl am Tage, da er in den Krieg zieht, über seinen Körper und über Schwert, Köcher und Pfeile gießen.

Außerdem die Namen mittels einer erzenen Nadel auf eine Silbertafel schreiben[206] und diese an seinem Herzen befestigen: keine Verwundung wird ihn treffen.

2.5.24 Beschreibung der zehnten Stufe (II,139-144)

Funktion der Engel: sie befreien und erretten von Steuerlast, königlichem Richtspruch und von jeglicher verderbenbringender Gerichtssache.

PRAKTISCHER TEIL, 18. KOMPLEX (II,144-153)

Anliegen (II,144 f)

Einen Freund von böser Gerichtssache sowie jeglicher Bedrängnis befreien[207].

Anweisung (II,145-147)

Nach dreitägiger Enthaltsamkeit sich vor die aufgehende Sonne stellen, die Namen der Engel nennen[208] und die folgende Beschwörung sprechen.

Beschwörung (II,147-151)

Der Sonnenengel[209] wird gebeten, sich als Vermittler vor Gott einzusetzen und bei diesem für den Klienten ein gutes Wort, Freiheit und Schadlosigkeit zu erlangen. - Anhang, Text 22 -

Anweisung (II,152 f)

Außerdem die Engelnamen auf eine Erztafel schreiben[210] und diese bei Sonnenaufgang in Richtung Osten, zur Sonne hin, verstekken: Reinigungsklausel.

2.5.25 Beschreibung der elften Stufe (II,154-160)

Die "Engel des Feuers" haben die Fähigkeit zu erniedrigen und zu erhöhen[211].

PRAKTISCHER TEIL, 19. KOMPLEX (II,160-174)

Anliegen (II,160 f)

Einen (abgesetzten) König, Fürsten, Herrscher oder Richter wieder in sein Amt einsetzen[212].

Anweisung (II,161-166)

Öl, Honig und Mehl in eine neue Glasschale tun, sieben Tage Reinheit und Enthaltsamkeit beachten, am siebenten Tag - dem 14., 15. oder 16. des Monats - sich unter den Mond stellen, die Schale in die Hand nehmen, "das Lager der Stufe" hineinschreiben[213], darüber, gegen den Mond die Namen der Engel siebenmal nennen[214] und die folgende Beschwörung sprechen.

Beschwörung (II,166-171)

Der Mond wird beschworen, den Betreffenden wieder in sein Amt einzusetzen. - Anhang, Text 23 -

Anweisung (II,172-174)

Das an drei Tagen tun; danach einen Kuchen machen, der nur in der Nacht zu trocknen ist, denn die Sonne darf auf ihn nicht scheinen: der Klient muß den Kuchen an drei Tagen essen und zwar jeweils vor Sonnenaufgang; die beschriebene Schale in seinem Hause verstecken.

Bemerkungen: die zweimalige und unterschiedliche Verwendung der Engelnamen (Z. 165 f) legt die Vermutung nahe, daß in diesem Stück verschiedene Schichten zusammengewachsen sind. Auch die Verwendung der Glasschale ist zumindest nicht konsequent dargestellt: erst mit Öl etc. füllen, dann sieben Tage stehen lassen, dann die Engelnamen einschreiben und dann darüber die Engelnamen sprechen? So jedenfalls das Genizahfragment: die ABPQ-Überlieferung kennt übrigens kein Aufschreiben von Namen, wodurch der Text an Klarheit gewinnt[215]. Die Frage ist, ob dies ein Ergebnis der Überarbeitung ist, oder ob ABPQ auf eine Vorlage zurückgeht, die G zwar auch, aber nicht allein, vorgelegen hat.

2.5.26 Beschreibung der zwölften Stufe (II,175-181)

Die Engel sind in zwei Hälften eingeteilt: die einen singen und die anderen respondieren dazu: ihre Zunge heilt, ihr Wort verbindet (die Wunden)[216].

PRAKTISCHER TEIL, 20. KOMPLEX (II,181-185)

Anliegen (II,181 f)

Den Schmerz der einen Kopfhälfte (Migräne) heilen; den Geist des grünen Stars binden oder verfluchen[217].

Anweisung (II,182-185)

Ein Fettstück, welches das Gehirn eines schwarzen Stieres bedeckt[218], mit den Namen der Engel beschreiben[219], unter Verwendung einer Silbernadel mit (Fäden?) aus sieben Farben umbinden[220] und auf die schmerzende Seite legen[221]. Sich selbst fernhalten von Fleisch, Wein und jeglicher Unreinheit.

Bemerkungen: das Stück ist in der vorliegenden, schlecht überlieferten Form unklar und wohl auch unvollständig, denn der zweite Teil des Anliegens wird gar nicht weiter verfolgt. Es scheint, daß bereits dem ältesten Textzeugen (G) mehrere Fassungen vorgelegen haben, die jedoch nicht zusammenfassend bearbeitet wurden.

2.5.27 DER DRITTE HIMMEL, allgemeine Beschreibung (III,1-6)

In dem dritten Firmament, welches nach einigen Handschriften den Namen "Wohnstatt" (mā'ôn) hat[222], herrschen drei Fürsten (śārîm), die dem Feuer zugeordnet sind, über alle Feuerengel. Die Engel besitzen u.a. folgende Eigenschaften: sie haben Flügel zum Fliegen, sie wiehern wie Pferde, sie fliegen in jede Richtung und flattern in jeden Winkel[223].

Liste der Fürsten (III,8-12)

Es werden in systematischer Weise zunächst die Namen (JBNJ'L, RHṬJ'L, DLQJ'L) und dann ihre speziellen Aufgabenbereiche genannt: der erste herrscht über jede Angelegenheit des Feuers, um es zu entzünden und zu löschen: der zweite über jeden Feuerwagen, um eilen und um straucheln zu lassen: der dritte über die Flammen des Feuers, um zu entfachen und zu verlöschen[224].

Liste der ersten Engelgruppe (III,13-16)

Es werden 19 Engel genannt, die dem JBNJ'L dienen.

PRAKTISCHER TEIL, 21. KOMPLEX (III,16-31)

Anliegen (III,16 f)

Das Feuer eines Badehauses löschen[225].

Anweisung (III,17-20)

Einen Salamander herbeiholen[226], in ein mit dreijährigem Öl gefülltes Glasgefäß tun, darüber den Namen des Wächters (!) und die Namen der ihm dienenden Engel[227] zur dritten Nachtstunde siebenmal rückwärts nennen und die folgende Beschwörung sprechen.

Beschwörung (III,20-25)

Der Salamander wird unter Nennung des Fürsten und seiner Engel beschworen, das Feuer zu löschen. Darauf werden die Feuerengel selbst angesprochen: sie sollen sich an die Pforten des Badehauses stellen und es nicht zulassen, daß das Feuer wieder angezündet wird. - Anhang, Text 24 -

Anweisung (III,25)

Aus der Ölflasche (!) in alle vier Ecken eines jeden "Hauses" (d.h. Feuerstellen) etwas von dem Öl tun[228].

Anliegen (III,26)

Die Praktik lösen[229].

Anweisung (III,26 f)

Mit dem Rest des Öls sich gegen die Sonne stellen, die Namen des Fürsten und seiner Engel (siebenmal rückwärts) nennen[230] und die folgende Beschwörung sprechen.

Beschwörung (III,28-30)

Der "Engel des Feuers" und "Engel der Flamme" wird beschworen, die Bindung zu lösen[231] und den Engeln, die an den Pforten des Badehauses stehen, Erlaubnis zu geben, das Feuer wieder zu entzünden. - Anhang, Text 25 -

Anweisung (III,30 f)

Aus der Ölflasche in die vier Ecken eines jeden "Hauses" gießen und es wird wieder brennen.

Bemerkungen: die Erwähnung eines "Wächters" (Z. 18) könnte darauf hindeuten, daß es eventuell auch andere Beschreibungen des dritten Himmels gab, sofern es sich nicht nur um ein Versehen handelt. Auch paßt die Rede von der "Ölflasche" (ab Z. 25) nicht zu der ersten Anweisung. Es ist zudem schwer vorstellbar, wie der Salamander in einer Flasche ertränkt werden soll. Hier liegt wenigstens eine Auslassung vor (z.B.: das Öl in die Flasche umgießen) oder es wurden bei der Redaktion zwei verschiedene Vorlagen nur oberflächlich zusammengefügt.

2.5.28 Liste der zweiten Engelgruppe (III,32-35)

Es werden 22 Engel genannt, die dem RHṬJ'L dienen.

PRAKTISCHER TEIL, 22. KOMPLEX (III,35-43)

Anliegen (III,35-37)

Pferde antreiben, ohne daß sie sich anstrengen oder beim Rennen straucheln: sie sollen so schnell wie der Wind sein, kein Tier soll sie je überholen, und sie sollen den Sieg im Rennen davontragen.

Anweisung (III,37 f)

Auf eine Silbertafel die Namen der Pferde, die der Engel sowie den Namen der Fürsten, die über ihnen stehen (?)[232], schreiben und die folgende Beschwörung sprechen.

Beschwörung (III,38-42)

Die "Engel des Wettrennens"[233] werden beschworen, den Pferden und dem Wagenlenker[234] Kraft zu verleihen, so daß weder irgendein anderes Tier vor ihnen bestehen noch Zauberei ihnen etwas anhaben kann.

- Anhang, Text 26 -

Anweisung (III,42 f)

Die Silbertafel auf dem (Platz des) Rennen(s), welches gewonnen werden soll, verstecken.

2.5.29 Liste der dritten Engelgruppe (III,44-47)

Es werden 21 Engel genannt, die dem DLQJ'L dienen.

PRAKTISCHER TEIL, 23. KOMPLEX (III,47-59)

Anliegen (III,47 f)

Dem Freund oder Nachbarn einen Fähigkeitsbeweis (gr. dokime)[235] erbringen: ein Haus mit Feuer erfüllen, ohne daß es wirklich brennt.

Anweisung (III,48-52)

Eine "Agriophoros"-Wurzel[236] auf Feuerglut legen, und es wird Rauch im Hause aufsteigen. Dazu die Namen der Engel und den Namen ihres Wächters (?)[237] siebenmal nennen: dann wird jeder, der den Rauch sieht, meinen, er blicke in Feuer. Beim Nennen der Engelnamen[238] ist (noch) die folgende Beschwörung zu sprechen.

Beschwörung (III,52-56)

Die Engel, "die in Feuer gehüllt sind"[239], werden unter Berufung auf Gott, der mit mehreren Feuerattributen bezeichnet wird, beschworen, das "große Wunder" zu vollbringen und das betreffende Haus mit Feuer zu erfüllen, ohne daß irgendeiner der Zuschauer sich erschreckt. - Anhang, Text 27 -

Anweisung (III,56)

Nach Beendigung dieser Worte wird man das Haus in Feuer stehen sehen.

Anliegen (III,56 f)

Das Feuer auslöschen.

Anweisung (III,57)

Die ganze Beschwörung (?) rückwärts sprechen[240], danach das Folgende.

Beschwörung (III,57-59)

Befehl an die Feuerengel, augenblicklich das Feuer auszulöschen: dazu Ps. 104,24. - Anhang, Text 28 -

2.5.30 DER VIERTE HIMMEL, allgemeine Beschreibung (IV,1-8)

Dort befinden sich sieben Ströme von Feuer und sieben Ströme von Wasser und zu jeder Seite stehen unzählige Engel: auf der einen Seite stehen Engel des flammenlodernden Feuers, auf der anderen Engel der Kälte, die mit Hagel umgeben sind. Die einen löschen nicht das Feuer der anderen, und diese verbrennen nicht jene. Die einen tauchen ein in Ströme von Feuer, die anderen tauchen ein in Ströme von Wasser. Sie singen und respondieren Hymnen und Lobpreisungen auf den "Ewiglebendigen", der sie zum Schmuck seiner Macht geschaffen hat.

Die Sonne und ihre Engel (IV,8-24)

Dort befindet sich das "Gemach" der Sonne: es ist erfüllt mit Licht und mit Feuer. Die Feuerengel geleiten die Sonne bei Tag und die Wasserengel geleiten sie bei Nacht.
Es folgt eine Liste der Engel bzw. "Lagerfürsten"[241], die die Sonne bei Tag geleiten (Z.12-17) und eine Liste derer, die sie bei Nacht geleiten (Z.18-24).

Bemerkung: nach dieser systematischen Abhandlung des beschreibenden Teils folgt nun - im Gegensatz z.B. zu Kap. III - die praktische Anwendung in einem zusammenhängenden Komplex, der in die entsprechenden zwei Abschnitte aufzuteilen ist.

PRAKTISCHER TEIL, 24. KOMPLEX (IV,25-72)

Verwendung der ersten Engelgruppe (IV,25-42)

Anliegen (IV,25)

Die Sonne (d.h. den Sonnenengel) am Tage sehen, wie sie im Wagen sitzt und aufgeht[242].

Anweisung (IV,25-30)

Nach einer siebentägigen Enthaltsamkeit und Reinhaltung bei Sonnenaufgang drei Schekel Balsam räuchern und die Namen der Engel siebenmal beschwören (d.h. nennen)[243]; bleibt die Antwort aus, die Namen siebenmal rückwärts nennen und danach die folgende Beschwörung sprechen.

Beschwörung (IV,30-39)

Die Engel werden unter Nennung einer langen Reihe von Gottesattributen beschworen, die Strahlen der Sonne abzulenken, damit der Sprecher ihr ins Angesicht schaue und dabei keinen Schaden erleide. Die Sonne soll die Erlaubnis bekommen, den Willen des Sprechenden auszuführen (d.h. seine Fragen zu beantworten).

- Anhang, Text 29 -

Anweisung (IV,39 f)

Nach dieser Beschwörung wird der Sonnenengel zu sehen sein; er kann nach Tod, Leben, Gut oder Böse befragt werden.

Anliegen (IV,40)

Lösung des Zaubers (Entlassung).

Anweisung (IV,40 f)

Die "Beschwörung" (d.h. die Namen) nennen[244] und das Folgende sprechen.

Beschwörung (IV,41 f).

Die nicht noch einmal näher bezeichneten Engel werden beschworen, die Strahlen der Sonne wieder zurückzuleiten; die Sonne möge ihren Weg fortsetzen. - Anhang, Text 30 -

Verwendung der zweiten Engelgruppe (IV,43-72)

Anliegen (IV,43)

Die Sonne bei Nacht sehen, wie sie im Norden einhergeht[245].

Anweisung (IV,43-47)

Nach einer dreitägigen Enthaltsamkeit und Reinhaltung zur dritten Stunde der Nachtwache, angetan mit weißen Kleidern, den Namen der Sonne und die Namen der Engel 21 Mal sagen[246] sowie die folgende Beschwörung sprechen.

Beschwörung (IV,47-57)

Die Engel, "die im Äther des Firmaments umherfliegen"[247], werden unter Nennung einer langen Reihe von Gottesattributen beschworen, das "große Wunder" zu erwirken und den Sprecher die Sonne auf ihrem Raderwagen sehen zu lassen; dieser möge mit der Sonne ganz normal reden können und von ihr allerlei Geheimnisse erfahren, ohne daß ihm dabei etwas Böses zustoße. - Anhang, Text 31 -

Anweisung (IV,58-60)

Nach dieser Beschwörung wird von Norden her ein Donner zu hören und ein Blitz zu sehen sein. Danach sich verneigen, mit dem Gesicht zur Erde fallen und folgendes "Gebet" sprechen.

Beschwörung (IV,61-65)

Nach Aufsagen eines Gebets an Helios in griechischer Sprache[248] wird die Sonne gebeten, sich dem Sprecher zu zeigen, ohne daß dieser sich erschrecke, und alles, was von ihr verlangt werde, in Wahrheit zu berichten. - Anhang, Text 32 -

Anweisung (IV,66-68)

Wenn der Sprecher sich jetzt wieder aufrichtet, wird er die Sonne im Norden, auf ihrem Weg nach Osten, sehen können. Darauf die Hände nach hinten wenden, den Kopf senken und alles nach Belieben fragen.
Zum Abschluß die Augen wieder zum Himmel erheben und die folgende Beschwörung (Lösung) sprechen.

Beschwörung (IV,68-72)

Der Sonnenengel 'WRPLJ'L wird beschworen, dem Sprecher keinen Schaden zuzufügen und ihn nicht zu erschrecken; er möge seines Weges gehen und sich nicht mehr aufhalten lassen.

- Anhang, Text 33 -

2.5.31 DER FÜNFTE HIMMEL, allgemeine Beschreibung (V,1-14)

Der Himmel ist angefüllt mit "Engeln der Hoheit"[249], die in Truppen angeordnet sind. Sie preisen den, der sie aus der Flamme gehauen hat, und der Schall ihrer eiligen Schritte ist wie das Tosen des Meeres und ihr Laufen wie Donnerrollen.

Zwölf "Fürsten der Herrlichkeit"[250] sitzen dort auf Thronen der Pracht. Sie bilden inmitten des Firmaments ein Viereck und wenden sich in alle vier Himmelsrichtungen, je drei in eine Richtung. In ihrem Auftrag sind Engel eilig unterwegs, vor ihrem Tosen erzittert die Welt.

Funktion der Fürsten: sie sind über die zwölf Monate des Jahres gestellt und wissen, was in jedem Monat passieren wird: jeder ist einem Monat zugeteilt.
Angabe der Namen: Wiederholung der Funktion.

PRAKTISCHER TEIL, 25. KOMPLEX (V,15-42)

Anliegen (V,15-19)

Den Monat seines Ablebens erfahren oder was in jedem Monat passiert: wann Regen sein wird, ob die Ernte reichlich ausfallen, ob der Olivenbaum seine Frucht abwerfen wird, in welchem Monat die Könige zum Krieg rüsten werden, in welchem die Todesfälle unter Menschen und Vieh sich häufen und in welchem die Menschen von Krankheit befallen werden.

Anweisung (V,20-23)[251]

Zwölf Blättchen aus geläutertem Gold herstellen, auf diese den Namen je eines Engels und den seines Monats[252] schreiben, die Blättchen dann in gutes siebenjähriges Öl werfen und darüber die folgende Beschwörung sprechen.

Beschwörung (V,23-30)

Die "Engel des Wissens und der Klugheit"[253] werden unter Nennung einer langen Reihe von Gottesattributen beschworen, den Monat des Ablebens zu verkünden. - Anhang, Text 34 -

Anweisung (V,30-42)

Das Öl in einem neuen Glasgefäß sieben Nächte lang unter die Sterne stellen, die Sonne darf nicht darauf scheinen; in der siebenten Nacht, um Mitternacht, auf das Öl blicken: das Blättchen, welches an der Oberfläche schwimmt, zeigt den Monat des Ablebens an.
Vor Beginn der Praktik ist eine dreitägige Enthaltsamkeit und Reinhaltung erforderlich.
Nach Abschluß der Praktik ist mit dem Öl vorsichtig umzugehen, denn ihm wird eine große Heilkraft beigemessen. Die Goldblättchen sind zusammen mit Levkoje und Amiant versiegelt an einen Silberring anzubringen. Wird der Ring am Finger getragen, kann kein böser Blick oder böser Geist sich nähern und das Haus wird frei von Unglück sein.

Bemerkungen: wegen der einseitigen Überlieferungslage - das Stück ist durch kein Genizahfragment belegt - läßt sich nicht genau ausmachen, auf welche Weise die Zweckliste (Z. 15-19) gewachsen ist. Berücksichtigt wird jedenfalls in der darauffolgenden Durchführung nur das zuerst genannte Anliegen (den Todesmonat erfahren).

2.5.32 DER SECHSTE HIMMEL, Beschreibung (VI,1-24)

Der Himmel[254] wird bevölkert von "Geistern der Gerechten"[255], unzähligen Heerscharen und Lagern von Engeln, die von zwei Fürsten befehligt werden; der eine von ihnen lagert im Westen und der andere im Osten.

Vor den "Heeren der Geister"[256] befinden sich Myriaden von Engeln, die dem Feuer zugeordnet sind. Sie alle singen Hymnen und Lobpreisungen auf ihren Schöpfer.

Die Namen der beiden "heiligen Engel"[257], die über alle Lager des sechsten Himmels herrschen, lauten ʾPRKSJ und TWQPJRS. Alle "Führer der Lager"[258] dienen vor ihnen.

Liste der "Häupter der Lager"[259] im Westen: 29 Namen[260].
Liste derer im Osten: 35 Namen.

PRAKTISCHER TEIL, 26. KOMPLEX (VI,25-51)

Anliegen (VI,25-28)

In den Krieg ziehen und (heil) zurückkehren, von einer Reise zurückkehren, aus der Stadt fliehen, neben sich zur Einschüchterung anderer Kriegsvolk in voller Ausrüstung erscheinen lassen.

Anweisung (VI,28-35)

Nach Beachtung der Reinigungsvorschrift einen Ring aus Eisen sowie ein Blättchen aus reinem Gold herstellen; letzteres an drei Tagen des Monats mit den Namen der "Wächter" und den Namen der "Häupter der Lager"[261] beschreiben und in den Ring einarbeiten; außerhalb des Blättchens auf dem Ring das Bild eines Menschen und eines Löwen eingravieren. Wenn Gefahr droht, den Ring in den Mund nehmen, die Augen zum Himmel erheben, die Namen der Wächter und der ihnen dienenden "Häupter der schsten Wohnstatt"[262] nennen und die folgende Beschwörung sprechen.

Beschwörung (VI,35-47)

Die "Engel der Kraft und Macht"[263] werden unter Nennung einer langen Reihe von Gottesattributen beschworen, dem Sprecher zu jeder Zeit und an jedem Ort beizustehen, so daß alle, die gegen ihn kämpfen wollen, von großer Furcht gepackt werden und ihm nichts anhaben können. - Anhang, Text 35 -

Anweisung (VI,47-50)

Nach Beendigung der Beschwörung wird etwas wie Rauch und Gewölk zu sehen sein; den Ring wieder an den Finger stecken.

Zu Hause angelangt, ist der Ring zum Zwecke der Lösung des Zaubers wieder in den Mund zu stecken; darauf gegen die Sonne die Namen der Engel rückwärts nennen[264] und die folgende Löseformel sprechen.

Lösung (VI,51)

"Gelöst habe ich euch, geht eures Weges!"[265]

- Anhang, Text 36 -

Anweisung (VI,51)

Den Ring wieder an den Finger stecken.

2.5.33 1. - 26. KOMPLEX, Zusammenfassung

An Hand der mitgeteilten Textausschnitte war zu erkennen, welche stilistische Vielfalt in MARGALIOTs Text herrscht. Das ist in der Hauptsache darauf zurückzuführen, daß der Herausgeber die unterschiedlichsten Textzeugen zur jeweiligen "Textgrundlage" gemacht und dabei auch deren stilistische Eigentümlichkeiten mit übernommen hat. Die Varianten illustrieren diesen Zustand in reichem Maße. In Anbetracht der verwickelten Überlieferungslage ist freilich ein stilistisch "sauberer" Text auch gar nicht zu erwarten.

Analog der stilistischen Vielfalt ist auch in sachlicher Hinsicht keine Einheitlichkeit festzustellen. Auf der einen Seite erweisen sich die praktischen Teile nicht immer als konsequente Anwendungen des im theoretischen Teil dargelegten magischen Potentials, was bisweilen sogar zu Widersprüchen zwischen beiden Teilen führt. Auf der anderen Seite ist kein Plan zu erkennen, nach dem die einzelnen Praktiken im "Buch der Geheimnisse" angeordnet sind. Abgesehen von den Sonnenoffenbarungen im vierten Kapitel, die sich durch den Platz der Sonne im vierten Himmel ergeben, scheint das jeweilige Auftreten der magischen Anliegen beliebig zu sein. Die nachfolgende Liste soll das noch verdeutlichen; es werden in ihr zu den Hauptanliegen die Nummern der Komplexe genannt, in welchen diese auftreten:

Heilung	: 1, 14, 20
Wunder	: 13, 21, 23
Offenbarung	: 3, 5, 7, 8, 24, 25
Schutz	: 11, 15, 16, 17, 26
Gunst, Liebe	: 4, 5, 10, 19
Sieg	: 22
Vorteil bei Gericht	: 9, 18
Zwang	: 6
Schaden	: 2

Da die Zugehörigkeit der Komplexe zu den jeweiligen Kapiteln, d.h. Himmeln, an der Nummer leicht ersehen werden kann (Nr. 1-7: SHR I; Nr. 8-20: SHR II; Nr. 21-23: SHR III; Nr.24: SHR IV; Nr. 25: SHR V; Nr. 26: SHR VI), reicht diese Liste bereits aus, um zu zeigen, daß ein innerer Zusammenhang zwischen den einzelnen Himmelsbeschreibungen und den magisch praktischen Anwendungen nicht gegeben ist.

3. DIE BESCHWÖRUNGEN

3.1 EINLEITUNG

3.1.1 Zur Vorbereitung auf das vierte Kapitel, in dem typische Elemente der Beschwörungen aus dem "Buch der Geheimnisse" beschrieben und durch Beispiele aus anderen Texten illustriert werden, soll hier versucht werden, Struktur und Stil der Beschwörungen zusammenfassend darzustellen. Es kann sich dabei allerdings nur um eine knappe Übersicht handeln, die außerdem den Boden des von MARGALIOT herausgegebenen Textes nach Möglichkeit nicht verläßt, denn umfassendere Aussagen sind solange nicht am Platze, bis das Textmaterial in größerer Fülle zugänglich ist.

3.1.2 Wenn der Mensch ein Anliegen gegenüber den höheren Mächten hat, so kann er es auf unterschiedliche Art formulieren: z.B. als Wunsch, Bitte oder als Befehl. Richtet er eine Bitte an die Gottheit, so wird daraus ein Gebet. Es bleibt dabei dem Gott überlassen, ob er das Gebet erhört oder nicht. Die gleiche Bitte kann aber auch in Form einer Beschwörung vorgetragen werden. In diesem Fall soll ein Zwang auf die Gottheit ausgeübt und ihr keine Möglichkeit gelassen werden, der Forderung auszuweichen. Indem der Magier mit allen ihm zur Verfügung stehenden Mitteln sein Anliegen durchsetzt, schränkt er wenigstens zeitweise die Macht des Gottes ein: im apotropäischen Zauber hebt er diese sogar ganz auf. Ein Schema soll diese Zusammenhänge verdeutlichen:

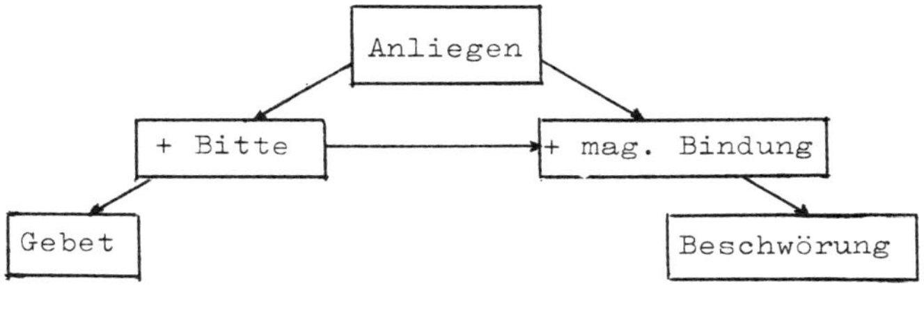

3.1.3 Der erwähnte Zwang wird durch die magische Bindung ausgeübt. Sie ist das Hauptkennzeichen einer Beschwörung. Es lassen sich im wesentlichen fünf Arten der magischen Bindung feststellen:

a) der Name des angerufenen Wesens wird genannt;

b) das Wesen wird durch seine Funktionen oder geheimen Attribute bezeichnet;

c) Aussprechen einer speziellen Bindeformel;

d) der Name einer dritten Macht, die über dem angerufenen Wesen steht, wird genannt;

e) Verwendung einer speziellen Formel ("bei ..."), mit der auf diese dritte Macht ausdrücklich Bezug genommen wird. Es kann der Name oder auch nur ein Attribut eingesetzt werden.

Im folgenden Abschnitt sollen diese Dinge am "Buch der Geheimnisse" verdeutlicht werden.

3.2 STRUKTUR

3.2.1 Um einen Überblick über die Verwendung der verschiedenen Zwangmittel[1] zum Zweck der magischen Bindung im "Buch der Geheimnisse" zu erhalten, ist die umseitig abgebildete Tabelle in Augenschein zu nehmen. Sie bezieht sich auf die im Anhang wiedergegebenen Texte und zeigt durch Angabe der entsprechenden Zeilennummern, wo und wie häufig die Zwangmittel in ihnen auftreten. Ein "V" anstelle der Zeilenzahl deutet an, daß vor dem eigentlichen Beschwörungstext eine Reihe von Namen ein- oder mehrmals zu sprechen waren.

3.2.2 Die Tabelle macht die ausgiebige Verwendung der genannten Zwangmittel deutlich. Sie treten vielfach gehäuft innerhalb einer Beschwörung auf. Auffallend ist die große Bedeutung von Namen, die in langen Reihen meist schon vorher auf bestimmte Weise aufzusagen sind (Spalten 2 und 5). Aus den entsprechenden Formularanweisungen, die im Anhang jeweils mit-

TABELLE DER ZWANGMITTEL

Anh. Text Nr.	Angerufenes Wesen: Name	Angerufenes Wesen: Bezeichnung	Bindeformel	Dritte Macht: Name	Dritte Macht: "bei..."
1	V				
2	1-4	1-4			
3	V	2		V	
4		2	1		
5		2	1		
6		2	1		3-5
7	V		1		2 f
8		1-2			
9		2	1		
10			1		
11	V		1		
12	V, 2	2-4	1	V	
13	V		1		2-5
14		2			
15	V		1,9,12		2-8,10
16	(V)				
17	V	2			
18		2			
19	V, 1	2 f			
20		2 f			
21		2	1		3
22	V	2-5			
23	V	2-4	5		6
24	V, 2	9 f	1	V	3-5
25	V	2	1		
26		2-3	1		
27	V	2	1,8		3-7
28	V	1			
29	V	2-5	1,15		6-14
30	V		1		
31	V	2	1,19		3-18
32	(V)				
33		1	2		3-6
34		2	1,15		3-13
35	V	2	1,15		3-14
36	V				

geteilt werden, geht hervor, ob die Namen dreimal, siebenmal oder einundzwanzigmal, ob sie vorwärts oder rückwärts zu sprechen sind u.s.w. Manche sonst ganz schlicht anmutenden Texte erhalten dadurch erst ihre magische Prägnanz. So unterscheidet sich die zweizeilige Bitte um Heilung (Nr. 1) durch das siebenmalige Aufsagen der 72 Engelnamen praktisch erst von einem Gebet. Ähnlich ist auch Nr. 32 zu sehen, obwohl die "Namen" ja hier eigentlich Teile eines Gebets in griechischer Sprache sind. Zu irgend einem Zeitpunkt der Überlieferung war dieses Gebet (t^{e}fillāh)[2] jedoch sicherlich nicht mehr als solches erkannt worden: der Zustand der Textüberlieferung macht dies mehr als deutlich[3]. Die starke Benutzung von Namenlisten für die Beschwörungen[4] ist allerdings auch durch die Anlage des Buches mitbestimmt. Die jeweiligen Beschreibungen der einzelnen Himmel mit ihren Engelscharen boten ja den geeigneten Anlaß dazu, magische Praktiken einzuflechten, die dieses Potential auswerten sollten. Aus diesem Grund wird auch das verhältnismäßig häufige Auftreten von mehr oder weniger summarischen Funktionsbezeichnungen ohne nochmaliges Erwähnen der Namen verständlich: man bezog sich der Einfachheit halber auf die zu Anfang der Beschwörung genannten Engelnamen[5]. Trotz dieser dem "Buch der Geheimnisse" eigenen Situation erscheint die typische Bindeformel "ich beschwöre" in dem größten Teil der Texte. Besonderes Gewicht kommt noch der Formel "bei ..." zu, die sich in den meisten Fällen auf Gott bezieht und nicht selten lange Attributenreihen einleitet, wie schon an den Zeilenangaben in Spalte 6 der Tabelle abgelesen werden kann.

3.2.3 Die eben gemachten Beobachtungen beziehen sich auf das, was eine Beschwörung zu dem macht, was sie ist: der Versuch, durch magisch bindende Formeln einen Zwang auf das angerufene Wesen auszuüben. Was daneben an Text noch übrigbleibt, dient der möglichst genauen Übermittlung des jeweiligen Anliegens. Da werden die beteiligten Personen genau mit Namen genannt, es erfolgen detaillierte Orts- und Zeitangaben, eventuell wird der Bezug zu einer gleichzeitig ausgeführten Zauberhandlung hergestellt, Befehle werden ausgeteilt, Bitten ausgesprochen, der erwartete Effekt wird genauestens beschrieben und nicht selten werden auch noch Vorkehrungen getroffen, daß der Magier durch seine Anrufung und Nutzbarmachung höherer Mächte keinen persönlichen Schaden erleidet. Gegenüber dem bindenden Teil einer Beschwörung könnte man hier von einem kommunikativ-sachlichen Teil sprechen. Die Struktur einer Beschwörung wird in der Regel dadurch bestimmt, daß zunächst die magische Bindung ausgesprochen und danach in dem kommunikativ-sachlichen Teil das Anliegen genauestens dargestellt wird. In der Praxis ist allerdings dieser zweite Teil vielfach mit zusätzlichen Bindeformeln durchsetzt, was einerseits in dem für magische Texte typischen Hang zur Präzisierung begründet ist, oft aber auch durch die vielfach verworrene Textüberlieferung erst später in Erscheinung getreten sein mag. Genauer läßt sich hier nur von Fall zu Fall urteilen[6].

3.2.4 In welcher Art die Beschwörungen im "Buch der Geheimnisse" aufgebaut sind, soll nun noch an einem Beispiel gezeigt werden. Der im Anhang, Nr. 27 wiedergegebene Text soll bewirken, daß man ein Haus in Flammen stehen sieht, ohne daß dieses wirklich brennt. Zu diesem Zweck werden die Feuerengel nach folgendem Muster angerufen:

Aussprechen der Namen	vorher
Sagen der Bindeformel	Z. 1
Bezeichnung der Engel mit ihrem Attribut	2
Bezugnahme auf die übergeordnete Macht Gottes	3-6
Resumierende Wiederholung der Bindeformel	7-8
Darstellung des Anliegens	9-12
Schlußformel	13

Nach diesem Schema sind auch die Texte 29, 31 und 35 aufgebaut. Auch die übrigen Texte ließen sich in der Weise analysieren, doch es kam hier nur darauf an, das Schema zu verdeutlichen.

3.3 STIL

3.3.1 Während man bei der Untersuchung der Struktur von Beschwörungen weitgehend darauf angewiesen ist, die Funktion der einzelnen Bauelemente zu betrachten, müßten bei der Beurteilung des Stils eigentlich literarische Kriterien herangezogen werden. Abgesehen von den Schwierigkeiten, die eine volkstümliche Literatur hier im allgemeinen bietet, erweist sich insbesondere der schlechte Zustand der Textüberlieferung als ein Hindernis, zu gültigen Aussagen zu kommen.[7] Die "Urfassung" einer Beschwörung zu rekonstruieren, dürfte nur in den wenigsten Fällen möglich sein, zu sehr waren diese Texte ständigen Veränderungen unterworfen. Es sollen daher in diesem Rahmen nur einige Hauptpunkte aufgezeigt werden.

3.3.2 Die bereits dargestellte Trennung in einen bindenden und einen kommunikativ-sachlichen Teil läßt sich auch auf stilistischer Ebene beobachten. Was magisch bindend ist, bleibt formelhaft geprägt, literarische Variation scheint da nicht am Platze zu sein. Sehr deutlich wird dies an der gerade im "Buch der Geheimnisse" einheitlichen Verwendung der Bindeformel "ich beschwöre", der immer die Verbwurzel ŠBʿ zugrundeliegt. Attribute werden zumeist starr aus allen möglichen Bereichen von Kult und Liturgie übernommen, Namen werden mit der peinlichsten Sorgfalt überliefert. Demgegenüber ist der kommunikativ-sachliche Teil durch einen lockeren Stil gekennzeichnet, der im allgemeinen nicht zu weit von der Umgangssprache des Anwenders entfernt liegt. Immerhin geht es ja darum, sich verständlich auszudrücken und das Anliegen klar zu formulieren. Trotz dieser allgemeinen Beobachtung würde es sich dennoch als recht schwierig erweisen, auf Grund des Stils in jedem Fall eine klare Zuordnung zu dem einen oder anderen Teil zu treffen. Zu schwierig ist es noch, dem Phänomen einer magischen "Wertigkeit" methodisch beizukommen[8]. Daß allerdings bei den Schreibern von Beschwörungstexten ein ausgeprägtes Gefühl dafür bestand, was eine magisch bindende Formulierung war und was nicht, zeigt ja gerade das zähe Festhalten an bestimmte Ausdrucksweisen. Nach diesen allgemeinen Feststellungen nun einige typische Merkmale, wobei zur besseren Illustration auch Beispiele aus den anderen Texten angeführt werden.

3.3.3 Wie schon am "Buch der Geheimnisse" beobachtet werden konnte, gehen den eigentlichen Beschwörungstexten meistens genaue Anweisungen voraus, auf welche Weise eine magische Handlung vorzunehmen, wie und wann eine Beschwörung zu sprechen ist. In der Praxis drangen dann bisweilen Wendungen aus solchen Formulartexten in die Beschwörung ein. Sie blieben entweder Fremdkörper in dem sie umgebenden Text[9] oder wurden mehr oder weniger bewußt in die Beschwörung mit einbezogen:

> "Auf einen Stein, der nicht gespalten ist, setze ich mich nieder und schreibe auf eine neue Schale aus Ton ..." (Li)[10]
>
> "Siebenmal sollen sie beschwören" (Ob)[11]

3.3.4 Neben den festgeprägten Beschwörungsformeln finden sich auch individueller gestaltete Formen der Bitte:

> "Ich lege vor dir nieder mein Flehen, Mond" (SHR)[12]
>
> "Ich erbitte von euch, Engel" (SHR)[13]
>
> "Ich bitte dich, Totendämon" (PGM)[14]
>
> "Ich bitte und beschwöre euch" (PGM)[15]

3.3.5 Befehle werden prägnant formuliert und nehmen sich auch für den heutigen Leser noch recht eindrucksvoll aus:

> "Geht fort, ihr fünf Engel" (Mc)[16]
>
> "Fliehet vor dem Unglück und seid erschrocken vor dem Unglück" (Ma)[17]
>
> "Erscheine ihnen nicht" (Go)[18]
>
> "Höre und gehorche und komm heraus aus dem Haus" (Mo)[19]
>
> "Nimm deinen Scheidebrief, empfange deine Beschwörung und fliege, fliehe, entferne dich aus dem Haus" (Go)[20]
>
> "Sagt den Amulettgeistern und Dämonen, daß sie keinen Herrn haben" (Ma)[21]

> "Falle auf steiniges Gebirge und breche auf wie ein faules Ei" (Po)[22]

3.3.6 Wird auch der präzise Befehl noch nicht als genügend empfunden, fügt der Magier noch eine Drohung hinzu:

> "Wenn ihr aber mich nicht erhört und nicht schnell ausführt, was ich euch sage, so wird die Sonne nicht mehr unter die Erde gehen, weder der Hades noch der Kosmos werden bestehen" (Wor)[23]

> "Wenn ihr irgend etwas gegen ... unternehmt, dann werde ich euch bezaubern mit der großen Bezauberung des Meeres und mit der Bezauberung des Ungeheuers Leviatan ... biege ich den Bogen gegen euch und spanne die Sehne gegen euch ... bringe ich herab auf euch den Beschluß des Himmels und den Bann, denn ich auf den Berg [Hermon] und auf das Ungeheuer Leviatan gelegt habe ... [binde ich euch mit der Bindung], durch die Himmel und Erde gebunden wurden ... binde ich euch mit der Bindung, durch welche die sieben Planeten gebunden wurden" (Go)[24]

> "Wer diesen Zwang überschreitet und diese Geheimnisse nicht annimmt, der soll mit Macht auseinanderbrechen, der soll in der Mitte auseinanderplatzen ... seine Wohnung soll in der siebenten Hölle des Meeres sein, von diesem Tag an auf ewig" (Mo)[25]

3.3.7 Der Dialog mit den höheren Mächten tritt besonders im Offenbarungszauber auf:

> "Mein Herr sagt mir, daß ich dir sagen soll, es möge dir gefallen, ein Buch zu bringen, und du sollst darauf schwören, die Wahrheit zu sagen über das, was ich von dir erfrage" (Dai)[26]

Stilisierte Dialogformen erscheinen sehr häufig in den mandäischen Texten:

> "Und er sprach zu ihnen: 'Wendet ab, was ihr geflucht habt!' Da sagten sie zu ihm: 'Infolge unseres Herzwehs haben wir geflucht und infolge der Bitterkeit unseres Gaumens haben wir zu fluchen beschlossen'. Da spreche ich zu ihnen: 'Ich beschwöre euch ...'" (Li)[27]

In dem folgenden aramäischen Schalentext werden bestimmte Begrüßungsformeln fast rituell fixiert und durch anschließende Umkehrung zu einer apotropäischen Zwangformel verarbeitet:

"Ich ging nachts hinauf zum Dach und sagte zu ihnen: ⟨'Wenn ihr hungrig seid, kommt⟩, eßt! Wenn ihr durstig seid, kommt, trinkt! Wenn ihr trocken seid, kommt, laßt euch salben! Wenn ihr aber nicht hungrig und nicht durstig und nicht trocken seid, kehrt um und geht des Weges, den ihr gekommen ...'" (Go)[28]

3.3.8 Zum Schluß noch einige Beispiele für bestimmte poetische Stilmittel.

Parallelismus:

"Umgekehrt werden alle bösen Zauberwerke auf ihre 'Macher' und die gewaltigen Machwerke auf ihre Sender" (Ya)[29]

Iteration:

"Dein Name ist zerstört, zerstört" (Ma)[30]

"Nochmals: ich beschwöre euch, ich beschwöre euch, Tote, beim Gott Man" (Wo)[31]

"Flieh, flieh ... Engel des Unglücks!" (Ma)[32]

"Eine Bindung, nicht zu lösen, nicht zu lösen" (Mc)[33]

"Hallelujah, Hallelujah, schnell, schnell, schnell!" (Mo)[34]

"Friede dir, JWDJD, Friede dir, MWT ..." (Wo)[35]

Chiasmus:

"Gestoppt wurde er vom Leben, vom Leben wurde er gestoppt" (Ma)[36]

"die dem Manne als Frau und der Frau als Mann erscheinen" (Go)[37]

"der mächtig ist über alles und herrscht über alles und alles ist in seiner Hand" (MŠ)[38]

Es lassen sich in den magischen Texten auch weiterhin Tendenzen zur Stilisierung bestimmter Redeformen erkennen. Das soll im folgenden Kapitel noch deutlicher werden.

4. ELEMENTE DER MAGISCHEN REDE

4.0 EINLEITUNG

Das in den vorangegangenen Kapiteln gewonnene Material aus dem "Buch der Geheimnisse" soll nun einer allgemeineren Darstellung dienstbar gemacht werden. Diese hat zum Ziel, unter Verwendung auch des anderen verfügbaren Quellenmaterials (s.o. 1.5) zehn verschiedene Merkmale der "magischen Rede" zu beschreiben und mit Beispielen zu belegen:

1. Der Name
2. Das Attribut
3. Die Funktionsbezeichnung
4. Die Identifizierung
5. Die Bindeformel
6. Die Löseformel
7. Das instrumentale "bei..."
8. Die Präzisierung
9. Der Analogiespruch
10. Modalitäten

Diese Merkmale wurden der Einfachheit halber "Elemente der magischen Rede" genannt, was jedoch nicht heißen soll, daß damit die magische Rede als Ganzes bereits ausreichend beschrieben ist. Auch erscheinen manche Elemente nicht nur in magischen Texten, z.B. Nr. 1, 2 und 8, doch liegt hier in jedem Fall eine typische Verwendungsweise in der Magie vor. Die Bezeichnung "Topos" wurde im allgemeinen vermieden, um keinen terminologischen Engpaß zu bilden. Es dürfte zudem noch klar werden, daß es sich mit den zehn Elementen nur um eine erste versuchsweise Abgrenzung handeln kann. Vieles wird wohl noch einer genaueren Klärung bedürfen, vor allem, wenn das gesamte Material bequemer zugänglich ist und auf einer soliden textlichen Grundlage steht.

4.1 D E R   N A M E

4.1.1 Grundlegend für das Verständnis der Funktion des Namens in der Zauberei ist die antike Vorstellung von der magisch-sympathischen Kraft[1], welche die ganze belebte und unbelebte Welt durchzieht. Es ist das Bestreben des Magiers, diese Kräfte für seine Zwecke zu mobilisieren. Das kann er einerseits durch Verwendung bestimmter materieller Zaubermittel wie Metalle[2], Steine[3], Pflanzen[4] oder Tiere[5], die in einer besonderen sympathischen Beziehung mit der anzurufenden Gottheit stehen, erreichen; andererseits stehen ihm eine ganze Reihe immaterieller Zaubermittel zur Verfügung, die sich durch die menschliche Stimme realisieren lassen[6]. Wird der Name eines höheren Wesens ausgesprochen, so gerät etwas von seiner magischen Kraft in Bewegung, der Magier kann seiner habhaft, unter Umständen sogar eins mit der Gottheit werden (s.u. 4.4.4). Hier liegt auch der Grund für das Aufschreiben von Namen auf Amuletten aller Art, wiewohl auch diese Namen zu gegebener Zeit ausgesprochen wurden[7].

4.1.2 Es ist demnach nicht verwunderlich, wenn der Name sich in unseren Texten als das wichtigste Instrument erweist, mit dem in einer Beschwörung überirdische Wesen gebunden oder gebannt werden können. Es genügt, an die Listen von Engelnamen im "Buch der Geheimnisse" und ihre ausgiebige Verwendung in fast jeder Beschwörung zu erinnern (s.o. 2.5). In den Anweisungen zur magischen Handlung treffen wir immer wieder Bemerkungen wie:

> "Sage die Namen der Engel" (SHR)[8]

oder:

> "Sage darüber rückwärts, siebenmal die Namen der oben aufgeschriebenen Engel" (SHR)[9]

Im Anhang sind alle derartigen Anweisungen an den entsprechenden Textstellen vermerkt.

Die übrigen Zaubertexte zeigen ein ähnliches Bild: im "Schwert des Moses" bestehen die 136 Zauberhandlungen überhaupt nur aus der Anwendung der mit "Schwert" bezeichneten Namenliste[10]; beim Ölzauber spielt das Hersagen von Namen eine große Rolle[11]; in den griechischen Zauberpapyri finden wir überall Anweisungen zum Aussprechen oder Aufschreiben von Namen vor[12]. Entsprechend voll mit Namen aller Art und Herkunft sind die uns überlieferten angewandten Texte wie Zauberschalen[13], Amulette[14] und Fluchtafeln[15]. Es soll nun gezeigt werden, wie verschiedene Aspekte der magischen Verwendung des Namens in die Sprache der Beschwörungen eingegangen ist.

4.1.3 Schon das bloße Aussprechen eines machtvollen Namens kann eine verheerende Wirkung haben:

> "bei dem grausigen und furchtbaren Namen, vor dem die Erde, wenn sie den Namen hört, sich öffnet, ... die Dämonen ... furchtsam erzittern, ... die Flüsse und Meere ... sich fürchten, ... die Felsen ... zerbersten" (Wor)[16]

> "Die Namen, die noch nie Eingang fanden in sterbliche Natur und nicht gesprochen wurden in artikulierter Aussprache von menschlicher Zunge" (PGM)[17]

> "dessen Namen nicht einmal die Götter auszusprechen vermögen" (PGM)[18]

> "Gott GLJP - sein Name ist ausgesprochen von Uranfang an" (Li)[19]

> "Ich spreche gegen sie den großen Namen des Herrn der Geschöpfe" (Go)[20]

Der "große Name" vertreibt die bösen Mächte:

> "Der große Name, vor dem der Todesengel Furcht hat und flieht" (Go)[21]

> "Denn er hat mir einen Namen gegeben, mit dem ich dich vertreiben werde, böser Geist" (Mo)[22]

4.1.4 Kenntnis des "wahren Namens"[23] vermittelt Macht über das betreffende Wesen; wird es auf seinen Namen hin angesprochen, kann es dadurch gebannt oder festgehalten werden, vgl. z.B.:

> "Steh, denn du bist APHYPHIS" (PGM)[24]

Der Name wird daher oft mit einer besonderen Formel vermerkt:

> "Der böse Dämon und böse Satan, der genannt wird ṢPʻSQ, der große Vernichter" (Mo)[25]

4.1.5 Die Formel "der genannt wird" (aram. d^emitqārê) weist auf eine Praxis hin, in der neben dem offiziellen Namen z.B. eines Engels auch ein geheimer, mystischer Name genannt wird, wodurch dessen magische Potenz offenbar erst richtig erschlossen wird:

> "Im Namen Gabriels, der genannt wird ʼLPSS, und im Namen Michaels, der genannt wird [...] TJH" (Wo)[26]
>
> "Jofiel ist dein Name, Jehiel nennt man dich" (Mo)[27]

Es ist denkbar, daß diese Ausdrucksweise auf entsprechende Listen zurückgeht, in denen derartige Namen in Reihen nebeneinandergestellt waren. So etwas liegt uns vielleicht im "Schwert des Moses" vor:

> "Und das ist ihr (voller) Wortlaut und ihr Beiwort: ...
> Wortlaut ʼṬJMWN, Beiwort ṢṢMS GJHW HJ HWH ...
> Wortlaut HWGRWN, Beiwort MṢHWS HJW NH HWH" (ḤDM)[28]

"Wortlaut" (hebr. pêrûš), der explizite, offizielle Name, gegenüber dem Beiwort (hebr. kinnûj), dem geheimen, magisch-mystischen Epitheton? Solche Traditionen scheint es bei den Essenern und später in der Hêkalôt-Literatur gegeben zu haben[29].

Formelhaft sind auch Wendungen wie:

> "Der große Gott - MJṢWʼH ist sein Name" (Mo)[30]

Mehrfache Namen eines Wesens zu nennen, ist in Zaubertexten allgemein üblich. Dementsprechend finden wir öfter Angaben wie:

> "Der Engel, der elf Namen hat" (Go)[31]
>
> "Die 365 Namen des großen Gottes" (PGM)[32]

4.1.6 Vernichtung des Namens bedeutet Entmachtung seines Trägers:

> "Dein Name ist zerstört, zerstört" (Ma)[33]
>
> "Ich habe euch beschworen ..., vollkommen entwurzelt ist euer Name" (Ma)[34]

Entsprechendes gilt für das magische Binden eines Namens bzw. für dessen Schutz:

> "Gebunden, gefesselt und gebannt (?) ist der Name" (Ma)[35]
>
> "... daß du diesen Namen nicht angreifst" (Ma)[36]

4.1.7 Schon aus den eben genannten Beispielen kann man entnehmen, daß der Name eines Wesens nicht nur seine Bezeichnung ist, sondern auch sein Eigenleben hat; er wird zur Hypostase[37] des Gottes und kann selbst Objekt einer Beschwörung werden:

> "Ich beschwöre diese heiligen und göttlichen Namen" (PGM)[38]
>
> "Ich beschwöre dich, heiliger Name, der nicht ausgesprochen wird" (Aud)[39]
>
> "Schützt mich, ihr großen und wunderbaren Namen des großen Gottes" (PGM)[40]
>
> "Ihr heiligen Namen des Gottes, erhöret mich" (PGM)[41]

4.1.8 Über die Form der magisch verwendeten Namen allgemeinere Aussagen zu machen, ist bei dem derzeitigen Stand der Textüberlieferung nicht ratsam; hier nur einige Bemerkungen zum "Buch der Geheimnisse".

Das Tetragramm JHWH - in den anderen Texten mit vielen Substituten und Permutationen reichlich verwendet[42] - taucht hier gar nicht auf, doch liegt das wohl an der besonderen Form des Buches (s.o. Kap. 2.2). Die 715 genannten Engelnamen sind in den meisten Fällen nach traditionellem Muster geformt, d.h. mit ersichtlicher Etymologie der ersten drei Konsonanten und Endungen wie

-'L (besonders häufig -MJ'L, -NJ'L, -PJ'L, -RJ'L) oder -B', -J', -JH, -J, -WN, -WT [43]. Die Form des Palindroms (wie z.B. das bekannte ABLANATHANALBA aus den griechischen Zauberpapyri) treffen wir auch hier an: 'BB'[44]. Entlehnungen aus anderen Kulturbereichen wie die Namen ABRASAX[45], BOUEL, IABOK, AMUN HOR etc.[46] kommen allerdings auch vor, doch überwiegt die traditionelle jüdische Form.

4.1.9 Von größerem Interesse sind die "Zauberworte" (nomina barbara, ephesia grammata[47]), an denen es auch im "Buch der Geheimnisse" nicht fehlt. Zwei solcher "Logoi" lassen den griechischen Ursprung noch klar erkennen, so vor allem das Gebet an Helios (s. 2.2.4 und die Texte im Anhang). Was die Deutung solcher Zauberworte anbetrifft - besonders bei den Zauberpapyri wurden viele Versuche unternommen - so ist allerdings bis jetzt noch viel Skepsis am Platze[48]. Bei den erwähnten Beispielen aus dem "Buch der Geheimnisse" handelt es sich um freilich bereits arg verdorbene Transkriptionen aus dem Griechischen. Derartige Übernahmen aus fremden Sprachen trifft man ebenfalls in den anderen hebräisch-aramäischen und mandäischen Zaubertexten an[49], eine Erscheinung, die übrigens auch für die Texte der jüdischen Esoterik aus den ersten nachchristlichen Jahrhunderten gilt[50]. Das alles steht ganz im Einklang mit den griechischen Zauberpapyri und den Fluchtafeln aus dieser Zeit[51].

4.2 D A S   A T T R I B U T

4.2.1 Bei der Betrachtung von Gottesattributen in magischen Texten ist es von besonderem Interesse, in welcher Weise die Attribute der liturgischen Tradition benutzt wurden, ob sich in dem Zusammenhang typische Sinnverschiebungen ergeben und ob nicht ein Rest spezifisch magischer Attribute übrigbleibt. Nun hat, wie bereits (oben 2.2.3) gezeigt, das "Buch der Geheimnisse" die äußere Form eines esoterischen Handbuches, und auch in den Attributen tauchen vielfach Begriffe auf, die in der Märkābāh- und Hêkālôt-Spekulation beheimatet sind[1]. Auf Grund dieser Einseitigkeit ist auf eine methodisch angelegte Konfrontation mit den traditionellen Attributen z.B. der alten Gebetsliteratur zu verzichten, wie wünschenswert dies in einem größeren Zusammenhang auch wäre. Es sollen vielmehr in einer loseren Form das Material aus dem "Buch der Geheimnisse" ausgebreitet und dazu Parallelen oder auch Kontraste aus den beiden erwähnten Literaturbereichen gestellt werden[2]. Zuvor jedoch einige Bemerkungen zur Gottesvorstellung in der talmudischen Zeit[3].

4.2.2 Das in der Bibel und in der frühjüdischen Literatur noch vorherrschende mythische Weltbild, in dem Gott als König im Heiligtum thront und seine direkte - und auch ganz konkret vorgestellte - Herrschaft über die irdische und die himmlische Welt ausübt, hatte in der talmudischen Zeit einige wesentliche Modifikationen erfahren. Hervorgerufen durch äußere Krisen, die in dem endgültigen Verlust des Tempelheiligtums kulminierten, durch eine wachsende Auseinandersetzung mit der Umwelt, aber auch durch innerjüdische Entwicklungen, war die Gottesvorstellung vor allem durch die Problematik von "diesseits" und "jenseits", von Immanenz und Transzendenz gekennzeichnet. Auf der einen Seite war Gott der Herr über die Natur und lenkte das Schicksal der

Menschen, auf der anderen Seite war sein Wohnsitz nicht mehr in dieser Welt, er war ihr entrückt und dem Menschen unnahbar geworden. In den alten Gebetstexten macht dieser Zwiespalt sich z.B. in den Benediktionen (b^e^rākôt) bemerkbar, die oft mit der vertrauten Anrede in der 2. Person beginnen und in der 3. Person enden[4]. Das führte manchmal zu rein hymnischen Stücken mit langen Attributenreihen, die von den Rabbinen allerdings abgelehnt wurden: die Unnahbarkeit Gottes war wohl zu einseitig betont[5]. In der Esoterik war durch den Ausbau der kābôd-Spekulation das göttliche Wesen in noch weitere Ferne gerückt. Hier wirkte eine ausgeprägte Angelologie als Vermittlerin zwischen dem jenseitigen Gott und dem Menschen auf dieser Welt[6]. Diese Aspekte sollen in der folgenden Darstellung berücksichtigt sowie besondere magische Akzente, soweit vorhanden, deutlich gemacht werden.

4.2.3 Allgemeine Bezeichnungen der - diesseitigen - Macht Gottes bleiben ganz im biblischen Rahmen:

> "der Gewaltige" (SHR)[7]
> "der kraftvolle Held" (SHR)[8]

Während das zweite Attribut z.B. im "ʿālênû l^e^šabbēaḥ"[9] ganz im Rahmen der hymnischen Verehrung des Schöpfers (jôṣēr b^e^rēʾšît) steht[10], wird es im "Buch der Geheimnisse" wenigstens an einer Stelle direkt zur Gewinnung von Macht über Feinde benutzt[11]. Das gleiche gilt auch für das folgende Attribut:

> "der Mächtige zunichte macht" (SHR)[12]

Hier zum selben magischen Zweck benutzt, erscheint es z.B. weit unverfänglicher in einem liturgischen Text[13]. Ähnliches kann man auch weiterhin feststellen: die "Engel der Kraft und der Macht"[14] werden beschworen

> "bei der Kraft seiner Macht und bei der Stärke seiner Herrschaft" (SHR)[15]

daß sie ihre "ganze Macht" und die "Stärke" ihrer Speere zum Einsatz bringen[16]. Obwohl diese Begriffe durchaus traditionell sind[17], kann ihre magische Verwendung hier gut beobachtet werden. An anderer Stelle wird das Paar "Macht/Kraft" auch auf die "Engel der Wut, des Zorns und des Grimmes" angewendet: sie sollen mit der Kraft ihrer Macht kommen und eine Mauer zum Einsturz bringen[18].

4.2.4 Daß der Name Gottes mit den gleichen Attributen belegt wird wie Gott selbst, ist schon biblisch[19] und auch in den Gebetstexten üblich, wo meistens die drei "klassischen" Adjektive (gādôl, gibbôr, nôrā') dafür benutzt werden[20]. Eine Häufung der Epitheta war verpönt[21], aus gutem Grund, scheint es, denn das "Buch der Geheimnisse" zeigt, wie auch solche traditionellen Beiwörter ihre magische Verwendung fanden:

> "bei seinem großen, furchtbaren, starken, prachtvollen, gewaltigen, riesigen, heiligen, kräftigen, wunderbaren, verborgenen, erhabenen und erleuchteten Namen" (SHR)[22]

Hier geht es nur noch darum, die Macht Gottes möglichst vollständig und präzis zu zitieren, um die angerufenen Engel zum Handeln zu zwingen. Vollends in den Bereich der Magie gehört es, wenn mit solchen "zauberkräftigen" Attributen auch die angesprochene Beschwörung selbst belegt wird:

> "mit dieser großen, mächtigen, starken, schrecklichen, furchtbaren, wunderbaren, reinen und heiligen Beschwörung" (SHR)[23]

4.2.5 Gottes Kraft und seine Macht über die Natur wird auch mit konkreten Beispielen belegt, was sich im "Buch der Geheimnisse" - gehäuft nur an zwei Stellen - folgendermaßen ausnimmt:

> "der mit der hohlen Hand die Wasser maß" (SHR)[24]
>
> "der das Wasser schalt, daß es floh vor ihm" (SHR)[25]
>
> "der das Meer schalt und es austrocknete und Flüsse zur Wüste machte" (SHR)[26]

Die Beschwörung, in der diese Attribute erscheinen, wird am Meeresstrand oder an einem Flußufer zum Wasser hin gesprochen[27]. Das erklärt die Häufung dieser gleichartigen Wendungen und zeigt gleichzeitig, daß Attribute durchaus nicht nur wahllos für magische Zwecke verwendet wurden. Nicht ganz so einfach steht es mit den folgenden Beispielen, die in der anderen Beschwörung erscheinen. Wie bei der vorigen handelt es sich ebenfalls um Offenbarungszauber, jedoch läßt sich hier kein Zusammenhang mit der vorzunehmenden magischen Handlung erkennen:

> "dessen Stimme die Erde erzittern läßt" (SHR)[28]
>
> "der Berge versetzt in seinem Zorn" (SHR)[29]
>
> "der das Meer beruhigt durch seine Kraft" (SHR)[30]
>
> "der die Säulen der Welt mit seinem Blick ins Wanken bringt" (SHR)[31]
>
> "der alles mit seinem Arm trägt" (SHR)[32]

Es werden in dieser Beschwörung Engel angerufen, die mit ihrer "gewaltigen Kraft" die Sonne leiten; um sie zum Handeln zu zwingen, mußte wohl die noch größere Kraft Gottes zitiert werden.

4.2.6 Die Machttaten (g^e^bûrôt) Gottes stellen sozusagen "historische" Manifestationen seiner Allmacht dar[33]. In der alten Gebetsliteratur nehmen sie einen wichtigen Platz ein. So haben z.B. die "ʿAbôdāh"-Dichtungen in ihrem ersten Teil bisweilen vollständige Abrisse der biblischen Geschichte[34]. Auch sonst ist der Wirker von Machttaten (pôʿēl g^e^bûrôt) häufig vertreten[35]. Im "Buch der Geheimnisse" erscheinen solche Bezüge auf die biblische Geschichte in der bereits (oben 4.2.3) erwähnten Beschwörung, welche Macht über Feinde vermitteln soll:

> "der sich auf dem Berge Sinai offenbart hat mit Myriaden von Wagen" (SHR)[36]
>
> "der Israel aus Ägypten errettet hat mit sechzig Myriaden" (SHR)[37]
>
> "der befahl und das Heer des Sanḥerib fortraffen ließ" (SHR)[38]
>
> "der mit Moses von Angesicht zu Angesicht geredet hat" (SHR)[39]

Das zuletzt genannte Beispiel taucht in ähnlicher Form in einer Hêkālôt-Hymne auf, wo gleichzeitig der Begriff der "gebûrāh" Gottes einen mystischen Beiklang bekommt:

> "Du bist es, der du dein Geheimnis Moses offenbart und nicht vor ihm deine Macht verborgen hast" (HR)[40]

An anderer Stelle im "Buch der Geheimnisse" wird dem Gottesnamen (šēm ham-mefôrāš) das Attribut beigelegt:

> "der Adam im Garten Eden offenbart worden ist" (SHR)[41]

Da es sich hier um Offenbarungszauber handelt, ist die Wahl des Attributs an dieser Stelle verständlich. Formal schließt es sich eng an die vorher genannten Beispiele an.

4.2.7 Gott als Schöpfer ist ein weiterer Aspekt seiner Herrschaft über die Natur. Neben allgemeinen Aussagen wie

> "Gott aller Geschöpfe" (SHR)[42]

finden sich im "Buch der Geheimnisse" auch spezielle Bildungen wie:

> "der die Winde schuf, die durch die Luft fliegen" (SHR)[43]
>
> "bei dem König, der dich (Mond) aufgehen und untergehen läßt" (SHR)[44]
>
> "bei dem, der dich (Engel) gebildet hat zu seiner Hoheit und zu seiner Pracht, seine Welt zu beleuchten und dir Herrschaft über den Tag gegeben hat" (SHR)[45]
>
> "der euch (Engel) über alle Monate des Jahres gestellt hat" (SHR)[46]

Daß das Wort des Schöpfers auch magischen Spekulationen unterworfen war, beweist das Auftauchen eines in talmudischer Zeit weitverbreiteten Attributs im "Buch der Geheimnisse":

> "bei dem, der sprach und es ward die Welt" (SHR)[47]

Parallelen finden sich in der Gebetsliteratur wie auch in den esoterischen Texten[48].

4.2.8 Gottes Allgegenwart wird ebenfalls durch einige Attribute belegt:

"der auf der ganzen Welt umherstreift" (SHR)[49]
"der auf den Flügeln des Windes einherkommt" (SHR)[50]

Seine Allmacht hat mehrere Aspekte, so z.B. das Wunderbare:

"dem nichts unmöglich ist" (SHR)[51]
"der wunderbare Gott" (SHR)[52]

Gott als Retter und Helfer:

"der 'Fels', der zu helfen und zu retten vermag" (SHR)[53]

Der Herrscher über Leben und Tod:

"der über Tod und Leben herrscht" (SHR)[54]
"der über die Schicksale herrscht" (SHR)[55]

Beide Attribute haben ihre Verwendung im Offenbarungszauber; im ersten Fall wird Auskunft über den Todesmonat verlangt, wobei der dazu passende Aspekt der Allmacht Gottes zitiert wird. In derselben Beschwörung wird Gott auch noch

"der Gerechte, Klare, Aufrechte und Treue" (SHR)[56]

genannt. Derartige Attribute nehmen zusammen mit dem Aspekt des Gnädigen einen gewichtigen Platz in der Gebetsliteratur ein[57], im "Buch der Geheimnisse" bleibt dies das einzige Beispiel.

4.2.9 Gott als König über Himmel und Erde ist , wie bereits angedeutet, eine dem Judentum seit jeher geläufige Vorstellung[58]. Die eingangs (oben 4.2.2) erwähnte Problematik in der Gottesauffassung wird hier besonders deutlich. Die Beispiele, die sich im "Buch der Geheimnisse" finden, betonen dementsprechend mehr die Überweltlichkeit Gottes, wofür manche Ansätze allerdings schon biblisch sind:

"der hohe und erhabene König" (SHR)[59]
"der König ist bis in alle Ewigkeiten" (SHR)[60]

"König der Könige - gepriesen sei Er!" (SHR)[61]

"der auf dem Thron der Größe der Königsherrschaft der Würde seiner Heiligkeit sitzt" (SHR)[62]

Die übrigen Beispiele geraten mehr und mehr in den Bereich der Esoterik. Sie zeigen Gott mit seinem himmlischen Hofstaat:

"dessen Diener tausende und abertausende sind" (SHR)[63]

"dessen Diener loderndes Feuer sind und vor dem Heere von Feuer dienen" (SHR)[64]

"dessen Dienstengel loderndes Feuer sind" (SHR)[65]

Doch auch die in den Beschwörungen angesprochenen Engel werden mit derartigen Attributen belegt:

"die in Feuer gehüllt sind" (SHR)[66]

"deren Werke alle durch Feuer sind" (SHR)[67]

"deine Wagen sind aus Licht, vor dir und hinter dir sind Engel der Gnade" (SHR)[68]

Das letzte Beispiel, in dem der Mond angesprochen wird, unterscheidet sich kaum noch von den Gottesattributen: der Mond wird als hochgestellter Engel mit einem eigenen Gefolge vorgestellt! Das Feuer spielt auch bei den Gottesattributen eine Rolle:

"der König, der verzehrendes Feuer ist" (SHR)[69]

"dessen Sitz auf dem Feuerthron ist" (SHR)[70]

"der ganz Feuer ist" (SHR)[71]

Bemerkenswert an den drei zuletzt genannten Beispielen ist, daß sie alle in Beschwörungen auftauchen, die Manipulationen mit dem Feuer zum Ziele haben[72]. Die esoterischen Bezeichnungen der Überweltlichkeit Gottes wurden hier für allzu irdische Zwecke recht handfest "umfunktioniert".

4.2.10 Die Ewigkeit Gottes wird mit folgenden Attributen bezeichnet:

"der feststeht für immerdar" (SHR)[73]

"bei dem 'Ewiglebendigen'" (SHR)[74]

Das letzte Beispiel kann man schon als einen esoterischen Fachausdruck bezeichnen. Es genügt hier, auf die Hymne "hā-'addärät wehā-'ämûnāh" hinzuweisen, in der jedes Glied litaneiartig mit diesem Attribut endet[75].

4.2.11 Gottes Weisheit und Einsicht in verborgene Dinge ist ein weiterer Aspekt, der im "Buch der Geheimnisse" hervortritt. Vieles ist bereits biblisch vorgezeichnet und findet auch in der späteren Literatur immer neue Ausdeutungen. Im "Buch der Geheimnisse" stehen fast alle Beispiele gehäuft in einer Beschwörung (vgl. Anhang, Text Nr. 31), in der es um Offenbarung durch den Sonnenengel geht[76]:

> "bei dem, der sieht und nicht gesehen wird, bei dem König, der alles Verborgene aufdeckt, der alle Geheimnisse sieht, bei dem Gott, der weiß, was im Dunkel ist, der Finsternis zum Morgen wendet und die Nacht erhellt wie den Tag, vor dem alle Geheimnisse wie die Sonne offenbar sind" (SHR)[77]
>
> "der verborgene Geheimnisse aufdeckt" (SHR)[78]

Die Rede von dem, "der sieht und nicht gesehen wird", ist einerseits auch aus den griechischen Zauberpapyri bekannt:

> "der alles sieht und nicht gesehen wird" (PGM)[79]

Andererseits belegen zwei interessante Stellen aus dem Talmud, daß dieses Attribut eine eigene Tradition im Judentum hatte. B^e^r. 10a wird bei der Diskussion von Psalm 104 (Preise, meine Seele, den Herrn) eine hymnenartige Allegorie vorgetragen:

> "Wie der Heilige, gepriesen sei Er, die ganze Welt füllt, so füllt die Seele den ganzen Körper;
> wie der Heilige, gepriesen sei Er, sieht und nicht gesehen wird, so sieht die Seele und wird nicht gesehen" (B^e^r)[80]

Ḥag. 5b segnet ein blinder Gelehrter seine Besucher Rabbi und R. Ḥijja folgendermaßen:

> "Ihr habt ein Gesicht besucht, das gesehen wird und nicht sieht, es soll euch beschieden sein, ein Gesicht zu besuchen, das sieht und nicht gesehen wird" (Ḥag)[81]

4.2.12 Die Verborgenheit Gottes wird im "Buch der Geheimnisse" auch noch weiter ausgeführt:

"der verborgen ist vor den Augen alles Lebendigen" (SHR)[82]

"der in der Verborgenheit des Höchsten sitzt" (SHR)[83]

"Verborgen" ist auch der Name Gottes, was im Rahmen der bereits (oben 4.2.4) beschriebenen Übertragung von Gottesattributen auf den Namen oder auf die Beschwörung zu sehen ist. In den beiden dort ausgeschriebenen Beispielen tauchen auch noch andere Aspekte der Gottesvorstellung auf, wie das Schreckliche[84], die Pracht[85] und das Wunderbare[86]. In diesem Zusammenhang ist auch ein anderes, bereits biblisch belegtes Gottesattribut zu nennen:

"dem nichts unmöglich ist" (SHR)[87]

Der Heiligkeit Gottes schien ebenfalls Zauberkraft beigemessen worden zu sein, denn neben üblichen Ausdrücken wie

"der heilige König" (SHR)[88]

wird dann die Bezeichnung "heilig" auch für die Beschwörung angewandt. Es bleibt allerdings zu fragen, inwieweit dem Verfasser solcher Beschwörungstexte eine theologische Abgrenzung dieser Begriffe bewußt war.

4.3 DIE FUNKTIONSBEZEICHNUNG

4.3.1 Eine Funktionsbezeichnung ist im Stil knapp und sachlich und dient dazu, Rang, Aufenthaltsort, Tätigkeit, "Amt" eines Engels, Dämons etc. möglichst präzis zu erfassen. Dabei ist die Formulierung nicht magisch-poetisch fixiert, im Gegensatz zum Attribut, welches seine Zauberwirkung nur in der richtigen Formulierung entfalten kann (vgl. o. 4.2). Es ist in manchen Fällen schwierig, eine klare Unterscheidung zwischen Attribut und bloßer Funktionsbezeichnung zu treffen; bei Gelegenheit wird darauf noch hingewiesen.

4.3.2 Das "Buch der Geheimnisse" ermöglicht es dem Leser, genauer zu beobachten, wie es zu solchen schlichten Funktionsbezeichnungen kommt. In dem handbuchartigen, beschreibenden Teil werden ausführlich Namen, Standort und Funktionen der jeweiligen Engel aufgezählt, worauf dann in den anschließenden Beschwörungen des magisch-praktischen Teils oft nur durch knappe Wendungen Bezug genommen wird. Das soll an einem Beispiel erläutert werden.

4.3.3 Für die fünfte Stufe des zweiten Himmels werden zwölf Engelnamen genannt, worauf es dann u.a. heißt:

> "und auf Strömen von Feuer wandeln sie ... ihr Atem ist wie loderndes Feuer ... denn alle ihre Werke sind in Massen von Feuer, denn aus Feuer gingen sie hervor und im Feuer ist ihr Standort" (SHR)[1]

In der darauffolgenden Beschwörung werden nicht einmal die Namen wiederholt, es heißt nur noch schlicht:

> "Ich beschwöre euch, Engel des Feuers und Engel der Flamme ..." (SHR)[2]

Die Funktionsbezeichnung setzt die Zusammenhänge als bekannt voraus, man nennt quasi nur noch ein Stichwort.

4.3.4 Ähnliche knappe Bezeichnungen finden sich auch sonst noch im "Buch der Geheimnisse":

> "Engel des Wettrennens, die zwischen den Sternen rennen" (SHR)[3]
>
> "Engel des Schweigens" (SHR)[4]
>
> "Engel des Wissens und der Klugheit" (SHR)[5]
>
> "Engel der Wut, des Zorns und des Grimmes" (SHR)[6]
>
> "Engel der Huld" (SHR)[7]
>
> "Engel der Kraft und der Macht" (SHR)[8]

Hierzu gehören auch noch die Bezeichnungen von Rang und Standort der Engel, wie z.B.:

> "Bringe meine Angelegenheit vor die Engel, die auf der dritten Stufe stehen" (SHR)[9]

4.3.5 Die aramäischen und mandäischen Texte bieten ein ähnliches Bild:

> "Engel des Firmaments" (Go)[10]
>
> "Engel der Himmelspforten" (Mc)[11]
>
> "Engel des Unglücks" (Ma)[12]
>
> "Engel der Zerstörung" (Go)[13]
>
> "Engel des Zorns" (Wo)[14]
>
> "Engel aller Zauberei" (Ya)[15]

4.3.6 Neben diesen mehr stichwortartigen Funktionsbezeichnungen finden sich noch ausführlichere Angaben. Allerdings geraten sie oft in die Nähe des festgeprägten Attributs. Zunächst einige Beispiele aus dem "Buch der Geheimnisse":

> "Geist QRJPWRJJ', der zwischen den Gräbern lagert (als Wächter) über die Gebeine der Toten" (SHR)[16]
>
> "bei dem Namen der Engel, die Einsicht haben und Weisheiten und verborgene Dinge einsichtig machen den Männern der Wissenschaft" (SHR)[17]
>
> "Ihr seid die Engel, die herumziehen und umherstreifen in der Welt" (SHR)[18]

"Engel, die im Äther des Firmaments umherfliegen" (SHR)[19]

"Engel, die über die Schicksale der Kinder Adams und Evas walten" (SHR)[20]

4.3.7 Präzise Funktionsbezeichnungen sind geradezu typisch für den apotropäischen Zauber auf Amuletten und Zauberschalen:

"Der Engel, der Flüche, Beschwörungen und böse Zauberei umwendet" (Go)[21]

"der alle Geister in die Flucht schlägt" (Go)[22]

"Beschützer der guten Geister und Vernichter der bösen Geister" (Mo)[23]

"Die böse Lilit, die die Herzen der Menschen in die Irre führt, die im Traum der Nacht erscheint, die in der Vision des Tages erscheint ... die Jungen und Mädchen tötet" (Go)[24]

4.3.8 Einen ganzen Katalog solcher Angaben findet man in einem aramäischen Schalentext, der nach folgendem Schema gebildet ist: Name + "Dämon" (šēdā') bzw. "böser Geist" (rûḥā' bištā') + Funktionsbezeichnung. Hier die entsprechenden Funktionsbezeichnungen:

"...der alle Glieder des Körpers der Menschen zittern und beben läßt; ... der die linke Seite erzittern läßt; ... der die rechte Seite durcheinander bringt; ... der die Gedanken des Herzens abwürgt; ... die dem Mann als Frau und der Frau als Mann erscheinen und Gewalt antun, abwürgen, verschlingen und erbeben lassen alle Glieder des Körpers der Menschen; ... der auf dem Gehirn sitzt und die Augen tränen läßt ... ; ... der die Menschen vernichtet; ... der das linke Glied erbeben läßt; ... der den rechten Fuß zum Zittern bringt; ... der auf †...† sitzt und das rechte Glied zum Zittern bringt; ... der das ganze Rückenmark des Menschen zum Zittern bringt; ... der still ist und nicht spricht und die Menschen anfällt; ... der mit machtvoller Zunge spricht" (Go)[25]

Die schon mehrfach zitierte altmandäische Bleirolle enthält in den ersten 100 Zeilen fast ausschließlich Aufzählungen solcher Art[26].

4.4 D I E I D E N T I F I Z I E R U N G

4.4.1 Die bloße Nennung von Namen, Attributen oder Funktionen reicht nicht immer aus, das betreffende Wesen festzuhalten und magisch zu binden. Noch direkter, persönlicher muß der Zauberer werden, damit dem Geist oder Dämon keine Chance bleibt, sich nicht getroffen zu fühlen. Er sagt ihm also auf den Kopf zu, daß er ihn genau kennt und nur ihn und keinen anderen meint, etwa: "du bist der und der, ich kenne deine Namen und deine Attribute"[1].

4.4.2 Diese ausdrückliche Identifizierung des zu beschwörenden Wesens ist in allen behandelten Texten üblich. Hier einige Beispiele:

> "Ihr seid die Engel, die herumziehen und umherstreifen in der Welt" (SHR)[2]
>
> "Ihr seid die Engel, die den Knoten knoten" (Ma)[3]
>
> "Ihr seid die drei Engel, die JJJJ Sabaot ausgesandt hat, um Sodom und Gomorrha zu vernichten" (Go)[4]
>
> "Du bist der Heiler, der alle Krankheiten mit dem Wort heilt" (Li)[5]
>
> "Du bist Wein; nicht bist du Wein, sondern das Haupt der Athene ... die Eingeweide des Osiris ... des IAO PAKERBETH SEMESILAM" (PGM)[6]

4.4.3 Der genauen Identifizierung des Gegenüber entspricht die exakte Nennung des eigenen Namens. Die Formulare sehen dies so vor:

> "Ich, NN, erbitte von dir" (SHR)[7]
>
> "Nieder lege ich, NN, vor dir mein Flehen" (SHR)[8]
>
> "Ich bin NN" (SHR)[9]

Das "NN" der Formulartexte wird dann in der Anwendung durch den Personennamen ersetzt:

"Ich komme, ich, Pabaq, Sohn der Kûfîtaj" (Mo)[10]

"Ich, der Vater des Sohnes der Martaj, habe euch beschworen" (Ma)[11]

"Ich, Sohn der Šušin, Sohn der Anahid, Sohn der Ezqat-Hejji, Sohn der Anokrejta" (Ma)[12]

4.4.4 Sehr häufig werden aber zu den normalen, weltlichen Namen auch noch geheime[13], mystische Namen genannt, oder der Magier identifiziert sich gar mit der Gottheit oder sonst einem mächtigen Wesen. Diese "Ich-Worte" haben schon vielerlei Behandlung[14] mit teilweise interessanten Aspekten[15] gefunden. Im Folgenden einige Belege für diese für die Magie typische Erscheinung aus dem vorliegenden Textmaterial:

4.4.5 Zunächst einige Beispiele aus den aramäischen und mandäischen Zauberschalen und Amuletten:

"Ich bin JHWH" (MoA)[16]

"Ich bin Moses" (Mc)[17]

"Ich bin Rab-Gun Abugdana" (Ya)[18]

"Ich bin Sam-Mana, der Prädestinierte des Lebens" (Ma)[19]

"Ich bin der Pfeilschütze des (Kriegs-)Wagens" (Ma)[20]

"Ich - was ich will, das ergreife ich und was ich verlange, das nehme ich" (Mo)[21]

4.4.6 Das Material aus den griechischen Zauberpapyri unterscheidet sich davon kaum:

"Ich bin Moses, dein Prophet" (PGM)[22]

"Ich bin der [erstge]borene Adam" (PGM)[23]

"Ich bin der Gott aller Götter IAŌN SABAŌTH" (PGM)[24]

"Ich bin MELIBOU MELIBAU MELIBAUBAU" (PGM)[25]

"Stammvater aller Magier, Hermes der alte, Vater der Isis (bin) ich" (PGM)[26]

"Ich bin der aus dem Himmel (heraus) geborene; mein Name: BALSAMES" (PGM)[26a]

"Ich bin es, der über den zwei Cherubin (steht)" (PGM)[27]

"Ich bin du und du (bist) ich" (PGM)[28]

"Denn ich bin THĒNŌR, ihr aber seid heilige Engel, Wächter des ARDIMALECHA" (PGM)[29]

"Ich bin der Kopflose Dämon ... ich bin die Wahrheit ... ich bin es, der blitzt und donnert, ich bin es, dessen Schweiß Regen ist ... ich bin es, dessen Mund durch das All flammt, ich bin es, der erzeugt und vernichtet, ich bin die Schönheit des Aion" (PGM)[30]

4.4.7 Manchmal werden solche Identifikationsformeln in den Formulartexten "blanko" ausgeschrieben, der Benutzer kann dann einen Namen seiner eigenen Wahl einsetzen:

"Denn ich bin der und der (nenne den Namen)" (PGM)[31]

Die Formelhaftigkeit der "Ich-Worte" wird hier besonders deutlich.

4.4.8 Über den Ursprung dieser Formeln ist oft nachgedacht worden; ob er nun in altorientalischen Königsproklamationen zu suchen ist[32], in Götterhymnen des Alten Orients[33], oder ob es sich um eine universal auftretende Offenbarungsformel handelt[34], gemeinsam ist allen hier zitierten Beispielen die magische Kraft, die diesem Topos der Identifizierung offensichtlich beigemessen wurde.

4.5 D I E   B I N D E F O R M E L

4.5.1 Um eine magische Bindung durch das gesprochene Wort zu bewirken, verwendet der Magier im allgemeinen festgefügte Formeln, die ihm den Erfolg seiner Beschwörung garantieren sollen. Besonders deutlich wird diese Praxis am "Buch der Geheimnisse", in dem überhaupt nur das Verb "beschwören" dafür benutzt wird: ŠBʿ (l^{e}hašbî^{a}ʿ)[1]. Selbst wenn dieser einheitliche Befund auf eine spätere Überarbeitung der Schrift zurückgeht, so zeigt er dennoch, wie wichtig es dem Verfasser bzw. dem Redaktor erschienen sein muß, eine Beschwörung so und nicht anders einzuleiten. Da der Sachverhalt im Anhang leicht nachzuprüfen ist[2], soll hier auf ein ausführliches Zitieren der Beispiele verzichtet werden.

4.5.2 In den aramäischen und mandäischen Schalentexten kann gleichfalls die Verwendung eines bestimmten Formelvorrats festgestellt werden. Zur Illustration hier einige typische Beispiele:

> "Ich beschwöre dich" (GoG)[3]
>
> "Ich binde und versiegele sie" (Mo)[4]
>
> "Gebunden sind die Häuser der Unterwelt" (Mc)[5]
>
> "Ich binde euch mit Bindungen aus Erz und Eisen, ich versiegele euch mit der Form des Feuersiegels" (Mo)[6]
>
> "Gegürtet sind ʾJLʾJL, DJLRJʿJʾL, ŠRJʾL und ŠLJŠJʾL" (Mc)[7]
>
> "Drückung, die niedergedrückt wird auf die Dämonen" (Mo)[8]
>
> "Umgekehrt werden alle bösen Zaubereien" (Go)[9]

Mit der zuletzt genannten Formel hat es in den Schalentexten seine eigene Bewandtnis, vgl. dazu unten 4.6.4.

4.5.3 Entsprechend dem Umfang und der Vielfalt der griechischen Zauberpapyri ist in diesen auch der Formelvorrat reichhaltiger als etwa im "Buch der Geheimnisse". Zwar überwiegen auch hier Ausdrücke des Anrufens und des Beschwörens wie epikaleîsthai, (ex)horkízein[10], doch es wird auch die Bindung direkt bezeichnet, so z.B. durch deîn, katadesmeúein[11]. Die Liste der hier anzuführenden Ausdrücke wäre groß[12] und würde sich auch auf das Material der Fluchtafeln erstrecken müssen. Ein Beispiel aus einem bereits vielbehandelten Text möge aber hier genügen:

> "Ich beschwöre dich, dämonischer Geist, der hier ruht ... ich beschwöre dich bei dem großen Gott ... ich beschwöre dich bei dem, der den Himmel ..."
> (Aud)[13]

In diesem jüdisch-hellenistischen Text erscheint die Bindeformel ganz stereotyp (horkízō se) und ohne Variation. Beispiele für solche reihenartigen Anhäufungen lassen sich auch sonst noch finden[14].

4.5.4 Es soll hier noch auf eine stilistische Besonderheit hingewiesen werden, die im Zusammenhang mit der Bindeformel erscheint. Im Gegensatz zu den einfachen Reihenbildungen, wie sie in dem zuletzt genannten Beispiel auftreten, gibt es auch noch eine resumierende Wiederholung der Bindeformel. Sie bezieht sich meist auf die gerade ausgesprochenen Zwangmittel - bzw. nennt nur deren wichtigstes - und schließt damit den ersten Teil der Beschwörung ab:

> "Ich beschwöre euch, ... bei dem, der sprach ..., der feststeht für immerdar: mit dieser großen ... Beschwörung habe ich euch beschworen, daß ihr ..." (SHR)[15]

> "Ich beschwöre euch, ... bei dem Namen des heiligen Königs ...: bei dem Namen des wunderbaren Gottes habe ich euch beschworen, daß ihr ..." (SHR)[16]

> "Ich beschwöre euch, ... bei dem, dessen Stimme ...: bei seinem großen ... Namen nenne und beschwöre ich euch, daß ihr ..." (SHR)[17]

Bemerkenswert ist der Wechsel vom Präsens zum Perfekt ("beschwöre - habe beschworen")[18]; auch in anderen Texten kann diese Erscheinung notiert werden, zusammen mit der zusätzlichen Benutzung einer besonderen Einleitungspartikel:

> "denn ich habe deinen großen Namen ... angerufen und wieder rufe ich dich an ..." (PGM)[19]

> "Ich beschwöre euch, Prinzen der Furcht, der Angst und des Schreckens ... dich rufe ich an, 'WZHJ' ...: wieder rufe ich dich an bei deinen 14 Namen" (ḤDM)[20]

> "Ich beschwöre dich bei dem Leben ...: wieder beschwöre und beeidige ich dich" (Li)[21]

> "Wieder komme ich, ich Pabaq ... wiederum: sündigt ihr irgendwie gegen das Haus ... dann lasse ich, Abuna ... auf euch fallen den Bann ..." (Mo)[22]

Das "wieder" in den griechischen Texten (pâlin, êti) läßt sich durchaus vergleichen mit den entsprechenden Partikeln (šûb/tûb/tum) der hebräischen, aramäischen und mandäischen Texte. In dem zuletzt zitierten Beispiel, einem Schalentext, ist die Formel bereits so erstarrt, daß sie sogar an den Anfang der Beschwörung gesetzt wird[23].

4.6 DIE LÖSEFORMEL

4.6.1 Die Löseformel löst, was durch die Bindeformel magisch gebunden wurde. Dementsprechend finden wir auch hier eine verhältnismäßig festgefügte Formelsprache, die allerdings nicht ganz so starr wie bei der Bindung gehandhabt wird. Variationen im Stil kommen häufiger vor, die Ausdrucksweise wechselt von normaler Umgangssprache bis zu rhythmisierten poetischen Formen.

4.6.2 Im "Buch der Geheimnisse" wird als terminus technicus der Lösung durchgehend das Verb NTR (l^{e}hattîr)[1] verwandt:

> "Gelöst habe ich euch, geht eures Weges!" (SHR)[2]
>
> "Gelöst, gelöst habe ich; verschwinde und wende deinen Weg zurück!" (SHR)[3]
>
> "Ich beschwöre dich ... daß du lösest, was ich gebunden" (SHR)[4]
>
> "Ich beschwöre dich ... wende dich hin auf deinen Weg in Frieden, mache dich los und zögere nicht zu gehen" (SHR)[5]

In den letzten beiden Beispielen wird die Lösung sogar zum Gegenstand einer erneuten Beschwörung. Die Texte im Anhang zeigen den weiteren Zusammenhang.

4.6.3 Größere Variationen im Stil bieten die griechischen Zauberpapyri:

> "Geh, Herr!" (PGM)[6]
>
> "Geh weg, Herrscher CHORMOY CHORMOY ... EPIOR, weiche, Herrscher, zu deinen Orten, zu deinem Königssitz!" (PGM)[7]
>
> "Weiche, Herr, auf deine eigenen Throne und bewahre NN vor allem Übel!" (PGM)[8]
>
> "Weiche, heiliger Lichtglanz, weiche, schönes und heiliges Licht des höchsten Gottes AIAŌNA!" (PGM)[9]

"ANAEA ... IAEI: geh weg, Herrscher der Welt, Urvater, und weiche an deine eigenen Orte, damit das All behütet bleibe. Sei uns gnädig, Herr!" (PGM)[10]

"Weiche, Herr, in deine eigene Welt und auf deine eigenen Throne, in deine eigenen Nischen und bewahre mich und diesen Knaben unverletzt, im Namen des höchsten Gottes SAMAS PHRĒTH!" (PGM)[11]

Die Fachausdrücke für "lösen" (ana-, apolýein) und "Lösung" (apólysis) werden in den Formularanweisungen ständig benützt[12], so z. B., wenn die Zauberwirkung eines Amuletts beschrieben wird:

"Gifte wirst du überwinden, Bindezauber lösen und Feinde besiegen" (PGM)[13]

Wie eine Lösung vorgeschrieben wird, möge ein Beispiel deutlich machen:

"Wenn er gesprochen hat (d.h. der Gott), löse ihn durch die Lösung ... löse den Gott allein mit dem kraftvollen Namen der hundert Buchstaben und sprich dabei: 'Geh weg, Herr! Denn das will und befiehlt dir der große Gott NN'" (PGM)[14]

4.6.4 Die Zauberschalen enthalten keine vergleichbaren Lösungen, was bei dem meist apotropäischen Charakter dieser Texte auf der Hand liegt. Eine Eigenart ist allerdings in diesem Zusammenhang zu erwähnen: fremder Schadenszauber wird häufig, besonders in mandäischen Texten, dadurch abgewehrt, daß er "umgekehrt" und gegen seine Urheber gerichtet wird, so daß diese gezwungen werden, die Flüche und Beschwörungen wieder zu lösen[15]. Dabei werden die entsprechenden Löseformeln benutzt, quasi vorweggenommen:

"Auf einen Stein, der (noch) nicht gespalten wurde, setze ich mich und schreibe nieder auf eine neue Schale von Ton: ich sende alle Flüche, die man dem Timotheos, Sohn der Mamai, geflucht hat, (zurück) auf ihre Urheber, bis sie lösen und segnen ... Ihr Engel, löset den Fluch von Timotheos, dem Sohne der Mamai, so wie ein Mann gelöst wird aus dem Gefängnis" (Li)[16]

4.7 DAS INSTRUMENTALE "BEI..."

4.7.1 Eine Bindeformel wird häufig dahingehend erweitert, daß ein ausdrücklicher Bezug auf eine höhere, dritte Macht hergestellt wird. Der Zauberer nennt einen machtvollen Namen oder er deutet lediglich durch die Nennung geheimer Attribute an, auf welches Wesen er sich bezieht: nicht selten wird auch ein bestimmtes Zaubermittel genannt, welches in irgendeiner Beziehung zu der betreffenden Gottheit steht. Diese formelhafte Erweiterung einer Bindeformel wird in den meisten Texten ganz stereotyp eingeleitet: hebr./aram. "b-", griech. "katá", lat. "per", was hier im allgemeinen mit "bei ...", in manchen Fällen durch "mit ..." übersetzt wurde.

4.7.2 Vor der genaueren Betrachtung der Wirkungsweise dieser Formel (s.u. 4.7.6) noch ein Blick auf die Beispiele aus dem "Buch der Geheimnisse". Es zeigt sich schon beim ersten Ansehen der Texte im Anhang, daß diese Formel stark vertreten ist[1]. Teilweise trifft man lange Reihen an, in denen mit immer wieder neuen Attributen Bezug auf den höchsten Gott JHWH genommen wird, vgl. z.B. Nr. 31 und 35. Der Übersichtlichkeit halber wurden solche Reihen in ihre Einzelglieder aufgeteilt und diese in verschiedenen Gruppen angeordnet. Entscheidend war dabei, was mit dem Wort "bei" angesprochen wurde: der Name eines Wesens (hier immer Gott oder Engel), das Wesen selbst durch Nennung seiner Attribute oder ein Zaubermittel.

4.7.3 Nennung eines Namens, direkt oder indirekt:

"bei dem Namen JBNJ'L" (SHR)[2]

"bei dem Namen des wahren, prachtvollen und erleuchteten Gottes" (SHR)[3] "bei dem Namen des wunderbaren Gottes" (SHR)[4]

"bei dem Namen des heiligen Königs" (SHR)[5]

"bei dem Namen der Feuerengel" (SHR)[6]

"bei dem Namen der Engel, die Einsicht haben und Weisheiten und verborgene Dinge einsichtig machen den Männern der Wissenschaft" (SHR)[7]

"bei dem Namen der Engel, die im fünften Lager dienen" (SHR)[8]

"bei dem Namen der Engel des vierten Lagers" (SHR)[9]

"bei dem Namen der sieben Engel des siebenten Lagers" (SHR)[10]

"bei dem Namen des Wächters, der über ihnen ist, nämlich 'SJMWR" (SHR)[11]

"bei dem Namen dessen, der euch über alle Monate des Jahres gestellt hat" (SHR)[12]

"bei seinem großen Namen" (SHR)[13]

"bei seinem Namen und bei seinen Buchstaben" (SHR)[14]

"bei den Buchstaben des unaussprechlichen Namens" (SHR)[15]

Daß die Namen selbst meistens nicht genannt, sondern nur angedeutet werden, hat seinen Grund in dem besonderen Charakter dieser Schrift, siehe dazu Kap. 2.2. Wie anders das Bild in den übrigen - auch jüdischen - Texten ist, wird noch weiter unten gezeigt.

4.7.4 Bezeichnung des Wesens durch seine Attribute:

"bei dem Gott, der sich auf dem Berge Sinai offenbart hat" (SHR)[16]

"bei dem Gott, der Mächtige zunichte macht" (SHR)[17]

"bei dem Gott, dessen Diener tausende und abertausende sind" (SHR)[18]

"bei dem Gott, der weiß, was im Dunkel ist" (SHR)[19]

"bei dem Herrn, der Israel aus Ägypten errettet hat" (SHR)[20]

"bei dem König, der dich aufgehen und untergehen läßt" (SHR)[21]

"bei dem König, der verzehrendes Feuer ist" (SHR)[22]

"bei dem König, der alles Verborgene aufdeckt" (SHR)[23]

"bei dem "Felsen", der zu helfen und zu retten vermag" (SHR)[24]

"bei der Rechten des "Kraftvollen Helden"" (SHR)[25]

"bei der Kraft seiner Macht und bei der Stärke seiner Herrschaft" (SHR)[26]

"bei dem "Ewiglebendigen"" (SHR)[27]

"bei dem, der ganz Feuer ist" (SHR)[28]

"bei dem, der sieht und nicht gesehen wird" (SHR)[29]

"bei dem, der sprach und es ward die Welt" (SHR)[30]

"bei dem, dessen Stimme die Erde erzittern läßt" (SHR)[31]

"bei dem, der mit der hohlen Hand die Wasser maß" (SHR)[32]

"bei dem, der befahl und das Heer des Sanḥerib fortraffen ließ" (SHR)[33]

"bei dem, der dich gebildet hat zu seiner Hoheit und zu seiner Pracht" (SHR)[34]

Diese Beispiele beziehen sich alle auf den höchsten Gott JHWH; ihre Bildungsweise ist stark traditionell gefärbt, es handelt sich meistens um Zitate aus der Bibel oder Anspielungen darauf. Von Interesse ist hier ihre konsequente magische Verwendung im Zusammenhang mit der zur Debatte stehenden Formel.

4.7.5 Nennung eines Zaubermittels:

"mit dieser großen, mächtigen, starken, schrecklichen, furchtbaren, wunderbaren, reinen und heiligen Beschwörung" (SHR)[35]

Die Beschwörung erhält hier Attribute, die sonst z.B. dem Namen Gottes zukommen, vgl. im Anhang Text Nr. 29, Z.14! Dieses Beispiel wird weiter unten (4.7.8) noch ausführlicher erklärt.

4.7.6 Um die Wirkungsweise der Formel "bei ..." richtig verstehen zu können, muß man sich die antike Vorstellung von der magisch-sympathischen Kraft ins Gedächtnis zurückrufen (s.o. 4.1.1). Wenn der Magier also den Namen "JBNJ'L" ausspricht, gerät etwas von der magischen Kraft dieses Engels in Bewegung[36]. Wie die letzten beiden Beispiele von 4.7.3 zeigen, kommt sogar den einzelnen Buchstaben des magisch potenten Namens eine solche Kraft zu[37]. Doch nicht nur der Name wird zur Hypostase seines Trägers und führt gewissermaßen ein Eigenleben (vgl.o. 4.1.7), auch die Attribute eines Gottes entfalten mit Hilfe des instrumentalen "bei ..." ihre magische Kraft. Es genügt, mit ihnen auf den Gott hinzuweisen, ihn zu bezeichnen[38], und schon geht etwas von der Kraft des Gottes in die Beschwörung ein: die Beispiele unter 4.7.4 sind so zu verstehen. Es finden sich dort nicht nur mannigfache Bezeichnungen der Gottheit als Ganzes, auch einzelne Körperteile ("bei der Rechten des kraftvollen Helden") werden benannt[39].

4.7.7 Es entspricht der zugrunde liegenden instrumentalen Bedeutung des semitischen "b-", wenn man den Gebrauch der hier behandelten Formel auf folgendes allgemeine Schema zurückführt:

> "Ich beschwöre dich <u>mit der Kraft</u>, die ich durch Nennung dieses Gottes oder dieser seiner Hypostasen freisetze."

Diese Kraft (ko^{a}ḥ : dýnamis) geht also in die Beschwörung ein, sie verleiht ihr Stärke, macht sie unentrinnbar. Die angerufenen Engel, Geister oder Dämonen müssen ihr gehorchen. Letztlich geht die freigesetzte Kraft auf die Person des Sprechenden über, er selbst gewinnt Macht über das angerufene Wesen[40].

4.7.8 Nun wird auch das Beispiel unter 4.7.5 verständlicher: die Beschwörung selbst, als eine zur magischen Einheit zusammengefügte Anordnung von Worten, ist ein Teil vom göttlichen Fluidum: sie erhält das Gewicht und die Selbständigkeit einer der Hypostasen Gottes und wird mit den entsprechenden Attributen versehen. Die dadurch freigewordene Kraft wird nun zusätzlich verfügbar gemacht. In den anderen Texten werden noch mehr Beispiele dafür zu finden sein.

Anhand der anderen zur Verfügung stehenden Texte ist zu zeigen, wie weit verbreitet diese Formel war. Zunächst das aramäische und mandäische Material (Zauberschalen, Amulette), darauf die griechischen und lateinischen Texte. Die Anordnung der Beispiele wird auf die gleiche Weise gehandhabt wie zuvor.

4.7.9 Nennung eines Namens, direkt:

"bei dem Namen JHWH JHWH" (Go)[41]

"bei dem Namen JHWH ʼH BʼH" (Mo)[42]

"bei dem Namen JH JHW ʼH" (Mo)[43]

"bei dem Namen JHJHJHJHJH JHJH JHJH ''" (Mo)[44]

"bei dem Namen MṢ MṢ" (Mo)[45]

"bei dem Namen MṬṬ[RWN], dem großen Fürsten, der König ist über alle ... " (Go)[46]

"bei dem Namen ʼLJṢWR BGDNʼ, dem König aller Dämonen und großen Herrscher der Lilite" (Mo)[47]

"bei dem Gott MN" (Wo)[48]

"bei dem Engel KBŠJʼL" (Go)[49]

Diese Beispiele, die alle den Schalentexten entnommen sind, zeigen die ausgiebige Benutzung des Tetragramms mit seinen Permutationen, der Namen von Engeln, Göttern und anderen Wesen[50].

4.7.10 Nennung eines Namens, indirekt:

"bei dem Namen des großen Fürsten" (Mo)[51]

"bei den Namen der sieben Engel" (Ma)[52]

"bei seinem großen Namen" (Mo)[53]

4.7.11 Bezeichnung des Wesens durch seine Attribute:

"bei der Rechten des Heiligen" (ḤDM)[54]

"bei dem, der seinen Wohnsitz in dem Palast von Feuer und Hagel festgemacht hat" (Mo)[55]

"bei dem Wesen, dem tausend mal tausend Wesen zwischen den Augen und zehntausend mal zehntausend Wesen zwischen den Brauen sitzen" (Mc)[56]

"bei den siebzig Männern, die siebzig scharfe Sicheln halten, um mit ihnen alle bösen Dämone zu töten" (Mo)[57]

4.7.12 Nennung eines Zaubermittels:

"mit dem Bann, den Jᵉhôšuaᶜ ben Perôḥjah gegen euch gesandt hat" (Mo)[58]

"mit diesem Siegel, mit welchem der erste Adam seinen Sohn Set versiegelt hat, worauf er beschützt war vor D[ämonen], vor Kobolden, vor Plagegeistern und vor Satanen" (Mo)[59]

"mit dem Siegel des El Šaddaj und Abraxas, des machtvollen Herrn" (Mo)[60]

"bei dem Stab des Moses, bei der Stirnplatte des Hohepriesters Aaron, bei dem Siegel des Salomo, ..."(MoA)[61]

4.7.13 Zunächst seien hier noch einige Erscheinungen betrachtet, die im Zusammenhang mit der behandelten Formel erwähnenswert sind.

Die Schalentexte beginnen häufig mit der Formel "in deinem Namen handle ich"[62], "in deinem Namen"[63], oder "im Namen des Herrn der Heilung"[64]. Obwohl diese Formel dem Wortlaut nach mit dem instrumentalen "bei ..." identisch ist, liegt hier doch eine andere Verwendung vor. Der Magier versichert sich des Beistandes Gottes und will vor allem sichergehen, daß die nachfolgende Beschwörung von Gott nicht mißverstanden wird. Immerhin droht der Magier den zu bannenden Geistern nicht selten mit Machtmitteln, die eigentlich nur Gott zukommen, bisweilen identifiziert er sich sogar mit einem göttlichen Wesen[65]. Da empfiehlt es sich schon, ein "tua pace" auszusprechen. Magisch relevant im Sinne des instrumentalen "bei ..." ist diese Legitimationsformel wohl nicht[6

4.7.14 Mitunter wird Gott nicht mit seinen Namen oder seinen Attributen bezeichnet, sondern durch bestimmte (meist biblische) "Schlagworte"[67]:

> "bei dem Namen ICH BIN DER ICH BIN" (Go)[68]
>
> "bei dem Namen HEILIG HEILIG HEILIG" (Go)[69]
>
> "bei dem Namen JHWH 'L HAT ZERSTREUT" (Mo)[70]
>
> "bei dem Namen DURCH DAS SCHILFMEER WIRD ER EUCH FERNHALTEN" (Go)[71]
>
> "bei dem Namen GROSSER NAME: GEBUNDEN SIND HIMMEL UND ERDE" (Go)[72]

Daß diese Zitate beinahe wie selbständige magische Namen angesehen wurden, liegt nicht so weit entfernt von der esoterischen Tradition des Judentums, als es zunächst den Anschein haben mag[73].

4.7.15 Eine kuriose Ausweitung der eben genannten Erscheinung liegt im folgenden Beispiel vor:

> "bei dem Namen BUCHSTABE DURCH BUCHSTABE UND BUCHSTABEN DURCH BUCHSTABEN, NAME DURCH NAMEN, AUSSPRACHE DURCH AUSSPRACHEN, durch welche Himmel und Erde verschlungen, die Berge entwurzelt werden, durch welche die Höhen dahinschwinden" (Mo)[74]

Handelt es sich hier um einen Abschnitt aus einem mystischen Traktat? Vielleicht war das eine Anweisung, durch deren Anwendung ein "großer Name" mittels Permutation und ähnlichen Praktiken hergestellt werden konnte. Jedenfalls fand auch hier das instrumentale "bei ..." eine - wenn auch nur noch schwer verständliche - Anwendung.

Nun einige Beispiele aus den griechischen und lateinischen Texten (Zauberpapyri, Fluchtafeln u.ä.).

4.7.16 <u>Nennung eines Namens, direkt:</u>

> "bei dem Namen CHYCHACHAMER MEROYTH" (PGM)[75]
>
> "bei den furchtbaren Namen A EE ĒĒĒ IIII OOOOO YYYYYY ŌŌŌŌŌŌŌ" (PGM)[76]

"bei den heiligen Namen ... bei IAŌ SABAŌTH ARBATHIAŌ SESENGENBARPHARANGĒS ABLANATHANALBA AKRAMMACHAMARI" (PGM)[77]

"mit seinem heiligen Namen IAEŌ BAPHRENEMOYN" (PGM)[78]

"bei dem Gott der Hebräer Jesus IABA IAE ABRAŌTH ELE ELŌ" (PGM)[79]

"bei dem Gott IAŌ, Gott ABAŌTH, Gott ADŌNAI, Gott MICHAĒL, Gott SOYRIĒL, Gott GABRIĒL, Gott RAPHAĒL, Gott ABRASAX ABLATHANALBA AKRAMMACHARI" (PGM)[80]

4.7.17 Nennung eines Namens, indirekt:

"bei dem heiligen Namen" (PGM)[81]

"mit deinen großen Namen" (PGM)[82]

"bei dem unbefleckten Namen des Gottes" (PGM)[83]

"bei dem starken und unerbittlichen Gott und bei seinen heiligen Namen" (PGM)[84]

4.7.18 Bezeichnung des Wesens durch seine Attribute:

"bei dem großen Gott, bei den Anteroten, bei dem, der den Falken auf dem Kopf hat und bei den sieben Sternen" (Aud)[85]

"bei dem großen Chaos" (Aud)[86]

"bei dem allmächtigen, immer lebendigen Gott" (PGM)[87]

"bei dem Gott Abrahams, Isaaks und Jakobs" (PGM)[88]

"bei dem Finger Gottes" (PGM)[89]

"bei dem heiligen Haupt der unterirdischen Götter" (PGM)[90]

"bei dem, der dich den Zeiten des Lebens entbunden hat" (Aud)[91]

"bei dem, der herrscht über die ganze Erde" (PGM)[92]

"bei dem, der im feurigen Mantel sitzt" (PGM)[93]

"bei dem, der Israel offenbart wurde in einer Lichtsäule und in einer Wolke bei Tag und der sein Volk vor dem Pharao gerettet hat" (PGM)[94]

4.7.19 Nennung eines Zaubermittels:

"bei dem Siegel, das Salomon auf die Zunge des Jeremias gelegt hat: und er redete" (PGM)[95]

"bei der Stele der Götter" (PGM)[96]

4.7.20 Abschließend noch ein Blick auf einige griechische "Logoi". In dem großen Leidener Papyrusbuch werden die "ersterschienenen Engel" aufgezählt, wobei in der volleren Version fünf Namen überliefert werden: ARAGA, ARATH, ADŌNAI, BASĒMM, IAŌ[97]. Sollte sich nicht in dem vierten Namen ein hebr. bšm, d.h. b^e^šēm, "bei dem Namen", verstecken[98]? So wäre die Formel "bei dem Namen IAŌ" in irgend einem Stadium der Überlieferung einem hebräischen Original entnommen und darauf in Unkenntnis der Bedeutung in zwei Einzelnamen zerlegt worden. Ähnliche "Namen" finden wir auch sonst noch: BATHYM-IA (wieder mit einem Tetragramm-Element verbunden) auf einigen Fluchtafeln[99] und im großen Pariser Zauberpapyrus am Ende einer langen Epitheta-Reihe u.a. die Namen AŌTH ABAŌTH BASYM ISAK SABAŌTH IAŌ IAKŌP[100]. Hier könnte ebenfalls hebr. b^e^šêm vorliegen, nur hätte sich hier das Jod der Pleneschreibung (bšjm) aus der Vorlage erhalten. Am Ende wäre gar der Gott BESSOYM aus der aramäischen Form bšwm, d.h. b^e^šûm, entstanden[101]?

4.8 D I E   P R Ä Z I S I E R U N G

4.8.1 Es ist das Bestreben des Magiers, seine Wünsche und Befehle möglichst klar und genau zu formulieren, damit für das angerufene Wesen keine Möglichkeit besteht, ihnen auszuweichen. Das hat zur Folge, daß Beschwörungen oft sehr umfangreich werden, nur weil in langen, umständlichen und z.T. sich wiederholenden Wendungen möglichst jeder Aspekt des Anliegens und der auszuführenden Befehle beschrieben wird. Fehlt es einmal an präzisen Begriffen, so tritt an ihre Stelle ein universaler Ausdruck, der alle Eventualitäten erfassen soll.

4.8.2 Die peinlich genaue Nennung der betroffenen Personen fällt jedem Leser von Beschwörungstexten sofort ins Auge. Zur genauen Identifizierung einer Person ist die Nennung der Mutter von großer Bedeutung[1]. Diese Forderung wird fast in allen angewandten Texten erfüllt, vgl. z.B.:

> "Babaj, Sohn der Maḥlafta" (Mc)[2]
>
> "Sextilius, Sohn der Dionysia" (Aud)[3]
>
> "Urbanus, den Urbana gebar, Domitiana, die Candida gebar" (Aud)[4]
>
> "Valeria Quadratilla, die Valeria Eunoia gebar, die Valerius Mysticus gezeugt hat" (Aud)[5]

In dem letzten Beispiel wird obendrein noch der Vater genannt. Die Zauberformulare vermerken die betreffenden Stellen mit einem "NN": dem "p^{e}lônî(t) bän (bar, bat) p^{e}lônît" im "Buch der Geheimnisse" entspricht dabei das "ho deîna tês deîna" der griechischen Zauberpapyri.

4.8.3 In den meisten Fällen wird die präzise Nennung des Namens an jeder Stelle erneut vorgenommen[6]. Auch der Magier nennt ausdrücklich seinen Namen, vgl. u. 4.4.3.

Sind mehrere Namen einer Person bekannt, so wird auch dies vermerkt:

> "Merdabûk, genannt Merda" (Ya)[7]
>
> "Q. Letinius Lupus, der auch Caucadius genannt wird" (Aud)[8]

4.8.4 Kennt man nicht alle Namen der betreffenden Person, so bedient man sich zur Sicherheit besonderer Wendungen, die diesen Mangel ausgleichen sollen:

> "Für Široj, Sohn Bûrzins - und jeden Namen, den der Sohn Bûrzins haben mag" (Go)[9]
>
> "Aígyptos, Kallídromos und welches (Pferd) auch mit ihnen angespannt wird" (Aud)[10]

Fehlt der Name der Mutter, so hilft man sich dadurch, daß man einfach "Mutter Erde" einsetzt:

> "Victoricus, den 'Erde', die Mutter alles Lebendigen, gebar" (Aud)[11]

4.8.5 Ähnliche allgemeine Formulierungen werden auch bei Geistern und Dämonen angewandt:

> "Ich beschwöre dich, wer immer du seist, Totendämon" (Aud)[12]
>
> "Ob ihr Nymphen oder mit welchem Namen auch immer genannt werden wollt" (Aud)[13]
>
> "Jedweden dämonischen Geist, ... wer immer du auch seist, einer im Himmel oder in der Luft, ein irdischer, ein unterirdischer oder unterweltlicher, ein ebusäischer, ein chersäischer oder pharisäischer (!), sprich, wer immer du auch seist" (PGM)[14]
>
> "Böse Lilit, wie immer dein Name ist" (Mo)[15]
>
> "... deren Namen auf dieser Schale genannt und deren Namen auf dieser Schale nicht genannt wurden" (Mo)[16]

Das nicht immer sichere Geschlecht von Dämonen wird folgendermaßen erfaßt:

"Ob männlich, ob weiblich" (Go)[17]

"Männliche Unglücksdämone und weibliche Unglücksdämone" (Ma)[18]

"Totendämon, ob männlich, ob weiblich" (Wor)[19]

4.8.6 Personen oder Gruppen von Personen, deren Namen nicht alle genannt werden können, versucht man möglichst genau zu definieren:

> "Alle Bewohner dieses Landes: große und kleine, alte und junge, niedrige und geehrte" (SHR)[20]
>
> "Gegenüber allen: kleinen und großen Männern wie auch Gladiatoren und Soldaten und Nichtsoldaten und Frauen und Mädchen und Knaben und allen" (PGM)[21]
>
> "Von Vater, Mutter, Tochter, Schwiegermutter und Schwiegertochter, entfernt oder nah, die sich in der Ferne befindet und die sich in der Nähe befindet" (Go)[22]
>
> "Ihre Söhne und Töchter, sei es, sie haben sie (schon), sei es, sie werden sie haben" (Mo)[23]
>
> "Sie und ihre Söhne, ihre Töchter, ihre Ochsen, ihre Esel, ihre Sklaven, ihre Mägde und alles Viehzeug, großes oder kleines, welche in dieser Wohnstatt und (innerhalb dieser) Schwelle sind, die drinnen sind und die drinnen sein werden" (Go)[24]

Eine poetische Stilisierung dieser Ausdrucksweise liegt in dem geradezu rührend anmutenden Schlußwort des altmandäischen Bleiamuletts vor:

> "Dieser Auftrag wurde geschrieben für die kleinen Kinder, die weinen und lachen und fürchten und träumen und sind in Windeln gelegt in ihrem Schlaf" (Ma)[25]

4.8.7 Dämonische Mächte bzw. die durch sie personifizierten Krankheiten werden ebenfalls präzis erfaßt:

> "Die Herrschaften und Mächte und Weltherrn der Finsternis: ob unreiner Geist, ob Dämonenüberfall zu mittäglichen Stunden, sei es Schüttelfrost, sei es Fieber, sei es Wechselfieber, sei es Schädigung durch Menschen, seien es Mächte des Widersachers" (PGM)[26]

"Jeder fliegende oder ruhende Geist, ob ausgesandt, ob nicht ausgesandt" (Go)[27]

4.8.8 Besonders bei Krankheiten kommt es darauf an, alle betroffenen oder gefährdeten Glieder und Organe des Körpers einzeln zu nennen:

"Von ihrer Linken zu ihrer Rechten und von ihrer Rechten zu ihrer Linken, von den Nägeln ihrer Füße bis zum Haar ihrer Köpfe und vom Haar ihrer Köpfe bis zu den Nägeln ihrer Füße" (Ma)[28]

"Weiche nicht ab in den rechten Teil der Hüften und nicht in den linken Teil der Hüften" (PGM)[29]

Derartige Aufzählungen führen oft zu ausgesprochenen "Gliederlisten"[30]; auf solche Listen beziehen sich wohl auch Angaben wie die folgende:

"(Hinweg) von den zweihundertachtundvierzig Gliedern seines Körpers" (Go)[31]

4.8.9 Im Liebeszauber finden wir ähnliche Darstellungen:

"Brenne ihre Eingeweide, ihre Brust, ihre Leber, ihren Atem, ihre Knochen, das Mark" (PGM)[32]

"Gehe nicht ein in sie durch die Augen, nicht durch die Rippen, nicht durch die Nägel, nicht durch den Nabel und nicht durch die Glieder, sondern durch die Scham" (PGM)[33]

4.8.10 Die peinlich genaue Aufzählung der einzelnen Körperteile kann sich auch auf einen Dämon beziehen. In dem folgenden Beispiel aus einer Zauberschale wird dadurch die Bindung ausgesprochen:

"Mit einem Eisengürtel auf ihrem Haupt , ... mit einem Eisenpflock in ihrer Nase, ... mit einer Eisenza[nge] in ihrem Mund, ... mit einer Eisenkette an ihrem Nacken, ... mit Eisenfesseln an ihren Händen, ... mit Banden aus Stein an ihren Füßen" (Go)[34]

4.8.11 Statt der präzisen Nennung von Geistern, Dämonen, Hexen etc. finden wir auch Angaben, die jede schädliche Einwirkung möglichst pauschal bezeichnen sollen:

> "Magie und Zauber" (SHR)[35]
>
> "Zauberei des Westens und des Ostens, Zauberei des Nordens und des Südens" (Po)[36]
>
> "Aramäische Zauberei, jüdische Zauberei, schiitische Zauberei, persische Zauberei, indische Zauberei, griechische Zauberei, römische Zauberei: Zauberei, die in den siebzig Sprachen gewirkt wurde, sei es von der Frau, sei es vom Mann" (Go)[37]

4.8.12 Die beabsichtigte Wirkung einer Zauberhandlung bzw. der Beschwörung wird meist breit ausgemalt, um jeden möglichen Aspekt zu treffen:

> "Ich band und fesselte ihn und drückte ihn nieder, ich schleuderte ihn nieder und verhaftete ihn" (Ma)[38]
>
> "Daß ihr ihn erdrosselt ... vernichtet ... werft ... schmälert ... zunichte macht ... fortblast" (SHR)[39]
>
> "Daß ihr ihn verbannt und verstoßt" (SHR)[40]
>
> "(Sein Mund etc.) verstumme ... vergehe ... werde zunichte ... verwirrt" (SHR)[41]
>
> "Seine Knochen zu brechen, alle seine Glieder zu zerstoßen, den Stolz seiner Kraft zu brechen" (SHR)[42]
>
> "Stört mich nicht ... nicht Stimme, nicht Geschrei, nicht Pfeifen" (PGM)[43]
>
> "Wendet ab von mir NNs Gedanken, den Ratschluß seines Herzens und seine Ränke" (SHR)[44]
>
> "Nicht mit einem Hieb soll er Bär oder Stier fällen und nicht mit zwei Hieben soll er fällen noch mit drei Hieben soll er den Stier (oder) den Bär fällen" (Aud)[45]
>
> "Damit man nicht mit ihr von vorne oder von hinten hure, noch sie aus Lust mit einem anderen Liebesspiel betreibe, noch mit einem anderen Mann zusammen schlafe" (Wor)[46]

4.8.13 Schon unter 4.8.6 wurde ein Beispiel angeführt, in dem die magische Präzisierung stilisiert erscheint. Dergleichen macht sich an vielen Stellen bemerkbar, so z.B. im "Buch der Geheimnisse":

> "Huld, Gnade und Barmherzigkeit" (SHR)[47]
>
> "Seele, Odem und Geist des NN" (SHR)[48]
>
> "Keinen Schlaf, weder Schlummer noch Tiefschlaf" (SHR)[49]

Die angegebenen Einzelheiten bezeichnen kaum noch neue Aspekte, sie werden zu Synonymen, die bestenfalls noch einen stilistischen Effekt erzielen. Diese Stilisierungstendenzen sind natürlich überall da stark vertreten, wo magische Texte einen literarischen Anstrich bekommen haben.

4.8.14 Präzisierung findet fast immer bei Orts- und Zeitangaben statt; man kann diese geradezu als Modellfälle dafür betrachten:

> "Wo immer er geht und wo immer er sitzt: sei es in der Stadt, sei es auf dem Land, sei es auf dem Meer, sei es auf dem Festland, sei es beim Essen, sei es beim Trinken" (SHR)[50]
>
> "An jeden Ort und in jedes Häuserviertel und in jedes Haus und in jede Kneipe" (Wor)[51]
>
> "Die ihr hier liegt und euch hier aufhaltet und hier euer Dasein fristet" (Wor)[52]
>
> "Zu dieser Zeit und in diesem Augenblick" (SHR)[53]
>
> "Von dieser Stunde an, von diesem Tag, von diesem Augenblick" (Aud)[54]
>
> "Von diesem Tag auf ewig" (SHR)[55]
>
> "Vom heutigen Tag an für die ganze Zeit meines Lebens" (PGM)[56]
>
> "Nicht in der Nacht und nicht am Tage" (Mo)[57]
>
> "Nicht einen Augenblick, nicht am Tage und nicht in der Nacht" (SHR)[58]
>
> "In Tagen, in Monaten, in allen Jahren und an diesem Tag von allen Tagen und in diesem Monat von allen Monaten und in diesem Jahr von allen Jahren" (Mo)[59]
>
> "Auf Jahre über Jahre, Monate über Monate, Tage über Tage, Nächte über Nächte, Stunden über Stunden" (Wor)[60]

In einem griechischen Liebeszauber wird die gewünschte Wirkung sogar zeitlich genau eingegrenzt:

> "Für die Zeit von zehn Monaten, von heute an, welches der 25. Hathyr des 2. Jahres der Indiktion ist" (Wor)[61]

Diese Beispiele mögen genügen, um zu zeigen, wie wichtig der präzise Ausdruck - oder bei seinem Fehlen die allumfassende Formel - in allen unseren Texten ist.

4.9 DER ANALOGIESPRUCH

4.9.1 Eine magische Bindung wird oft dadurch besonders wirksam gemacht, daß man parallel zum Aufsagen der Beschwörung eine entsprechende Zauberhandlung vollzog. Bekannt ist z.B. die Verwendung von Wachsfiguren im Liebeszauber; ihnen wird während der Beschwörung jedes Körperglied und jedes Organ mit einer Nadel durchstochen, was stellvertretend ist für die Liebe, die den Körper des oder der Angebeteten durchbohren soll[1]. Es interessieren hier die Worte, die bei solchem Analogiezauber gesprochen wurden. Das Schema lautet:

> "Wie ich das und das hier (stellvertretend) an dem und dem Ding tue, so soll das und das mit der und der Person geschehen"

4.9.2 Im "Buch der Geheimnisse" finden wir drei Beispiele, bei denen die parallel vorzunehmende Zauberhandlung in der Anweisung beschrieben wird. Im ersten werden Tongefäße zerbrochen:

> "... seine Knochen zu brechen ... wie das Zerbrechen dieser Tongefäße; keine Heilung werde ihnen zuteil, so wie keine Heilung zuteil wird diesen Tongefäßen" (SHR)[2]

Im zweiten legt man sich ein Löwenherz gegen das eigene Herz und spricht dazu:

> "... über sie komme Furcht und Angst vor mir, wie die Angst vor dem Löwen über alles Vieh (kommt), und so wie dieses Herz stumm ist, während ich dieses spreche, sollen alle mir zuhören und nicht fähig sein, gegen mich zu sprechen" (SHR)[3]

Im dritten Beispiel wird ein Salamander in Öl getaucht:

> "... wie du dem Feuer entflohen bist, so vertreibe und lösche das Feuer" (SHR)[4]

4.9.3 Es folgen hier einige Beispiele aus griechischen und lateinischen Texten:

> "Wie diese heiligen Namen getreten werden, so auch NN, der Bedränger" (PGM)[5]

> "Wie diese Kröte verfällt und vertrocknet, so auch der Körper des NN" (PGM)[6]

> "Myrrhe: wie ich dich verbrenne und du wirksam bist, so verbrenne das Hirn der NN, die ich liebe" (PGM)[7]

> "Wie dieser Hahn an den Füßen und an den Händen (!) und am Kopf gebunden ist, so bindet die Beine und die Hände und den Kopf und das Herz des Victoricus" (Aud)[8]

> " Wie ich diesem Hahn bei lebendigem Leibe die Zunge ausgerissen und festgenagelt habe, so sollen die Zungen meiner Feinde gegen mich verstummen" (Aud)[9]

> "Wie der Tote, der hier begraben ist, weder reden noch sprechen kann, so soll Rhodine bei M. Licinius Faustus tot sein und weder reden noch sprechen können" (Aud)[10]

4.9.4 Auch bei einigen Zauberschalen kann man durch das Auftreten von Analogiesprüchen auf entsprechende Begleithandlungen schließen, vgl. z.B.:

> "... denn so wie die Lebenden von den Toten und die Toten von den Lebenden abgewandt werden, so soll abgewandt werden [...] von Namoj: denn so wie ihr (!) Toten nicht nahe den Lebenden seid, [...] " (Go)[11]

Die persönliche Ansprache der Toten legt die Vermutung nahe, daß die Schale vielleicht auf einem Friedhof oder einem ähnlichen Ort eingeweiht wurde.

4.9.5 Wie wichtig Analogiesprüche in der magischen Praxis waren, zeigt sich auch an den häufigen Stilisierungen, die wir in allen Texten vorfinden. Die analoge Zauberhandlung wird nicht mehr vorgenommen, der Spruch wird zum Gleichnis:

> "Wie eine Frau sich den Kindern ihres Leibes zuwendet, so soll sie sich mir zuwenden in Liebe zu mir" (SHR)[12]

> "Sie sollen ... so schnell sein wie ein Adler" (SHR)[13]

> "Wie Isis den Osiris gel[iebt hat, so soll Matrona den] Theodor lieben" (Wor)[14]

4.10 M O D A L I T Ä T E N

4.10.1 Für die Angabe, wie, unter welchen Umständen, zu welchem Zeitpunkt, für wie lange etwas geschehen oder ausgeführt werden soll, wird bei Beschwörungen meist ein großer Aufwand getrieben. Zu viel hängt davon ab, daß die Befehle genauestens erteilt und alle möglichen Nebenwirkungen berücksichtigt werden. Manches wurde davon schon unter 4.8 behandelt, so besonders die präzisen Zeitangaben.

4.10.2 Bei einer Zauberhandlung muß der Magier meistens besondere Vorkehrungen treffen, die ihn vor Schaden bewahren sollen. Das Tragen von besonderen Amuletten, die Wahl des rechten Augenblicks, die Reinhaltung sind Beispiele dafür. In den Beschwörungen spiegelt sich dieses Anliegen in bestimmten Formeln wider:

> "Nichts Böses soll mir zustoßen" (SHR)[1]
>
> "daß ich und jeder ... sich aber nicht erschreckt" (SHR)[2]
>
> "Ich beschwöre dich ... daß du mir nicht schadest und mich nicht schreckst, ich will mich nicht erschrecken und nicht erzittern" (SHR)[3]
>
> "Bewahre mich und diesen Knaben unverletzt" (PGM)[4]

4.10.3 Eine Erscheinung des Offenbarungszaubers ist die Aufforderung, die Wahrheit zu sprechen und nichts zu verbergen:

> "Verberge vor mir nichts!" (SHR)[5]
>
> "... daß ihr mir in Wahrheit ... verkündet" (SHR)[6]
>
> "Er berichte mir Worte der Wahrheit ohne Hehl" (SHR)[7]
>
> "Weissage wahrheitsgemäß, wahrhaftig, ohne Trug, ohne Zweideutigkeit über diese Sache" (PGM)[8]

4.10.4 Fast in jeder Beschwörung wird die Forderung gestellt, die Befehle sofort, schnell, ohne zu zögern auszuführen:

> "Augenblicklich, eilet schnell!" (SHR)[9]
>
> "Laßt ihn nicht einen Augenblick verweilen, nicht am Tage und nicht in der Nacht!" (SHR)[10]
>
> "In der jetzigen Stunde" (PGM)[11]
>
> "Voran, voran, gleich, gleich, schnell, schnell!" (PGM)[12]

4.10.5 Da die präzisen Zeitangaben bereits unter 4.8.14 behandelt wurden, sei hier nur noch einmal auf sie hingewiesen. Formeln wie "von diesem Tag auf ewig" oder "von jetzt bis in Ewigkeit" haben in den Zaubertexten einen festen Platz, woher immer sie auch ursprünglich stammen mögen.

A N M E R K U N G E N

1 Es genügt hier, auf einige neuere Standardwerke zu verweisen, in denen die große Fülle der älteren Literatur zu diesem Thema aufgearbeitet ist: Friedrich HEILER, Erscheinungsformen und Wesen der Religion (Religionen der Menschheit, hrg. von Chr.M. SCHRÖDER, Bd. 1), Stuttgart 1961; Geo WIDENGREN, Religionsphänomenologie, Berlin 1969.

2 Sir James George FRAZER, The Golden Bough. A Study in Magic and Religion. 3. Auflage, London 1911-1915, 12 Bände; Supplementband "Aftermath", 1936.

3 Zur wissenschaftsgeschichtlichen Einordnung und Nachwirkung vgl. R. GEISLER in KLL 3 (1967) 962-964; hier weitere Lit.

4 EWR 26: "1) die Religion ist aus der Magie entstanden (Preuß); 2) die Religion ist nach dem Fehlschlag der Magie, die auf kausalem Denken beruht, als Versöhnung persönlicher Mächte entstanden (Frazer); 3) Religion als Umgang mit persönlichen Wesen und Magie als Umgang mit unpersönlichen Kräften gehen auf eine gemeinsame Wurzel zurück (Marett); 4) die Magie stellt eine Entartung der Religion dar; die personale und rationale Religion ist durch den Sündenfall irrational geworden (P. Wilhelm Schmidt)".

5 EWR 27-33; etwas anders WIDENGREN.

6 Fr. CUMONT sieht das Verhältnis der Magie zur (späteren) Physik wie das der Astrologie zur Astronomie, vgl. Die orientalischen Religionen im römischen Heidentum (4. frz. Aufl. 1928), 4. unveränderte dt. Aufl., Darmstadt 1959. Vgl. weiter W. GUNDEL in: Sternglaube und Sterndeutung. Die Geschichte und das Wesen der Astrologie, 4. Aufl. 1931 (5. Aufl., Darmstadt 1966), S. 103-106. Fr. LEXA, La magie dans l'égypte antique, Bd. I (Paris 1925) 131 ff: La relation entre la magie et la science.

7 Freilich wird das zugrundeliegende quasi-naturwissenschaftliche Anliegen oft genug durch mehr oder auch weniger bescheidene literarische Ambitionen mancher Autoren bzw. Kompilatoren verdeckt. Wieviel ernsthafte Produktionen mit dem erwähnten Anliegen es im Altertum gegeben haben muß, läßt sich noch an den von J. BIDEZ und Fr. CUMONT gesammelten Testimonien und Zitaten ersehen: Les mages hellénisés. Zoroastre, Ostanès et Hystaspe d'après la tradition grecque, 2 Bde., Paris 1938.

8 Hier als Beispiel die Art, wie die frühe Esoterik (šiʿûr qômāh und die Hêkālôt-Literatur) abgehandelt wird: "... und geriethen auf die blödsinnige Vorstellung von der Körperlichkeit Gottes. ... Die agadische Auslegung der Schrift, die sich zuweilen in sinnlichen, handgreiflichen, für das Verständnis der Menge berechneten Wendungen gehen läßt, leistete ihrer anti-jüdischen Theorie Vorschub. Dies Theorie, die von einem Schwachkopf ausging, aber durch die geheimnißreiche Art ihrer Bekundung Anhänger fand ... Mit

sichtlichem Wohlgefallen verweilt diese Theorie bei der Schilderung dieser Ausgeburt einer krankhaften Phantasie. Sie entblödet sich nicht, ihn (d.h. Metatron) neben die Gottheiten zu setzen und ihn den kleinen Gott zu nennen. ... Diese aus mißverstandenen Agada's, jüdischen, christlichen und mohammedanischen Phantastereien zusammengesetzte Theorie ... diese, dem Judenthum, d.h. der heiligen Schrift und dem Talmud hohnsprechende Weisheit ... eine Menge Schriften über theoretische und praktische Geheimlehre, welche meistens platten Unsinn enthalten, zuweilen aber einen poetischen Schwung annehmen. ... Der mystische Spuk trieb sein Wesen vorzüglich in Palästina, wo das eigentliche Talmudstudium danieder lag." - H. GRAETZ, Geschichte der Juden von den ältesten Zeiten bis auf die Gegenwart, Bd. 5, Magdeburg 1860, S. 231-233. Wesentlich nüchterner im Urteil z. B. M. STEINSCHNEIDER, Über die Volkslitteratur der Juden (1870) in: Archiv für Litteraturgeschichte, hrg. v. R.GOSCHE, Bd. 2 (Leipzig 1872) 1-21. Vgl. auch G. SCHOLEM, Wissenschaft vom Judentum einst und jetzt, abgedruckt im Sammelband "Judaica", Frankfurt 1963, S. 147-164, bes. S. 156 f.

9 Bequem zugänglich in dem dreibändigen Sammelwerk "Studies and Texts in Folklore, Magic, Mediaeval Romance, Hebrew Apocrypha and Samaritan Archaeology, with 14 Plates and 5 Illustrations, Collected and Reprinted by Moses GASTER" (1928), Nachdruck New York 1971 mit wichtigem "Prolegomenon" von Theodor GASTER.

10 Straßburg 1898 (ursprünglich im "Jahresbericht der Landes-Rabbinerschule in Budapest für das Schuljahr 1897-98"); Nachdrucke 1914, 1970.

11 Um eine gründliche Auswertung des von BLAU zusammengetragenen Materials anzuregen, wird im Anhang ein ausführlicher Stellenindex geboten (S. 239-245).

12 J. TRACHTENBERG, Jewish Magic and Superstition, New York 1939 (Nachdruck 1970), enthält zwar viel mittelalterliches Material, ist aber auf weite Strecken oberflächlich und hat teilweise eindeutig apologetische Züge (vgl. Kap. I u. II). Andere, populär- oder gar pseudowissenschaftliche Publikationen zum gleichen Thema, die vom Buchhandel immer wieder erneut auf den Markt geworfen werden, sollten hier besser unerwähnt bleiben. Das Thema "jüdische Zauberei" scheint seit dem Mittelalter noch nichts an Faszination verloren zu haben.

13 Major Trends in Jewish Mysticism, New York 1941, London 1955 etc.; dt.: Die jüdische Mystik in ihren Hauptströmungen, Zürich 1957; Frankfurt 1967 (allerdings ohne die wertvollen Originalzitate in den Anmerkungen der engl. Ausgabe).- Jewish Gnosticism, Merkabah Mysticism, and Talmudic Tradition, New York 1960, 2. Auflage 1965. - Ursprung und Anfänge der Kabbala, Berlin 1962. - Zur Kabbala und ihrer Symbolik,

Zürich 1960. - Eine sehr gehaltvolle Zusammenfassung seiner Forschungen liegt jetzt in seinem umfangreichen Artikel "Kabbalah", EJJ 10 (1971) 489-653, vor. Vgl. auch die Bibliographie seiner Schriften (1914-1968 : 520 Nummern) in Studies in Mysticism and Religion, presented to Gershom G. SCHOLEM, on his Seventieth Birthday by Pupils, Colleagues and Friends, Jerusalem 1967, Hebrew Section, S. 199-235.

14 SCHOLEM, MT passim (s. Index s.v. 'magic'). - JG, Kap. X : "The Theurgic Elements of the Lesser Hekhalot and the Magical Papyri" (S. 75-83); Appendix A : "A New Interpretation of an Aramaic Inscription" (S. 84-93; 134 f); Appendix B : "On the Magical Formulae AKRAMACHAMAREI and SESENGEN BARPHARANGES" (S. 94-100).

15 Vgl. SCHOLEM, MT 77 f.

16 Z.B. Habdālāh d^eR. ʿAqîbāh, Sēfär haj-jāšār, šimmûšê tehillîm, šimmûšê tôrāh, Sēfär ham-maʿalôt šän-nitt^enû l^eʾādām hā-riʾšôn, T^efillat Rab Hamnûnāʾ sabbāʾ (vgl. SCHOLEM, MT 368, Anm. 134). Einige sehr interessante Traktate zur Physiognomie und Chiromantik wurden bereits veröffentlicht: G. SCHOLEM, Hakkārat pānîm w^esidrê širṭûtîn, Festschrift Ś. ASSAF (Jerusalem 1953) 459-495; ders., Ein Fragment zur Physiognomik und Chiromantik aus der Tradition der spätantiken jüdischen Esoterik, Festschrift C.J. BLEEKER (Leiden 1969) 175-193: I. GRÜNWALD, Qeṭāʿîm ḥ^adāšîm missifrût hakkārat pānîm w^esidrê širṭûtîn, Tarbiṣ 40 (1971) 301-319.
M. GASTERs Ausgabe von "Ḥarbāʾ d^eMošäh" (The Sword of Moses. An Ancient Book of Magic, from an Unique Manuscript, with Introduction, Translation, an Index of Mystical Names, and a Facsimile, by M. GASTER, London 1896; erneut abgedruckt in Studies and Texts, I,288-337; III, 69-103; s.o. Anm. 9) lag ja bereits zu BLAUs Zeiten vor, doch ist eine systematische Auswertung dieser wichtigen Schrift immer noch zu vermissen. Ähnliches gilt für die von S. DAICHES gesammelten Texte (Babylonian Oil Magic in the Talmud and in the Later Jewish Literature, London 1913). Dazu erst kürzlich J. DAN, Śārê kôs w^eśārê bohän, Tarbiṣ 32 (1963) 359-369; vgl. auch ders., Tôrat has-sôd šäl ḥ^asîdê ʾAšk^enāz, Jerusalem 1968.

17 Für die talmudische Zeit ist hervorzuheben E.E. URBACH, ḤZ"L - pirqê ʾämûnôt w^edēʿôt, Jerusalem 1969. Eine englische Übersetzung dieses wichtigen Werkes ist im Druck (The Sages - Their Concepts and Beliefs, Jerusalem, The Magnes Press).

18 So z.B. S.W. BARON, A Social and Religious History of the Jews, Bd. 8 (1958) 3-54 : Magic and Mysticism.

19 Oberflächlich und wenig ergiebig sind die entsprechenden Artikel zur Magie, Zauberei etc. in der verlagstechnisch monumentalen "Encyclopaedia Judaica", Jerusalem 1971 (Bd.2-16) und 1972 (Bd.1: Introduction, Index etc.). Vernichtende Kritik an diesem, wegen seiner Aktualität allerdings kaum zu

ignorierenden Werk hat S. ZEITLIN geübt: Encyclopaedia Judaica: the Status of Jewish Scholarship, JQR 63 (1972) 1-28; etwas gemäßigter dazu H.C. ZAFREN, Jewish Encyclopedias of the Last Fifteen Years, JBA 31 (1973/74) 21-28.

20 Zwei umfassende Literaturberichte von K. PREISENDANZ stellen eine verläßliche Stütze für den griechisch-römischen Bereich dar: Die griechischen Zauberpapyri, AfP 8 (1927) 104-167; Die griechischen und lateinischen Zaubertafeln, AfP 9 (1930) 119-154; 11 (1935) 153-164. Weiterführend ders., Zur Überlieferungsgeschichte der spätantiken Magie, Festschrift G. LEYH (Leipzig 1950) 223-240; ders., Zur Überlieferung der griechischen Zauberpapyri, Misc. crit. 1 (1964) 203-217; R.A. PACK, The Greek and Latin Literary Texts from Greco-Roman Egypt, 2.Aufl., Ann Arbor 1965.
Vergleichbares gibt es auf dem judaistischen bzw. orientalistischem Gebiet (mit Ausnahme des hervorragenden Literaturberichts von Fr. ROSENTHAL, Die aramaistische Forschung, s.u. Anm. 23) leider nicht. Im Folgenden werden jeweils nur die wichtigsten bzw. die neuesten Ausgaben oder Textsammlungen angegeben. Auch mußte vieles unberücksichtigt bleiben, um den Rahmen der vorliegenden Arbeit nicht zu sprengen. Das gilt z. B. ganz für die umfangreiche Zauberliteratur des Alten Orients, wobei allerdings die zeitliche Ferne zu der Masse der hier verwerteten Texte als mildernder Umstand angesehen werden dürfte. Besonders wichtig wäre das Material aus Ägypten - vor allem der Spätzeit - wegen seines Nachwirkens im griechisch-römischen und wohl auch, geographisch begrenzt, im jüdischen Bereich. Hierzu einige Literaturhinweise:
E.A.W. BUDGE, Egyptian Magic, London 1901. - Fr. LEXA, La magie dans l'égypte antique de l'ancien empire jusqu'a l'époque copte, Bd. I (Exposé), II (Les textes magiques), III (Atlas), Paris 1925. - A. KROPP, Ausgewählte koptische Zaubertexte, Bd.1: Textpublikation, 2: Übersetzungen und Anmerkungen, 3: Einleitung in die koptischen Zaubertexte, Brüssel 1930 (Bd. 3), 1931 (Bd.1,2). - C. BONNER, Studies in Magical Amulets Chiefly Graeco-Egyptian, Ann Arbor 1950. - G. ROEDER, Der Ausklang der ägyptischen Religion mit Reformation, Zauberei und Jenseitsglauben (Die ägyptische Religion in Text und Bild, Bd. 4), Zürich/Stuttgart 1961 (bes. S. 113-232). - A.A. BARB, The Survival of Magic Arts, in: Paganism and Christianity in the Fourth Century, ed. by A.D. MOMIGLIANO, London 1963, S. 100-125; ders., Three Elusive Amulets, JWCI 27 (1964) 1-22 (I: A 'Gnostic' Cameo, II: A Judeo-Christian Amulet, III: Amuletum Kircherianum). - A. DELATTE u. Ph. DERCHAIN, Les intailles magiques gréco-égyptiennes, Paris 1964. - A. KROPP, Oratio Mariae ad Bartos. Ein koptischer Gebetstext aus den Gießener Papyrus-Sammlungen (Berichte und Arbeiten aus der Universitätsbibliothek Gießen, Bd. 7) Gießen 1965. - M. WEBER, Ölsegen, PC 2 (1968) 86-92. - J.ASSMANN, Liturgische Lieder an den Sonnengott. Untersuchungen zur altägyptischen Hymnik, Bd. I , MÄS 19 (1969); Diss. Heidelberg 1965. - A.A. BARB, Mystery, Myth, and Magic, in: The Legacy of Egypt, 2.Aufl., hrg. von J.R. HARRIS, Oxford 1971, Kap.6 (S. 138-169). - J.-Cl. GOYON, Rituels funéraires

de l'ancienne Egypte. Le Rituel de l'Embaumement. Le Rituel de l'Ouverture de la Bouche. Les Livres des Respirations. Introduction, traduction et commentaire, Paris 1972. - E. HORNUNG, Ägyptische Unterweltsbücher, eingeleitet, übersetzt und erläutert ... mit 114 Illustrationen. Zürich/München 1972. - M. WEBER, Ein koptischer Zaubertext aus der Kölner Papyrus-Sammlung, Enchoria 2 (1972) 55-63. - A. KLASENS, Art. "Amulet" in: Lexikon der Ägyptologie, Bd. 1,2 (1973) 232-236 (mit ausführlicher Lit.).

21 BONNER, DELATTE-DERCHAIN (s.Anm. 20); Th. SCHRIRE, Hebrew Amulets. Their Decipherment and Interpretation, London 1966; ders., Art. "Amulet" in: EJJ 2 (1971) 906-915 (m. Abb.).

22 Aug. AUDOLLENT, Defixionum tabellae, Paris 1904 (weiteres in AfP 9, s.o. Anm. 20). R. MACUCH, Altmandäische Bleirollen, in: ALTHEIM-STIEHL, Die Araber in der Alten Welt, Bd. IV (1967) 91-203; Bd. V (1968) 34-72.

23 Fr. ROSENTHAL, Die aramaistische Forschung seit Th. NÖLDEKE's Veröffentlichungen, Leiden 1964, S. 218-223; 234 f (Literaturbericht). - W.S. McCULLOUGH, Jewish and Mandaean Incantation Bowls in the Royal Ontario Museum, Toronto 1967. **Ein Überblick über fast alle teilweise sehr verstreuten Textpublikationen wird über das Abkürzungsverzeichnis ermöglicht, s. S. 256 unter "Zauberschalen".**

24 D. WORTMANN, Neue magische Texte, Bonner Jahrb. 168 (1968) 56-111 (hier weitere Lit.).

25 Papyri graecae magicae, hrg. von K. PREISENDANZ u.a., Leipzig 1928 (Bd. I), 1931 (Bd. II). Das Erscheinen des dritten Bandes ist 1941 durch Kriegseinwirkung verhindert worden. Zu dem jetzt erfolgenden, von A. HENRICHS besorgten und mit **Korrekturen** versehenen Neudruck (de Gruyter, Berlin) vgl. A. HENRICHS, Zum Text einiger Zauberpapyri, ZPE 6 (1970) 193-212. - Interessante jüngere Texte bei F. PRADEL, Griechische und süditalienische Gebete, Beschwörungen und Rezepte des Mittelalters, RGVV 3,3 (1907). - "Das Schwert des Moses", hrg. v. M. GASTER, London 1896 (s.o. Anm. 16). - "Das Buch der Geheimnisse", hrg. v. M. MARGALIOT, Jerusalem 1966 (s.u. Kap. 2).

26 Manches findet sich bereits in den Zauberpapyri, vgl. z.B. die Sammlung von Homerversen in PGM VII. - Über Amulettbücher zuletzt MARGALIOT 51 f; s.a. M. GRUNWALD, Bibliomantie und Gesundbeten, MGJV 10 (1902) 81-98.

27 R. HEIM, Incantamenta magica graeca latina, JCPh 19 (1892) Suppl., S. 465-576. - A. ABT, Die Apologie des Apuleius von Madaura und die antike Zauberei. Beiträge zur Erläuterung der Schrift de magia (RGVV 4,2) Gießen 1908, Nachdruck Berlin 1967. - L. BLAU, Das altjüdische Zauberwesen, Straßburg 1898 (s.o. Anm. 10).

28 Vgl. M.P. NILSSON, Die Religion in den griechischen Zauberpapyri (Årsberättelse, Bulletin de la Société Royale des Lettres du Lund 1947-1948, S. 59-93), Lund 1948 (hier weitere Lit.).

29 Agnostos Theos. Untersuchungen zur Formengeschichte religiöser Rede, Leipzig 1913.

30 Die christliche Hymnodik bis zu Klemens von Alexandreia, Braunsberg 1921/22 (Nachdruck Darmstadt 1968).

31 Zu den Zauberhymnen, Philologus 103 (1959) 215-236. Vorbildlich seine Textausgabe "Die Griechischen Dichterfragmente der römischen Kaiserzeit", 2. Auflage, Göttingen 1963 (Bd. 1), 1964 (Bd. 2); fortgesetzt durch Th. WOLBERGS, Griechische religiöse Gedichte der ersten nachchristlichen Jahrhunderte, Bd. 1 (BKPh 40), Meisenheim 1971.

32 Vgl. sonst noch Eug. KAGAROW, Form und Stil der Texte der griechischen Fluchtafeln, ARW 21 (1922) 494-497. Weiteres ist hier und da von PREISENDANZ (AfP, s.o. Anm. 20) vermerkt worden.

33 A. MIRSKY, Maḥṣebātān šäl ṣûrôt hap-pijjûṭ, Jerusalem/Tel Aviv 1968. - J. MAIER, Poetisch-liturgische Stücke aus dem "Buch der Geheimnisse", Judaica 24 (1968) 98-111; ders., Serienbildung und "numinoser" Eindruckseffekt in den poetischen Stücken der Hekhalot-Literatur (erscheint demnächst in Semitics).

34 Der Begriff "Gebet" wäre zu eng, "Beschwörung" nur ein oberflächlicher Notbehelf. Um Reden handelt es sich insofern, als ein konkretes bzw. konkret gedachtes Gegenüber vorliegt. Vgl. auch die Terminologie NORDENS (s.o. Anm. 29).

35 Einen guten Überblick gibt der jetzt von Max L. BAEUMER herausgegebene Sammelband "Toposforschung" (Wege der Forschung, Bd. 395), Darmstadt 1973. Der dort abgedruckte Originalbeitrag des Herausgebers (S. 299-348) scheint gleichzeitig die wichtigste Arbeit seit CURTIUS zu sein.

36 E.R. CURTIUS, Europäische Literatur und lateinisches Mittelalter, Bern 1948 etc., S. 77 ff. - M.L. BAEUMER, Dialektik und zeitgeschichtliche Funktion des literarischen Topos, in: Toposforschung, S. 299-348.

37 Vgl. S. LIEBERMAN, Greek in Jewish Palestine. Studies in the Life and Manners of Jewish Palestine in the II-IV Centuries C.E., New York 1942, 2.Aufl. 1965; ders., Hellenism in Jewish Palestine. Studies in the Literary Transmission, Beliefs and Manners of Palestine in the I Century B.C.E. - IV Century C.E., New York 1950.

38 Vielleicht bieten die mandäischen Schriften in ihrem ausge-

sprochenen Anti-Judaismus überhaupt eine günstige Ausgangslage für die Beobachtung negativ gebrauchter Denk- und Ausdrucksformen, im Sinne abwertender Klischees, die "in einem dialektischen Gegensatz zu ihrer vorher ausgedrückten Funktion stehen" (BAEUMER, Dialektik 346; s.o. Anm. 36). Zur mandäischen Literatur vgl. besonders die Publikationen von E.S. DROWER und R. MACUCH.

39 Ein gutes Referat über die derzeitige Forschungslage gibt E.M. YAMAUCHI, Mandaic Incantation Texts (AOS 49), New Haven 1967, S. 1-67. Dazu M. SOKOLOFF, Notes on Some Mandaic Magical Texts, Or. 40 (1971) 448-458.

40 Die Auswahl ist aus praktischen Gesichtspunkten klein gehalten. Die Beispiele könnten in großer Zahl - z.B. aus dem Alten Orient - vermehrt werden (s.o. Anm. 20), ohne daß das Bild sich grundsätzlich ändern würde.

41 Das käme in diesem Aspekt der Deutung des "Topos" von Walter VEIT näher, wenngleich diese Texte auch nicht als bewußt konzipierte Kunstwerke anzusehen sind. Vgl. W. VEIT, Toposforschung, in dem oben (Anm. 35) angegebenen Sammelband S. 136-209. Zur Kritik vgl. bes. M.L. BAEUMER, ebd. S. 303, 305.

1 Sepher Ha-Razim, a Newly Recovered Book of Magic from the Talmudic Period, Collected from Genizah Fragments and Other Sources, Edited with Introduction and Annotation by Mordecai MARGALIOTH (engl. Titelblatt), Jerusalem 1966, XVII + 170 S., 8 Tafeln.

2 Zum nur handschriftlich vorliegenden "Sēfär sôdê rāzajjā'" (HS MÜNCHEN 81) vgl. MARGALIOT 42-44; dessen Spekulationen über den Titel (ebd. Anm. 87) sind allerdings kaum haltbar, s. dazu DAN 214, Anm. 23. Eine Handschrift des "Sēfär hā-rāzîm" hatte bereits G.SCHOLEM, Kitbê jād b^eQabbālāh, Jerusalem 1930, S. 12 bekanntgegeben. Beide Texte erscheinen auszugsweise im "Sēfär Rāzî'ēl", das in der Amsterdamer Ausgabe den sprachlich buntgescheckten Titel "zäh sifrā' d^e'ādām qadmā'āh šän-nātan lô Rāzî'ēl ham-mal'āk" (das ist das Buch des ersten Menschen, welches ihm der Engel Raziel gab) hat. Das von MARGALIOT abgedruckte Proömium (p^etîḥah) des "Sēfär hā-rāzîm" erscheint z.B. auch als Anhängsel zum "Sēfär No^aḥ", vgl. A.JELLINEK, Bet ha-Midrasch, Leipzig 1853-1877, Bd.III, S. 159 f.

3 Der Ausdruck "original", mit dem MARGALIOT seinen Text bezeichnet (m^eqôrî, passim), sollte allerdings vermieden werden: dazu ausführlicher noch im Folgenden.

4 Ḥ. MERḤABJAH, QS 42 (1967) 297-303; M. KASHER, Tôrāh š^elēmāh 22 (1967) 188-192; J. DAN, Tarbîṣ 37 (1968) 208-214: G. VAJDA, REJ 127 (1968) 282 f; J. MAIER, "Das Buch der Geheimnisse", zu einer neuentdeckten Schrift aus talmudischer Zeit, Judaica 24 (1968) 98-111; ders., Poetisch-liturgische Stücke aus dem "Buch der Geheimnisse", ebd., S. 172-181: Fr. SECRET, Sur quelques traductions du Sēfer Razī'el, REJ 128 (1969) 223-245; N. SED, Le Sēfer ha-Rāzim et la méthode de "combinaison de lettres", REJ 130 (1971) 295-304; Ḥ. MERḤABJAH, EJJ 13 (1971) 1594 f.

5 Vgl. z.B. P.KAHLE, Die Kairoer Genisa, Berlin 1962: J.MAIER, Bedeutung und Erforschung der Kairoer "Geniza", JAC 13 (1970) 48-61 (hier reiche Literaturangaben).

6 MARGALIOT notiert S. 51-53 bereits eine Menge solcher Texte: dazu auch MERḤABJAH 301, Anm. 18.

7 Midrash Wayyikra Rabbah, a Critical Edition Based on Manuscripts and Genizah Fragments with Variants and Notes (engl. Titelblatt), Einl. u. 4 Bde., Jerusalem 1953-1960.

8 Daß aus der griechischen Vorlage, wie z.B. "labȏn chártēn hieratikȏn", PGM I,232, nicht auch das Substantiv im Akkusativ übernommen wurde (kartîn), läßt sich wohl dadurch erklären, daß der Begriff "karṭîs" als Lehnwort dem hebräischen Sprachschatz bereits als zugehörig empfunden wurde, vgl. LEVY II,398 b. Freilich beruht die vorliegende Textstelle (nur SHR I,95) auf einer Konjektur des Herausgebers. Die Handschriften bieten: krtjm (A), brtjm (B,P: i.App., S. 119, Druckfehler: krtjm: vgl. S. 1, 3. Z. v.u.), qrt's (ʿ), kr'ṭjs (S). MARGALIOTs Emendation ist aber für den Text annehmbar, da der ganze Ausdruck z.B. auch im "Schwert

des Moses" überliefert ist: bkrtjs ʾj ʾdʾ tjqwn, ḤDM 22, 10; ʿl qrṭjm (qrṭjs, GASTER) ʾjrjṭjqwn, Z. 18.

9 Vgl. PGM XXXVIII,2; diese Wortform deckt sich genau mit der hebräischen Transkription und nicht "zmyrnomélani" oder gar "zmyrnómelan", wie MARGALIOT angibt. Das instrumentale "b-" (mit) zeigt übrigens, daß dem Schreiber die Verwendung des Wortes sehr wohl bewußt war.

10 Vgl. die Richtigstellungen von DAN 209-211.

11 Gegen MARGALIOTs apologetische, unwissenschaftliche Einstellung MERḤABJAH 298 f, DAN 212 f. KASHER 190 b zitiert genügend Material, das eine eingehende und auch gar nicht etwa heimliche Beschäftigung der Rabbinen mit Magie belegt.

12 Übersetzt und mit wertvollen Anmerkungen versehen von Joh. MAIER, S. 104-106. Das Proömium als Literaturgattung hat für den jüdischen Bereich noch keine zusammenfassende Behandlung erfahren. Gemeint sind hier Buchvorworte, denn die andersgearteten, aus der mündlichen Überlieferung hervorgehenden und meist fälschlich als "Predigtanfänge" gedeuteten p^e^tîḥôt des Midraš (so W.BACHER, Die Proömien der alten jüd. Homilie, Leipzig 1913) haben damit nichts zu tun, vgl. P.SCHÄFER, Die Peticha - ein Proömium? Kairos 12 (1970) 216 -219; J.HEINEMANN, The Proem in the Aggadic Midrashim, Scr. Hierosolymitana 22 (1971) 100-122.

13 Genauer gesagt: "<u>ein</u> Buch von den Büchern der Geheimnisse", sēfär mis-sifrê hā-rāzîm, SHR 0,1. Das hat bereits Anlaß zu Fragen über die Richtigkeit des Titels gegeben, vgl. MERḤABJAH 301 b; EJJ 1594; MAIER 98 f.

14 Die inhaltliche Beziehung der Einleitung zu dem Buch selbst ist allerdings recht oberflächlich, was als Indiz für ihre "Unechtheit" - sofern dieser Begriff hier überhaupt anwendbar ist - gelten mag, vgl. DAN 210, Anm. 10.

15 Es werden insgesamt 715 Engelnamen genannt.

16 Übersetzung des sechsten Kapitels bei MAIER 106-108. Die verschiedenen Zahlenangaben in Kap. I-VI führen SED zu recht weitreichenden Schlußfolgerungen (s.d. S. 301). Seine zweimalige Ermittlung der später im "Sēfär j^e^ṣîrāh" so bedeutungsvollen Zahl 22 aus den Himmeln I-III und IV-VII erscheint allerdings nicht sehr zwingend.

17 Übersetzung des siebenten Kapitels (mit reichhaltigen Anmerkungen) bei MAIER, Poet.-liturg. Stücke (s.o. Anm. 4).

18 Zum Überblick vgl. MAIER, GJR § 21 (S. 193-205), dort auch zum Begriff der jüdischen "Esoterik".

19 Hierzu ausführlicher MAIER 110 f. Die Ermittlung der Beziehungen der Schrift zur esoterischen Literatur und anderen, magischen Erzeugnissen der talmudischen Zeit, wie z.B. Ḥarbāʾ d^e^Mošäh, Sēfär ham-malbûš, Habdālāh d^e^R. ʿAqîbāh, dürfte in diesem Zusammenhang eine der wichtigsten Aufgaben für die nächste Zukunft sein; vgl. auch DAN 212 f und SED 295 f. Gegen die Bezeichnung der Schrift als "Zauberbuch" (so der Untertitel in MARGALIOTs Ausgabe) wehren sich MERḤABJAH 303 b und KASHER 190 f.

20 Das stellt auch MARGALIOT S. 27 fest, wobei er allerdings von den zwei Stilen des "Autors" spricht (sic).

21 Dazu MARGALIOT S. 1-16. Seine Kumulation von PGM-Stellen erweist sich auf weite Strecken hin als unergiebig, wenn man sich die Mühe des Nachschlagens macht. Zudem wimmeln seine Zitate von Druckfehlern und Versehen anderer Art. Im großen und ganzen sind die Zusammenhänge jedoch wohl zutreffend gedeutet.

22 S. Anhang, Text Nr. 32; MARGALIOT 12 f.

23 Vgl. SCHOLEM, JG 75-83; URBACH, Ham-m^e^sôrôt ʿal tôrat has-sôd bitqûfat hat-tannāʾîm, SCHOLEM-Festschrift (Jerusalem 1967), hebr. Teil, S. 1-28.

24 DAN 208 f. Man werfe nur einen Blick auf die Sigelliste im Anhang.

25 Von ihm - mehr und auch weniger ausführlich - S. 47-55 beschrieben.

26 Leider werden von MARGALIOT keinerlei stemmatologische Erwägungen angestellt. Das ist kennzeichnend für seine Haltung gegenüber den Genizahfragmenten, die er alle für "original" (m^e^qôrî) hält. Zu dieser unkritischen Einstellung schon MERḤABJAH 303 a.

27 Zwar sind die gleichartigen Bezeichnungen (viermal "G", viermal "G1", zweimal "G2") durch ihre Verwendung an unterschiedlichen Stellen im Text dennoch eindeutig, jedoch erwecken sie im Variantenapparat den falschen Eindruck einer Homogenität der Überlieferung.

28 The Jewish Theological Seminary.

29 MARGALIOT bemerkt dazu unklar: "parallel in seinen Lesarten mit Fragment 2", d.h. Nr. 14.

30 "Text verkürzt und etwas überarbeitet", MARGALIOT.

31 Mit einer Ausnahme, s.u. Anm. 160.

32 Der Versuch einer Datierung auf Grund paläographischer Erwägungen wird von MARGALIOT nicht angestellt.

33 MARGALIOT gibt an: "N.014"; d.h. doch wohl No. 14.

34 HS JERUSALEM Heb. 8° 476, fol. 69b-81b; vgl. SCHOLEM, Kitbê jād, S. 12 (s.o. Anm. 2). HS Schocken (JERUSALEM), Kabbala Nr. 3.

35 Aufgezählt S. 50 f (Nr. 8-11).

36 Diese pauschale Aussage dürfte allerdings in einem Stemma nur bedingte Gültigkeit haben. Das läßt sich schon den Angaben des Herausgebers S. 49 entnehmen, denn oft steht Q ("die beste Handschrift") allein gegen ABP. Leider fehlt es auch hier an ausreichender recensio. Zudem ist der Gebrauch der Sigel "A" im Sinne eines consensus codicum ABPQ im Apparat irreführend und fragwürdig: hier hätte zumindest ein Hyparchetypus "a" ermittelt werden müssen.

37 Analog dem in Anm. 33 Gesagten hier auch verbessert.

38 MARGALIOT S. 50.

39 Hat aber nicht viel mit dem sonst überlieferten "Buch der Ankleidung" gemein, s. MARGALIOT 52, Anm. 4.

40 "Der Schlüssel Šalomos", vgl. auch: Clavicula Salomonis, a Hebrew Manuscript Newly Discovered and Now Described by H. GOLLANCZ, Frankfurt/London 1903.

41 Daß es sich um transkribierte Texte handelt, erwähnt MARGALIOT nur in seinem Vorwort (!) S. XII.

42 MARGALIOT nennt S. 54 nur HS LEIPZIG 745; doch vgl. Fr. SECRET, Sur quelques traductions du Sēfer Razī'el (s.o. Anm. 4).

43 Was auch zweifellos in der Absicht des Herausgebers lag, s.o. Anm. 26.

44 Dagegen schon MERḤABJAH 303a.

45 Jedenfalls spiegelt sich nichts davon in seinen sonst recht weitschweifigen Darlegungen wider.

46 S.o. Anm. 14. Es bedürfte vor allem einer genaueren Durchleuchtung der Überlieferungsgeschichte frei von dem Bestreben, um jeden Preis einen zusammenhängenden Text zu rekonstruieren.

47 Sämtliche das "Buch der Geheimnisse" betreffende Texte finden sich in deutscher Übersetzung im Anhang (Nr. 1-36).

48 Literarisch durchgeformte Zaubertexte finden sich z.B. auch in den griechischen Zauberpapyri: ein Formular zur Gewinnung eines Beisitzers, PGM I,42-195, in Briefform; das sog. "Achte Buch des Moses" (Ogdóē Moyséōs), PGM XIII, welches sogar in zwei Fassungen überliefert ist. Trotzdem hat wohl bis jetzt niemand daran gezweifelt, daß es sich auch hierbei um Kompilationen handelt.

49 Hier ist MARGALIOT im großen und ganzen beizupflichten, wenn auch die Erwähnung der Indiktion als Maßstab für die Datierung nicht zu hoch zu bewerten ist, vgl. eine neue und interessante Interpretation von SED, S. 302.

50 Das hat schon MAIER, S. 110 f klargestellt. Merkwürdigerweise sind übrigens seine Aufsätze zum "Buch der Geheimnisse" von SED, der S. 295 einen Abriß der bisherigen Beiträge zum Thema gibt, offensichtlich nicht einmal zur Kenntnis genommen worden. Dasselbe gilt auch für MERḤABJAHs durchaus nicht unwichtige Rezension in Qirjat Sefär (s.o. Anm. 4).

51 Vgl. seine Liste der "baqqāšôt" S. 147 f. Der Begriff wird allerdings - hier wie dort - zuweilen als pars pro toto verwandt und bezeichnet dann die ganze magische Praktik (pᵉʿûllāh, prâxis).

52 Entspricht dem "labṓn" der griechischen Zauberpapyri.

53 Das ist zwar pauschal aber praktisch. Es ließen sich vom Stil her noch viele feine Unterschiede machen.

54 Am häufigsten: "halte dich rein und es wird dir gelingen", ṭhr ʿṣmk wtṣljḥ.

55 Zu den Bezeichnungen der ersten beiden Himmel (šāmajim und š^{e}mê haš-šāmajim), die nicht der üblichen esoterischen Tradition entsprechen, vgl. MAIER 111. GRÜNWALD, Pijjuṭê Jannaj, gibt S. 269 eine Tradition (Ḥ^{ag}. 12b) an, die nur diese zwei Himmel kannte! Sollte hier ein Zusammenhang bestehen mit der ins Auge fallenden Disproportion der einzelnen Kapitel (I: 237 Z., II: 185 Z., III-VII durchschnittl. 53 Z.)? Es wäre denkbar, daß ein ursprünglich auf zwei Himmel angelegtes Zauberbuch erst durch spätere Überarbeitung eine Anpassung an das vorherrschende esoterische Weltbild erfahren hat. Vorläufig wird man allerdings über Vermutungen nicht hinauskommen, solange nämlich die Beziehungen des "Buches der Geheimnisse" zu den einzelnen magischen und esoterischen Traditionen nicht genauer erforscht wurden.

56 Die ältesten Textzeugen nennen Z. 1-2 noch keinen Thron: wbw mlʾkj ḥjmh wšbʿh m k w n j m , bšbʿh mḥnwt šwṭrjm jwšbjm, G2(G1?). MARGALIOT emendiert und übernimmt die eventuell nach Z. 7 korrigierte (?) Version von A: bw mḥnwt {mlʾkjm} mljʾjm ḥmh, wšbʿh ksʾwt m w k n j m šm, <w>ʿljhm {w}z' (šbʿh, MM) šwṭrjm jwšbjm {ʿl hšbʿh ksʾwt}.

57 ḥēmāh so übersetzt, um das Wort von den später auftretenden Synonymen (ʾaf, qäṣäf "Zorn", rogäz "Wut") zu unterscheiden. MERḤABJAH 303a fordert die Lesung "malʾ^{a}kê ḥēmāh" (R,M,L,G2; vgl. Anm. 56).

58 w^{e}kullam (A) setzt hier nach der Liste der Namen der sieben Wächterengel, obwohl wahrscheinlich bereits ausgleichend eingefügt (fehlt in G2,D,H1 !), immer noch recht unvermittelt ein, denn der ganze Passus (bis Z. 15) bezieht sich auf die untergebenen Dienstengel und nicht auf deren Wächter. Möglicherweise ist die Namenliste (Z. 7-9, ʾlh šmwt - BWʾL) erst später hinzugekommen.

59 nwṣrw mʾš wmrʾjhm kʾš wʾšm mlhṭt, kj mʾš jṣʾw, Z. 9 f.

60 wkl ʾḥd wʾḥd mhm ʿwmd ʿl mlʾktw (A,D; mlkwtw, G,G2), Z.13; wohl eher: jedes einzelne Lager.

61 ʾm lṭwb ʾm lrʿ (fehlt in G,H1), ʾm ljwtr ʾm lmḥswr ʾm lmlḥmh ʾm lšlwm (fehlt in A,G,H1), Z. 14 f.

62 lmspr ḥmš ʿśrh šnh lḥšbwn mlkj jwwn, Z. 27 f. Zur Indiktion A.S. ROSENTHAL bei MARGALIOT 24. Vielleicht liegt hier der Rest einer Anordnung der Engel nach bestimmten Zeitabschnitten (2 Jahre ?) vor, vgl. SED 302 u.o. Anm.49.

63 lšm hmlʾk hmwšl ʿl mḥnh hrʾšwnh, Z. 30; im beschreibenden Teil wird sonst nur von "Wächtern"(šôt^{e}rîm) gesprochen, die natürlich auch Engel sind : Z. 2, 5, 7, 11, 16, 17.

64 wkl ʾšr tbqš jtrpʾ, ʾm bktb wʾm bšʾjlh, Z. 33 f.

65 ʾlh hmlʾkjm hmlʾjm ʾp wḥjmh, Z. 46; vgl. Z. 1.

66 Zur leichteren Orientierung werden auch hier die Nummern

hinzugefügt: w'm bjqšth lšlḥm (1) ʿl śwn'k (2) 'w ʿl bʿl ḥwbk (3) 'w lhpwk 'njjh (4) 'w lhpjl ḥwmh bṣwrh (5) 'w lkl ʿsq 'wjbjk: lhšḥjt wlhrʿ (6) bjn ⌈štrṣh⌉ lhglwtw (7) wbjn lhpjlw bmjṭh (8) wbjn lhkhwt m'wr ʿjnjw (9) bjn lh'-sjrw brgljw (10) bjn lhṣr lw lkl dbr, Z. 48-51. So MAR-GALIOTs Text, der sich hauptsächlich nach N richtet. Nr.9 ist jedoch nur bei Gl überliefert, fehlt in A,G,N; G läßt Nr.2 aus und Nr.7 und 10 fehlen bei G und A. Die ABPQ-Gruppe läßt auch die einleitenden Worte "w'm bqšth"(bqšt,G) aus, wodurch das ganze Anliegen sich recht unmittelbar und nicht ganz logisch (Subjektwechsel) an die letzten Worte des beschreibenden Teils, mpnj (!) šnmsr bjdm, anschließt. Nr.6, štrṣh, ist übrigens nur in arab. Übersetzung erhalten.

67 qḥ lk pj'ljn šl zkwkjt, lšm 'wjbjk (N; bšm 'wjbk, A), wšpwk hmjm ltwkh (N; wml'm mjm šl z' mʿjnwt, Gl), Z. 55.

68 whšlk l'rbʿ rwḥwt hšmjm (N; hʿwlm, A,Gl,L), Z. 56.

69 wt'mr kn (N: w'mwr kn, A; w'mwr kk, Gl) [kngd 'rbʿ] rwḥwt (N; Lücke nach ʿ ergänzt; kngd rwḥwt hʿwlm, A; fehlt in Gl) Z. 56 f.

70 wqḥ pj'ljn šlmjm (N; šljmh, A) wzkwr ʿljh (A; ʿlh, N; fehlt in Gl,L) šmwt hml'kjm h'lh (N; fehlt in A,L; hmšrtjm 't TJG-R' wšmw ʿjmhjn, Gl) wšm hšwṭr ⌈hw'⌉ TJGRH (N: wšm hšwṭr TGR' (TJGR', Q),A), Z. 62 f.

71 mwsr 'nj lkm (N; ʿljkm, Q!) ml'kj (fehlt in A,L) 'p wḥjmh 't pl' b' pl', Z. 63 f; soweit der feste Teil. Das Bindeglied zum variablen Teil ist die hierauf folgende Partikel "šä-".

72 wtšḥjtw 'tw w't mr'jhw, Z. 64.

73 w'm tbqš lhglwtw, 'mwr kn, Z. 66.

74 w'm bʿl ḥwbk hw' (A; fehlt in Gl), 'mwr kn, Z. 67.

75 'm ʿl 'njjh, 'mwr kn, Z. 69 f.

76 mšbjʿ 'nj ʿljkm, ml'kj (Gl; fehlt in A) qṣp (Gl; 'p qṣp, Q) wmšḥjt, Z. 70.

77 w'm lhpjl ḥwmh bṣwrh, 'mwr kn, Z. 73.

78 mšbjʿ 'nj ʿljkm, ml'kj rgz wqṣp wḥmh, Z. 74.

79 wšpwk ʿl 'rbʿ pnwt hbjt (A: hʿjr, S!), Z. 77.

80 Der Übersichtlichkeit halber wird der zusammenhängende Text (Z. 77-83) auf die fünf Anmerkungen (80-84) verteilt: w'm lhpjl śwn'k ʿl hmṭh, 'w lhšḥjt mr'hw, 'w lkl dbr ṣrh, špwk 't hmjm ʿl ptḥw, Z. 77-79.

81 w'm lhglwtw, špwk hmjm l'rbʿ rwḥwt hʿwlm, Z. 79.

82 w'm l'swr bʿl ḥwbk, hšlk (A: špwk, B) 't hmjm ʿl bgdjw, Z. 79 f.

83 w'm lhšqjʿ 'njh, hšlk 't hzkwkjt w't mjmjh, lšm h'njh wlšm bʿljh, ltwk h'njh, Z. 80-82.

84 w'm lhpwk (A: lhpjl, B) ḥwmh, ḥpwr l'rbʿ l'rbʿ pnwt hḥwmh wḥlq 't hmjm ltwkm, Z. 82 f.

85 wkn bkl dbr wdbr ʿšh bṭhrh wʾz tṣljḥ, Z. 83.

86 Eine Verderbnis des "mʾwr ʿjnjw" in "mrʾjhw" wäre immerhin möglich, allerdings schon vor Einsetzen der vorliegenden Textbezeugung.

87 Mit einer Ausnahme (Z. 55); dazu weiter unten.

88 mwsr ʾnj lkm - mmj šnmsr bjdm (Z. 46).

89 Die Formulierung "in Bedrängnis bringen" (l^{e}hāṣēr) in Nr.10 der Zweckliste knüpft ebenfalls an den beschreibenden Teil an: wnkwnjm (wmrnnjm, A!) lhṣr, Z. 47. Nr.10 ist nur von dem Genizahfragment N überliefert, welches die "Endredaktion" vielleicht am deutlichsten widerspiegelt.

90 Text Anm. 67; auch das erneute "qaḥ" deutet die Trennlinie an.

91 wʾl tʿrbm bjḥd ʾlh ʾm ʾlh, Z. 53 f.

92 ʾlw hmlʾkjm mwdjʿjm ... mh jhjh ʿl hʾrṣ bkl šnh wšnh, Z.90f. Sollte die Zeitangabe "in jedem einzelnen Jahr" nur eine allgemeine Formulierung sein oder handelt es sich hier um einen weiteren Rest der Schicht, die spezielle "Jahresengel" kannte (vgl. Anm. 62)?

93 wʾm tbqš ljdʿ wlhbjn mh jhjh bkl šnh wšnh, Z. 94 f.

94 Zum Ölzauber sind die von DAICHES gesammelten Texte zu vergleichen.

95 bšm hmlʾkjm hmbjnjm wmbwnnjm ḥkmwt wstwmwt, Z. 99.

96 bšnh hzʾt, Z. 100.

97 wtšbjʿ ʾt hšbwʿh šlš jmjm šlš pʿmjm, Z. 101.

98 bšnh hhjʾ, Z. 103.

99 lšm hmlʾkjm hmšrtjm lzw hmḥnh, Z. 104 f.

100 Oder umgekehrt: wtwdjʿnj mh jhjh bšnh hzʾt, Z. 100; vgl. Anm. 92.

101 ʾlh hm hmlʾkjm hmšwbbjm dʿt hmlk (A; hmlʾkjm, Q) wrṣwn gdwljm wrʾšjm wmnhjgj hmlkwt {wmnhjgjm} (Dittogr.) wmʿṭrjm ḥn wḥsd ʾt kl hʿwmdjm lšʾl mhm dbr bṭhrh, Z. 114-116. Der Ausdruck "in Reinheit" hat noch als Aufhänger für eine hier deplazierte Reinigungsklausel gewirkt: tʿšh bzrjzwt wtṣljḥ. "Hurtigkeit" (z^{e}rîzût, d.h. in der Befolgung der Vorschriften) ist die erste Stufe zur Reinheit, vgl. jŠ^{e}q. III,47c (Z.17 v.u. Krot.): zrjzwt mbjʾh ljdj nqjwt, nqjwt mbjʾh ljdj ṭhrh, etc.

102 ʾm bqšth (N; wʾm trṣh, A) lhṭwt (N; bṭhrh lhzwr, A) dʿt hmlk ljdk, ʾw lšr hṣbʾ, ʾw ʿšjr (N; lʿšjr, A) ʾw šlṭwn ʾw šwpṭ (N; fehlt in Q) šlʿjr (N; fehlt in A), ʾw kl (N;lkl, A) bnj hmdjnh, ʾw lb ʾšh gdwlh ʾw ʿšjrh, ʾw lb ʾšh bjwpjh, Z. 117-119. Der Überlieferungszweig ABPQ macht übrigens mit der bemerkenswerten Unterscheidung zwischen Nr. 5 und 6 Schluß und formuliert für das weibliche Geschlecht etwas weniger verletzend: ʾw lb ʾšh gdwlh ʾw ʿšjrh ʾw jph štbʾ (štbwʾ, B; štbjʾ, A) ljdk. Das ist natürlich glätten-

de Überarbeitung.

103 Hier beginnt eine Lücke in der ABPQ-Überlieferung, die erst wieder Z. 142 einsetzt. Der einzige direkte Textzeuge für das Folgende ist das Genizahfragment N.

104 Mit dem nicht ganz klaren Zusatz: "und tue das Blut da hinein", wtn dmw btwkw, Z. 120.

105 wktwb šmwt hml'kjm h'lh bdm ⌜'l⌝ (MM; kl, N) h'wr šbjn (?) pnjw, Z. 120 f.

106 hkws šhdm whjjn bw, Z. 123. Von dem Becher war vorher noch nicht die Rede.

107 w'mwr whzkr 't šm hšwṭr w't šmwt ml'kj mḥnhw p'mjm '' wk', Z. 124 f.

108 So ähnlich sollte dieser verderbte Einschub wohl gemeint gewesen sein. N überliefert: wt'mr kngd kwkb hnwgh hšm (zu streichen?) šhw' 'PRWDJTJ Ṡ wml'k ḤSDJ'L, Z. 125 f.

109 bšm ml'kj mḥnh hrbj'jt hmšrtjm 't KLMJ', Z. 126 f.

110 Mit dem Objekt der Beschwörung einmal im Singular (mšbj' 'nj 'lj<u>k</u>), einmal im Plural (štswbw 'lj). Ein Name wird nicht genannt.

111 wlb ṣb'w, Z. 128 f. Vielleicht ist zu lesen: wśr ṣb'w, vgl. Z. 117.

112 wbklwtk ldbr 't hšbw'h k"' p'mjm hbṭ lm'lh, Z. 129 f.

113 w'm bqšth lbw' 'ṣl hmlk 'w lkl 'jš 'w lšwpṭ, Z. 132. Zu beachten ist der uneinheitliche Gebrauch der Präpositionen ('ēṣäl, le-) und die Reihenfolge speziell - allgemein - speziell.

114 w'm lhsb 't bnj hmdjnh, Z. 134.

115 Medînāh hier in dieser präzisen Bedeutung, vgl. Tos.Šeq. II,13: Pesiqtā' rabbātî 32 wird Lod eine "medînah gedôlah" genannt (148b FRIEDMANN).

116 wktwb bṣjṣ 't hšwṭr w't mḥnhw, Z. 135.

117 hml'kjm hswbbjm wmšwṭṭjm b'wlm, Z. 137.

118 Weder namentlich ("NN") genannt noch näher bezeichnet, nur "ich", "mir" etc.

119 Noch einmal? S.o. Z. 134.

120 tn tḥt (?) kpwt rgljk mn dm h'rjh, Z. 141 f. Vom Wein ist hier nicht mehr die Rede. Das ganze Stück, von Z.137 (wqṭnjm) bis Z.142 (h'rjh) ist wegen des Fehlens jeder direkten Textüberlieferung vom Herausgeber "im Stile des Buches" ergänzt, s.o. 2.4.1.

121 'm bqšth l'sr lb 'šh gdwlh 'w 'šjrh 'ljk, Z. 143.

122 qḥ mzj't pnjk bklj zkwkjt ḥdš, Z. 143 f. Stilistisch eine reichlich **kühne** Ellipse: "nimm ... (und tue es) in ..."

123 Unklar und uneinheitlich überliefert. MARGALIOT übernimmt

den bereits korrupten Text von N: wktwb ʿljw {wktwb} ʿl ṭs qsjṭrwn šm hšwṭr wšmwt hmlʾkjm, wobei er das zweite "wktwb" in der hier (nicht bei ihm!) angezeigten Weise tilgt und "qsjṭrwn" (gr. kassitêrinon) nach den übrigen HSS (A,B,P,Q,S verderbt, korrekt nur in D,L; bdjl, N) einsetzt. Das macht den Text aber nicht lesbarer. Möglicherweise hat N diese Form vorgefunden und dann das zweite "wktwb" glättend eingesetzt. Denkbar wäre eine ursprüngliche Form wie etwa: ⟨wqḥ ṭs qsjṭrwn⟩ wktwb ʿljw šm hšwṭr etc; in der Art Sēfär Rāziʾēl: wqḥ ṭs nḥšt ʾḥd wktwb ... (D). Auch die übrigen HSS wissen mit der Stelle nichts Rechtes anzufangen und emendieren auf verschiedene Weise: Hl,L lassen "ʿljw" fort, A läßt "wktwb ʿljw" aus und bietet "ʿl šm QSJPJDJN (Name!) wšm hšwṭr ...", was hier auf das Füllen des Glasgefäßes bezogen ist.

124 mšbjʿ ʾnj ʿljkm, mlʾkj ḥn wmlʾkj mdʿ, Z. 145 f.

125 Wieder nicht namentlich genannt.

126 wqḥ slwḥjt (N: hslwḥjt, D: klj hzkwkjt, L) ḥdšh (nur N) wṭmnjh bmqwm bjʾth wjsjʾth, Z. 147 f. D und L glätten hier die Einführung eines neuen Begriffs (sic). MARGALIOT vermutet lediglich, daß dieser Satz nicht an der richtigen Stelle steht und möchte es hinter "wlʿlm", Z.150, setzen (Komm. z.St.).

127 wkʾšr tšwb ʾšh ʿl ʿwllj bṭnh, kn tšwb ʾlj lʾhbtj plwnjtʾ dʾ, mn jwmʾ dnn wlʿlm, Z. 148-150. Das ganze Stück fehlt in N,D und ist nur durch A,L,S,ʿ überliefert. Den abrupten Übergang von der vorangehenden Anweisung versuchen S und L auszugleichen. Letztere HS übersetzt auch die aramäische Schlußformel: mhjwm hzh whlʾh.

128 wzh (L,D; zw, N; wʿśh, A) jktwb (L; ktwb, D; fehlt in N,A!) bmlʾt hjrḥ, Z. 150.

129 ʾlh hmlʾkjm hnšmʿjm bljlh ldbr ʾm hjrḥ wʾm hkwkbjm (N fügt hinzu: ʿl ʿsq [kl dbr?]) wlšʾwl bʾwb (A: fehlt in N) wldbr ʾm hrwht (A fügt hinzu: ʾw ʿl ʿsq gmjlwt), Z. 159 f.

130 ʾm tbqš ldbr ʾm hjrḥ wʾm hkwkbjm ʿl ʿsq kl dbr, Z. 160 f.

131 ltwk mjm ḥjjm (N: ltwk hmjm, A), Z. 162.

132 wbdm wbmjm gbl ʾt hslt, Z. 162. Die ABPQ-Gruppe weicht hier im Wortlaut stark ab: wqḥ hdm hmʿwrb ʿm hmjm wtlwš (wlwš, P) hqmḥ hnz(kr).

133 Hier setzt die Textbezeugung durch das Genizahfragment N aus. Bis SHR II,30 stand dem Herausgeber nur die jüngere ABPQ-Gruppe zur Verfügung.

134 Aus dem Text geht nicht genau hervor, wer angesprochen ist: mšbjʿ ʾnj ʿljkm š..., Z. 165; dasselbe gilt auch unten für Z. 172.

135 Dieser zweite Teil wird durch ein nochmaliges "und sage" (wʾmwr) Z. 166 eingeleitet.

136 wʾm lgmjlwt ḥsdjm, Z. 169 f.

137 mzjw ḥn wḥsd wrḥmjm šl pnjkm, Z. 173.

138 Während zuerst für eine andere Person gesprochen wird, tritt hier auf einmal der Sprecher selbst in den Vordergrund. Diese Schwierigkeit umgeht A, indem diese Person überhaupt ganz ausgelassen und von vornherein alles auf den Sprecher bezogen wird: mšbjʿ ʾnj ʿljkm, šttnw ḥn wḥsd wrḥmjm šl pnjkm, ʾnj plwʾ bn plwʾ etc., Z. 172 f.

139 wnšb lrwḥ, Z. 174: in dieser knappen Formulierung nicht ganz klar.

140 wʾm trṣh lšʾwl bʾwb, Z. 176.

141 wkšjṣʾ, hnjḥ lpnjw ⌈hpjʾlj⌉ , Z. 183.

142 wjhjh bjdk šrbjṭ šl hds, Z. 183 f. MARGALIOT zitiert z.St. (S. 77) eine Passage aus dem "Mišnēh tôrāh" des Maimonides (Sēfär ham-maddāʿ, hilkôt ʿᵃbôdat kôkābîm, VI,1), in der ebenfalls der "šarbîṭ šäl hᵃdas" erwähnt wird. Das kann doch aber keinesfalls als ein Zitat aus dem vorliegenden "Buch der Geheimnisse" angesehen werden!

143 wʾm bqšt lhtjrw, Z. 184. Das Verbum NTR ist terminus technicus für die Lösung (hattārāh, apólysis). Der ganze Abschnitt von hier bis Z. 186 ist nicht in der ABPQ-Gruppe überliefert. Der Herausgeber stützt den Text lediglich auf die indirekte Bezeugung in H1 und ʿ (arab. Übersetzung). Es könnte sich um einen späteren Zusatz handeln, für den dann die unmittelbar vorhergehende Anweisung der "Aufhänger" war, vgl. auch Anm. 144.

144 hkws, Z. 185. Vorher war von einer "Schale" (gr. phiálē) die Rede.

145 wʾm trṣh ldbr ʿm hrwḥwt, Z. 187.

146 ṣʾ lmqwm hhrwgjm wqrʾ šm, Z.187; "ûqᵉrāʾ šām" wäre als Anweisung zum Sprechen einer Beschwörung ungewöhnlich, denn hier steht fast immer "wäʾämôr" u.ä. Unmittelbar darauf folgen zwei Namen, deren Aussprechen die Beschwörung einleitet; so wäre auch zu lesen "ûqᵉraʾ šēm XX", d.h. "und rufe den Namen XX aus (und sage): 'ich beschwöre ...'". Es wird sich hier einfach um eine Lässigkeit des Schreibers handeln, wodurch der Beginn der direkten Rede verwischt wurde.

147 Vgl. den "páredros" der griechischen Zauberpapyri (z.B. oben Anm. 48). Die von DAICHES gesammelten Texte geben weitere jüdische Parallelen.

148 Text hauptsächlich nach Sēfär Rāziʾēl: ʾlh hm mlʾkj hgbwrh (ʾlh hm šmwt hmlʾkjm, A) hʾzwrjm kḥ wḥjjl lrwṣ mmqwm lmqwm wlʿwp bkl pnwt hʿwlm (D), Z. 199 f.

149 Ohne die typische Einleitungsformel, mit fließendem Übergang vom Vorhergehenden: lhbjʾ lʾdm bwrḥ wʿbd šbrḥ ʾw gnb šbrḥ, Z. 200. Sēfär Rāziʾēl wird hier sehr weitläufig und erkennt auch nicht den Anfang des praktischen Teils: wlhbjʾ ʾt kl ʾšr jbrḥ wlhbjʾ ʾdm šhwʾ bʾrṣ rḥwqh ʾw šbrḥ (D): wlhbjʾ ʾdm šhwʾ bʾrṣ rḥwqh ʾl bjtw wlʿwp kšʿh ʾḥt kʿwp ʾw kdj lhbjʾ ʿbd šbrḥ (D2).

150 ml'kj hgbwrh, Z. 203.

151 wqḥ (A; wśjm, D) 'rb'h ṭsj (A; rqj'j, H) nḥšt wṭmnm bd' rwḥwt h'wlm (A; pnwt hbjt whbj'w, D) 'm b'jr 'm bmdjnh (A; D fügt hinzu: hn 'dm 'w 'bd šbrḥ hn kl dbr 'šr brḥ), Z. 207 f.

152 'lh hm šmwt hml'kjm h'wmdjm 'l hḥlwm, lhḥkjm 't kl hqrb 'ljhm bṭhrh, mh hḥlwm wmh ptrwnw, Z. 216 f.

153 Recht anschaulich in seiner dramatisierten Form: "wenn dich der König ... ruft und du ihm von deiner Weisheit künden willst, dann spreche zu ihm: 'ich werde dir künden, was du über mich denkst ...; gib mir drei Tage Zeit, und ich will dir alles verkünden, wonach dein Sinn dir steht'", 'm jqr'k hmlk 'w r'š h'jr 'w šljṭ 'w ḥbrk wbqšth lhwdj'w mḥkmtk, dbr lpnjw: 'nj 'wdj'k, mh blbk 'lj wmh ḥšbth 'lj wmh 'th ḥpṣ l'śwt wmh ptrwn ḥlwmk, tn lj zmn šlšh jmjm w'wdj'k kl šbljbk, Z. 218-221.

154 bšm z' ml'kj mḥnh hšbj'jt hmšrtjm 't BW'L, Z. 229.

155 Gegen wen die Beschwörung gerichtet ist, geht nicht klar aus dem vorliegenden Text hervor. Es kann sich allerdings nur um die Z. 232 erwähnte "menschliche Gestalt" handeln, die ja letzten Endes auch die gewünschten Auskünfte erteilen soll.

156 wtr'h šjtglh lk 'mwd 'š w'nn ⌈'ljh⌉ (MM; 'l jd, A; j'lh, H) kdmwt 'jš (B; 'š, A; 'dm, H,S,'), Z. 231 f.

157 w'mwr tḥt lšwnk, Z. 234.

158 Die von SMITH und COULTER (s. MM z.St.) angebotene Deutung erscheint doch sehr fragwürdig (warum eigentlich nicht PWṬMWS = potamós ?), s.a. Anhang, Text 16.

159 htrtj htrtj, hšq' wšwb ldrkk, Z. 235.

160 So nach der ABPQ-Gruppe: 'lh hm šmwt (fehlt in Q) z' rwḥwt (?) hmšrtjm (sic) brqj' hnqr' šmjm. šlwm, Z. 237. MARGALIOT vermutet, daß die "sieben Geister" sich aus den ursprünglichen "sieben Lagern" (so die arab. Übersetzung: z' mḥnwt) materialisiert haben. Aus dem sonst nicht weiter verwendeten Genizahfragment (s.o. 2.3.2, Nr.8) zitiert er: "das sind die sieben Stufen des Firmaments", 'lh hm šb' m'lwt hrqj'. Teilweise werden auch noch verschiedene Bibelzitate angefügt. Q schließt das Ganze folgendermaßen ab: "Amen ... Beendet ist das erste Firmament mit der Hilfe Gottes, welcher der erste und der letzte ist", 'mn 'mn 'mn, s(lh) s(lh) s(lh). nšlm hrqj' hr'šwn b'zrt h'l šhw' r'šwn w'ḥrwn.

161 Z. 49: šmj šmjm, Z.1. Vgl. z.B. MH 45,25: -bš'h šhqb"h jwrd mšmj šmjm h'ljwnjm mtš' m'wt ... rqj'jm; M'M 6,2: 38; 25,4: 30,19; s.o. Anm. 55. Auch die griechischen Zauberpapyri kennen einen "ouranòs tôn ouranôn", PGM IV,3060.

162 w'ljhm śrjm wšwṭrjm, Z. 4; das ist die einzige Erwähnung der "Wächter" im zweiten Kapitel. Zum Überblick hier alle

Stellen für "šôṭēr": SHR 0,8; I,2,5,7,11,16,17,62,124, 135,163,189,202,224: II,4: III,18,50; VI,30,34. Dasselbe gilt für "Fürst" (śār), denn II,46,161 handelt es sich um Menschen (śr hṣb').

163 wnšmʿjm lmʿśh bnj 'dm, Z. 5 f; zu "maʿaśäh" in diesem präzisen Sinn vgl. SHR III,26; V,34,38.

164 w'm bqšt lš'wl dbr mkl hʿwmdjm bmʿlwt hrqjʿ hšnj, Z. 6 f.

165 ml'ktm lštjq wlbʿjt wlbhjl, Z. 16 f; "melā'kāh" (Funktion) nur noch SHR I,13: wkl 'ḥd w'ḥd mhm ʿwmd ʿl ml'ktw. Sonst wird das Verb ʿMD verwendet.

166 w'm bqšt lštjq ʿm rb wʿṣwm (vgl. Joel 2,2) 'w šljṭ, 'w šwpṭ (H; fehlt in A), 'w bnj hʿjr, 'w bnj hmdjnh, Z. 17 f.

167 qḥ ml' jdk 'pr (A; ʿpr, Q,Ḥ) mtḥt p't ṣlm (H; mtḥt hṣlm, Ḥ; hslm, A; hswlm, P), Z. 19.

168 Mit dem technischen Verweis: hktwbjm lmʿlh, ʿl mʿlh (A; fehlt in Q,H) hr'šwnh, Z. 20.

169 Mit der doppelten Verwendung der Wurzel DMM : mbqš 'nj mkm, ml'kj dmmh, štdmjmw 't kl ph etc., Z. 21.

170 Hier setzt wieder die Bezeugung durch das Genizahfragment N ein: 'm bqšth (N; tbqš, A; trṣh, P) ltt (N; lktwb, A; lśjm, Ḥ) 'hbt 'jš blb 'šh, 'w lʿśwt 'jš rš lwqḥ 'šh ʿšjrh (N; 'w lnśw' 'jš l'šh š'jnh rwṣh bw, A!), Z. 30 f.

171 Nach einer Überlieferung aus Gold: qḥ šnj ṭsj nḥwšt (N; nḥšt, A; zhb, Q), Z. 31.

172 bklwt hjrḥ, Z. 36 f.

173 kj mʿmdm lhgʿjš wlhrʿjs 't lb bnj 'dm wlhpr ʿṣtm wlbṭl mḥšbwtm, Z. 40 f; wklm nkwnjm lbṭl wlhpr, Z. 45.

174 'm bqšth lbṭl mmk ʿṣt 'jš gdwl, 'w mḥšbt śr hṣb', 'w ʿṣt jwrdj mlḥmh, 'w kl 'ṣh rʿh wmḥšbwt rʿwt (N), Z. 45-47. Die ABPQ-Gruppe bietet nur: 'm bqšt lhpr mmk (!) ʿṣt 'jš gdwl 'w śr hṣb' 'w kl ʿṣh wmḥšbh, wobei Q "bqšt" hinter "gdwl" setzt. H verarbeitet beide Varianten.

175 ʿṭwp 'sṭwlj ḥdšh, Z. 48 (= I,222) : gr. hē stolḗ.

176 Mit geradezu pedantischem Bezug auf den beschreibenden Teil: šmwt hml'kjm hktwbjm lmʿlh, hʿwmdjm bmʿlh hšljšjt bšmj hšmjm, Z. 49 f. Die in MARGALIOTs Text folgende Angabe "ʿśrjm w'ḥt pʿmjm" fehlt sowohl in N wie auch in ABPQ (die hier beginnende Lücke reicht bis "hšljšjt", Z. 51!). Worauf dieser Text sich stützt, ist aus dem Apparat nicht zu ermitteln.

177 Hier setzt der Text bei N wieder ein: bṭlw mnj 't mḥšbt p' b' p', Z. 51 f. Die direkte Anrede ("wendet ab von mir") paßt natürlich nicht zu der übergeordneten Konstruktion ("Mond, bringe"), was in Anbetracht der Tatsache, daß diese Konstruktion bei N gar nicht überliefert ist, nicht übersehen werden sollte. Wenn schon dieser Text, warum dann nicht gleich mit den späteren Glättungen, wie z.B. "štbṭlw" (Ḥ) oder gar "štbṭl" (A)?

178 whkrqṭjrjm h'lh, Z. 55; davon war bis jetzt noch nicht die Rede. Es handelt sich um Zauberzeichen, gr. "charaktêres", wie sie in den Zauberpapyri in ganz ähnlicher Form vorkommen. Ein Vergleich mit diesen - schon von KASHER 189b gefordert - würde eine weitgehende Übereinstimmung belegen.

179 'm bqšt lśwm 'wjbk mṭwrp bšjnh, Z. 62.

180 ṣjṣ ⌈pswkrwpwrwn⌉ (MM; pswkwṭrwn, N), Z. 63, d.h. vom Blei einer Kaltwasserleitung (gr. psychrophóros solên), vgl. MM z.St. Der Ausdruck hier entspricht genau dem "pétalon psychrophóron", Aud 155a,27f.

182 In Abwandlung der sonst üblichen Reinigungsklausel ("tue es in Reinheit und es wird dir gelingen"), was dann auch einige Handschriften kontaminieren: w'śh b'nwwh (N; b-'nwh wbṭhrh, A; bṭhrh, Q) wtṣljḥ, Z. 72. Ähnlich sonst nur noch SHR V,36.

183 kj m'š jṣ'w wb'š m'mdm, Z. 80. Feuer als Engelattribut erscheint im "Buch der Geheimnisse" sehr häufig und, wie es scheint, ohne System. Zum Überblick hier alle Stellen für "'ēš" (unterstrichen: Attribut; ' : im prakt. Teil; " : im Beschwörungstext des prakt. Teils):
SHR I,10(4x), 30', 123', 130', 166", 224', 225', 227", 231"; II,2, 15, 29, 35', 44, 45, 61, 72', 77, 79 (3x), 80 (3x), 82', 84", 106, 121, 132, 133 (2x), 142, 158; III,3 (3x), 4 (2x), 10 (!), 11 (2x), 21', 22", 23", 28", 48', 49', 51', 52", 53"(4x), 55", 56', 57"; IV,1, 3, 4, 6, 9, 38; V,5, 7; VI,2, 4, 7 (2x), 8; VII,7, 8, 17.

184 Wohl ohne tatsächlich Feuer zu benutzen: 'm bqšt lhrtjḥ ⌈kjrh bqwr⌉ (MM; šjrh bšwr, A; sjdh bsjd, Ḥ), Z. 80 f. ABPQ haben auch an den anderen Stellen (Z. 82,85) "šjrh" und Ḥ "sjdh" (?). Daß MARGALIOTs Konjektur zumindest sachlich zutreffend ist, zeigt sich auch durch die Paraphrase in S (dort auf Grund der lat. Übersetzung), vgl. Komm. z.St.

185 w'l kl 'ḥd w'ḥd ktwb b'šš (A: b'ṭ, Ḥ,S!) nḥšt (A; brzl, Ḥ) 't šmwt etc., Z. 82. Mit einem Erzklumpen ('āšāš, vgl. MM z.St.) wird man wohl kaum schreiben können; zutreffender Ḥ,S (Emendation?). Sachlich kann nur ein Schreibinstrument (so Ḥ: Eisengriffel) in Frage kommen. Das Wort wird sonst nicht weiter erwähnt.

186 kl hnkns lh, Z. 85. Das deutet wohl darauf hin, daß mit "kîrāh" ein ganzes Heizhaus gemeint sein muß, vgl. Anm.188 und Anhang, Text 21, zu Z. 5.

187 wt'św (?) dwqm' (B,P,Q; dwgm', A) zw wtṣljḥ, Z. 86. Anfangs waren wohl nach der vorliegenden - späten - Überlieferung noch die Engel angesprochen: doch gehört diese formelhafte Wendung zumindest nicht an diese Stelle, da die magische Handlung noch gar nicht abgeschlossen ist. Zur "dokimê" vgl. MM z.St. und S. 4f.

188 bkl kbšn wkbšn šlh, Z. 87 f.

189 wʿwmdjm ʿl hrpwʾh, Z. 94.

190 wʾm bqšt lrpʾt lʾdm šlqh wjbš ḥsjw (B,P,Q; bḥṣjw, A) brwḥ ʾw bkšpjm, Z. 94 f. Das "Austrocknen (d.h. Lähmung) der einen Körperhälfte", von MARGALIOT hier als Übersetzung des griechischen "hēmixēros" angesehen (s. Komm. z.St.), ist typisch für den Gehirnschlag (apoplexia cerebri).

191 šmn nrd (A; wrd, Ḥ; wwrd, H; vgl. mand. wrda), Z. 95.

192 mlʾkj hkbwd hʾlh, Z. 100; vgl. im beschreibenden Teil: wpnjhm mlʾjm kbwd, Z. 92.

193 ʿm ⌜hklqṭjrjm⌝ hʾlh, Z. 100. Hier endet der Text in ABPQ! Die Fortsetzung nach dem Genizahfragment Nr. 10 (s.o.2.3.2), das allerdings erst kurz vorher mit den Worten "mlʾkj hkbwd hʾlh" Z. 100 eingesetzt hat.

194 ʿm ʾmjnṭwn, Z. 101, d.h. gr. "amiantos".

195 wʿm (?) qṭwrt šl bśmjm, Z. 101 f: "qeṭôrät besāmîm" nur noch IV,27, und zwar ebenfalls im Zusammenhang mit einer Sonnenanrufung.

196 wʿwd ktwb mlʾkj hkbwd etc., Z. 100; vgl. noch II,137,151, wo auch jedesmal die Anweisung zum Schreiben eines Amuletts eingeleitet wird.

197 ʾm bqšt lhnjs (G; lhrḥjq, A; lhbrjḥ, Ḥ) mn hʿjr kl ḥjh rʿh: ʾw ʾrj ʾw zʾb ʾw dwb ʾw nmr; ʾw nhr ʾw jm (fehlt in Q) hʿwlh wšṭp (G; wšwṭp, A) bbtjm, Z. 110-112.

198 wkt(wb) ʿljw mpnjm wmʾḥwr ʾt šmwt hmlʾkjm (G; A fügt hinzu: hʾlh), Z. 113.

199 ʾm jm ʾw nhr ʾth mbqš lʾswr, Z. 114 f. Die anderen Textzeugen variieren: wʾm trṣh ʿl nhr ʾw ʿl jm (A): ʾm bqšth lhsjr (!) mn hʿjr jm ʾw nhr (H).

200 wkt(wb) ʾjlw (G; ʾt, H; fehlt in A) hmlʾkjm bšnj ṭsj nḥwšt, Z. 115 f.

201 mwšljm brwḥwt hmšwṭṭwt (A,H; mwṭṭwt, G) bʾrṣ, wbmqwm šjzkrw lʾ twkl lhrʾwt šm rwḥ rʿh, Z. 122 f.

202 ʾm bqšt ldḥwt (G: lhdḥwt, B,P,Q; lhrʾwt, A; lhrwḥwt, H) rwḥ rʿh šlʾ tbwʾ ʾl ʾšh bšʿt ljdth wlʾ tmjt ʾt bnjh, ʿd šlʾ thrh hʾšh, Z. 123-125.

203 ktwb ʾt hmlʾkjm hʾlh bṭs (G: ʿl ṭs, A,H) šl zhb (A,H:G?; ksp, Ḥ), Z. 125.

204 ʾm bqšt lhšmr mḥṣ wmḥrb wmkl mkh ʾjs hjwrd lmlḥmh, Z. 134.

205 qh ʿlj (G; ʿlh, A; ʿljm, P) ʿr (B; šl ʿr, P; ʿd, A,G; pr, Ḥ) šbʿh wktwb šmwt hʾlh (G; hmlʾkjm, A) ʿljhm, šnjm ʿl kl ʾḥd wʾḥd mhm, Z. 135 f.

206 wʿwd ktbm bṭs šl ksp wtnm bsjlwn šl nḥšt, Z. 137 f. So wohl der Gebrauch der Nadel auf Grund des Wortlauts (ûtenām sc. haš-šemôt), doch vgl. Z. 183.

207 wʾm bqšth lpdwt ʾwhbk mmšpṭ rʿ wmkl ṣrh, Z. 144 f.

208 wzkwr ʾlh hšmwt (A); whzkjr šmwt hmlʾkjm hʾlh (H), Z. 146.

209 hmlʾk hgdwl hnqrʾ šmš hʿwlh bmʿlwt hrqjʿ, Z. 147 f. Steckt hinter dem Ausdruck "der auf den Stufen des Firmaments emporsteigt" die Vorstellung, daß die Sonne hier, im zweiten Himmel (šemê haš-šāmajim), ihren Platz hat?

210 wʿwd kt(wb) hmlʾkjm (G; ʾt šmwt hmlʾkjm, A: hšmwt, Ḥ) hʾlh bṭs nḥšt, Z. 151 f.

211 mwrjdjm mgdwlh wmʿljm ltpʾrh (G), Z. 159.

212 ʾm bqšt lhʿmjd ʿl knw mlk ʾw śr ʾw šljṭ ʾw šwpṭ šjrd mmqwmw, Z. 160 f. ABPQ daraus verderbt: ʾm tbqš lhʿmjd ʾdm ʿl bnj hmlk ʾw lśr ʾw lšljṭ ʾw lšwpṭ etc.

213 wktwb bh mḥnh zw šlmʿlh, Z. 165. Im beschreibenden Teil Z. 158 wird ein Lager von Dienenden genannt: mḥnwt mšrtjm bmrwm.

214 whzkjr ʿljh kngd hjrḥ šmwt hmlʾkjm šbʿ pʿmjm (G), Z.165 f. Dagegen bietet A nur: wzkwr šmwt hmlʾkjm g' (fehlt in BPQ) pʿmjm.

215 "Am siebenten Tag stelle dich dem Mond gegenüber und nenne die Namen der Engel dreimal", wbjwm hšbjʿj ʿmd kngd hjrḥ whzkjr šmwt hmlʾkjm g' (A; fehlt in BPQ) pʿmjm, für Z.163-166.

216 lšwnm mrpʾ, dbwrm (D,R: zkrm, A: zjkm, H) ḥwbš (A,D,H,R), Z. 180; vgl. Ps. 147,3.

217 ʾm bqšt lrpwt (G; lrpʾwt, Ḥ; lrpwʾh, A) kʾb (H,Ḥ; lkʾb, A; fehlt in G) ḥṣj hrʾš, ʾw lʾswr ʾw lgʿwr (G; wlgʿwr, A,H) rwḥ (G; brwḥ, Ḥ; fehlt in A) hbrqt (G: hbrqjt, Ḥ: brwqjt, A,H), Z. 181 f. Zu "keʾēb ḥaṣî hā-roʾš" = gr. hēmikranía s. MM z.St. - Das Verb GʿR (hier nur noch in zwei Bibelzitaten, SHR I,226,228) erscheint als apotropäische Formel auch auf dem Kölner Bleiamulett (Text Anm. 25 zu 4.1). - Zu "baräqät" bzw. "barqît" im Zusammenhang mit Augenkrankheiten vgl. MARGALIOT z.St. Eine interessante Parallele findet sich noch in dem von TEIXIDOR leider nur auszugsweise mitgeteilten Schalentext aus dem Iraqischen Museum (Inv.-Nr. 5034): dort wird in dem gleichen Zusammenhang (Abwendung von Kopfschmerz und Augenkrankheit!) das Wort "brwqtʾ" genannt, was allerdings von TEIXIDOR S. 58, Anm. 10, komplett mißverstanden wurde. Vgl. dazu die A- und H-Varianten zum SHR-Text!

218 qḥ ḥlb hmksh ʾt mwḥ šwr šḥwr, Z. 182 f. Zum Sprachgebrauch vgl. z.B. Hôr. 7b; Ḥul. 49b: ḥlb hmksh ʾt hqrb.

219 wkt(wb) ʿljw šmwt hmlʾkjm hʾlh (G), Z. 183.

220 wtnjhw bsjlwn šl ksp (H: nḥšt, Ḥ) wqšrhw (H,Ḥ) bšbʿh ṣjbʿwnjm, Z. 183 f. Diese unklar formulierte Anweisung fehlt in ABPQ; der Wortlaut von G ist durch MARGALIOTs Apparat nicht ersichtlich. Vgl. PGM VII,271: "Schreib es auf ein Zinntäfelchen und leg es an (mit Fäden) in sieben Farben", gráphe en lepídi kassiterínēi kaì éndyne en chrṓmasi z'.

221 wtnjhw ʿl ṣd hmkʾwb, Z. 184. Diese Anweisung ist bei G nur als Glosse überliefert.

222 So Q zu III,1: whrqjʿ hšljšj hnqrʾ mʿwn; Z.8 : bmʿwn šhwʾ rqjʿ šljšj (A), ähnlich D,R,H,S.

223 wlhm knpjm lʿwp, ṣlht pjhm kswsjm, Z. 5 f; dʾjm (A; rw-ʾjm, Q; rʾjm, H,R) lkl (A; lqwl, B; lkl qwl, D) rwḥ, wmʿwp-pjm lkl (A; lqwl, B) pnh, Z. 7.

224 JBNJʾL mwšl bkl dbr šl ʾš lhbʿjr wlkbwt; RHṬJʾL (hier setzt A ein:) mwšl ʿl kl rkb ʾš (D,R fügen hinzu: wswsj ʾš) lhrjṣ wlhkšjl (D,R; fehlt in A); DLQJʾL mwšl ʿl lhbj ʾš lhdljq (D,H,R fügen hinzu: hbjt) wlhšqjʿ, Z. 10-12.

225 ʾm bqšt lkbwt mrḥṣ šlʾ tʿlh wtlhṭ, Z. 16 f, mit defektiver Ausdrucksweise, doch vgl. Z. 21 f.

226 Ungewöhnlich als Beginn: hbʾ (Gl; qḥ, A) slʾmndrʾ, Z. 17.

227 ʾt šm hšwṭr wʾt šmwt hmlʾkjm hmšrtjm lpnjw, Z. 18 f. Das steht im Widerspruch zum beschreibenden Teil, wo von "Fürsten" (śārîm) die Rede ist; vgl. auch Anm. 162.

228 wqḥ ʾt pk hšmn wtn mmnw ⌜bkl bjt wbjt bʾrbʿ zwjwtjw⌝ (ab "bkl" Wortfolge wiederhergestellt), Z. 25. Vorher war nur von einem "Glasgefäß" (klj zkwkjt, Z.17) die Rede.

229 wʾm bqšt lhtjr ʾt hmʿśh (Gl; wʾm bqšt lhtjrw, A,L), Z.26. Hier also eindeutig als "Machwerk" (maʿaśäh) gekennzeichnet.

230 whzkjr ʾt šm JBNJʾL wʾt šmwt hmlʾkjm hmšrtjm ʾwtw (Gl), Z. 27. Die ABPQ-Gruppe läßt "šm" und "šmwt" aus, G setzt fort: [šb]ʿ pʿmjm lmprʿ bšlwš šʿ(wt) bljlh. Die nicht in den Zusammenhang passende Erwähnung der Nachtstunde bei G könnte ein Hinweis auf eine andere Überlieferung sein.

231 Der Text bietet einige Schwierigkeiten: sinnvoll wäre es, wenn der "Fürst" Jabnîʾēl angesprochen wäre. Dann aber müßte der Doppelausdruck "Engel des Feuers und Engel der Flamme" als Parallelismus verstanden werden, was auch der von MARGALIOT abgedruckte Text nahelegt; dort wird in der Anrede nämlich durchweg der Singular gebraucht. Dagegen haben die späteren Textzeugen den Plural: mšbjʿ ʾnj ʿljk (Gl; ʿljkm, A,H; G setzt fort: [slm]ndrʾ (!) wmsbjʿ ʾnj ʿljk) mlʾk (Gl; mlʾkj, A,H,L) ʾš wmlʾk (Gl; wmlʾkj, A; mšrtj, L; fehlt in H) šlhbt, šttjr (Gl; šttj-rw, A,H,L; štgjdw, Q) ʾt mh šʾsrtj (G,A,H,L; ʾšr ʾmrtj,Gl) etc., Z. 28.

232 šmwt hswsjm (Gl: A fügt hinzu: ʾw šmwt bʿlh; ... bʿljhm, Q) wšmwt hmlʾkjm wšm hśrjm (Gl; hśr, H; hšwṭr, A,L) šʿljhm (L fügt hinzu: RHṬJʾL; A: šhwʾ RHṬJʾL), Z. 38. Mit "hśrjm" (Plural) handelt es sich wohl bei Gl nur um ein Versehen; der Text sollte daher mit H zu "hśr" (Singular) emendiert werden.

233 mlʾkj mrwṣh hrṣjm bjn hkwkbjm, Z. 39. Das ist im beschrei benden Teil in der Form nicht ausgeführt.

234 hnjwkws, Z. 40, = gr. hēnîochos; vgl. MM z.St.

235 dwqmj, Z. 47: so schon II,86 (dwqm'). Dazu MARGALIOT 4f.

236 ʿgr (G; ʿg"r, D; ʿjqr, L; ʿqrb, A) 'grj'wpwrjs (G; fehlt in A; kgwn lbwnh wr'šj bśmjm, L), Z. 48 f; gr. "agriophó-ros", vgl. MM z.St.

237 šmwt hml'kjm wšm hšwṭr šʿljhm (L; ʿljhm, G, so MM), Z.50. Der nachfolgende Zusatz "šhw' DLQJ'L" (A,L; whw' D., B,Q) fehlt in G,D und ist bei MARGALIOT zu streichen, vgl. Anm. 232.

238 wkštzkjr šmwt hml'kjm (nach A), Z. 51 f.

239 hml'kjm hʿṭwpjm 'š, Z. 52.

240 dbr 't hšbwʿh lmprʿ, Z. 57; gemeint sind wohl nur die Namen, vgl. den Kommentar zu Anhang, Text 28.

241 Die Bezeichnung taucht nicht im Vorsatz der Liste ('lh šmwt hml'kjm hmnhjgjm 'wtw bjwm/bljlh), sondern nur im Nachsatz auf: 'lh hm śrj hmḥnwt hmnhjgjm etc.

242 'm bqšt lr'wt 't hšmš bjwm jwšb bmrkbh wʿwlh, Z. 25.

243 whjh mšbjʿ šmwt hml'kjm ... šbʿ pʿmjm, Z. 28 f.

244 tzkjr 't hšbwʿh, Z. 40 f; s. Anm. 240.

245 w'm bqšt lr'wt 't hšmš bljlh hwlk brwḥ ṣpwnjt, Z. 43.

246 wdbr 't šm hšmš w't šmwt hml'kjm hmnhjgjm 'wtw bljlh ʿśrjm w'ḥt pʿm, Z. 45-47.

247 hml'kjm hmʿwppjm b'wjr hrqjʿ, Z. 47.

248 S.o. 2.2.4. Diese "tefillāh" wird in den folgenden Kapiteln noch ausführlicher behandelt.

249 ml'kj g'wh, Z. 2.

250 nśj'j kbwd, Z. 4.

251 Eingeleitet durch eine resumierende Wiederholung des Hauptanliegens, quasi um den Faden wieder aufzugreifen: "wenn du (also) wissen möchtest, in welchem Monat du von der Welt genommen wirst", 'm trṣh ldʿt b'j zh ḥdš t'sp mn hʿwlm, Z. 19. Das ist der gleiche Wortlaut wie in Z. 15, wo übrigens ebenfalls nach ABPQ "trṣh" zu lesen ist.

252 šm hml'k wšm ḥdšw, Z. 21.

253 ml'kj mdʿ wśkl, Z. 23.

254 Das ganze Kapitel übersetzt bei MAIER 106-108.

255 rwḥwt hṣdjqjm, Z. 1.

256 ḥjjlj (R; ḥjjlwt, S; A?) hrwḥwt, Z. 6.

257 hml'kjm hqdwšjm, Z. 10.

258 nśj'j hmḥnwt, Z. 11.

259 r'šj hmḥnwt, Z. 13, 19.

260 MARGALIOT nimmt auf Grund der Parallele in "Sôdê razajja'" an, daß ein Name fehlt (Komm. z.St.).

261 šmwt hšwṭrjm wšmwt r'šj hmḥnwt, Z. 30.

262 šmwt hšwṭrjm wšmwt r'šjm šbmʿwn hššjt hmšrtjm lpnjhm, Z. 34 f.

263 ml'kj ʿwz wgbwrh, Z. 36.

264 wzkwr (L; w'mwr, P; wdbr, A,Q) 't hml'kjm lmprʿ, Z. 50.

265 htrtj 'tkm, lkw ldrkkm, Z. 51.

1 Eine ausführliche Behandlung erfolgt in Kapitel 4.

2 Es wird auch kurz vorher so genannt: "verneige dich und falle nieder auf dein Antlitz zur Erde hin und bete dieses Gebet", tštḥwh wtpwl ʿl pnjk ʾrṣh whtpll ʾt htplh hzʾt, SHR IV,59 f. In den esoterischen Texten wird der Terminus "t^efillāh" fast regelmäßig verwendet, auch wenn die "Gebete" stark magischen Charakter besitzen, vgl. z.B. MʿM 1,1,3; 4,2,8; 5,1; 11,6; 13,5; 14,5,8; 16,3; 17,2; 24,8; 26,7; 27,1,3; 28,1; 29,1; 30,1; 31,1,12; 32,1,2; 33,3,9.

3 Nach der Handschrift (S) beginnt das Gebet folgendermaßen: "Ich tue mein Anliegen vor dir dar und ich erbitte von dir bei dem Namen ʾBṢBJ ...", ʾnj mśjm šʾltj lpnjk wʾbqš mmk bšm ʾBṢBJ ... Dieser Einschub erfolgte, weil die Transkription nicht mehr verstanden wurde.

4 Das gilt z.B. auch für das "Schwert des Moses". Ein Beispiel ist weiter unten (Anm. 10 zu 4.1) ausgeschrieben.

5 Ganz methodisch im "Schwert des Moses", wo jeweils genau angegeben wird, wieviel aus dem "Schwert" (d.h. der Namenliste) zu zitieren ist.

6 Vgl. K. PREISENDANZ, Zur Überlieferungsgeschichte der spätantiken Magie, Festschrift G. LEYH (Leipzig 1950) 223-240.

7 Allein für den jüdischen Bereich ist das meiste noch nicht ediert, die indirekte Überlieferung nur ungenügend gesichtet (seit BLAU hat es eigentlich keinen nennenswerten Versuch mehr gegeben), vorhandene Textausgaben stehen teilweise auf recht schwachen Füßen.

8 Dies ist wohl im Zusammenhang mit den sozialen Wertigkeiten zu sehen, die ganz allgemein die verschiedenen Schichten einer Sprache durchziehen.
Vgl. dazu A. MARTINET, Grundzüge der Allgemeinen Sprachwissenschaft, Stuttgart 1963^2, Kap. 5.

9 Vgl. WÜNSCH, AF 21 zu Aud 242,71. - Go 49,9,13 f.

10 ʿl glala dlbzʿia ʿtib uʿktubinin ʿl kasa hdta dphara, Li 2, 16 f; vgl. Li 1c,5-7; Li 3,2-4; Po 15,24-26; 18,22-25; 24,34 -39; GoM 20-22.

11 wzmnʾ šbʿh nwmwn, Ob 2,19: vgl. Komm. z.St. (S.27 f).

12 mpjl ʾnj tḥntj lpnjk hjrḥ, SHR II,166; vgl. IV,63 f.

13 mbqš ʾnj mkm, mlʾkj dmmh ..., SHR II,21,33; vgl. I,32, II, 147; IV,54.

14 parakalô se, nekýdaimon, PGM LI,1.

15 parakalô kaì exorkízō hymâs, PGM XXXV,24 f (= mbqš wmšbjʿ ʾnj ʿljkm? Vgl. z.B. mzkjr wmšbjʿ ʾnj ʿljkm, SHR IV,36: VI,41).

16 ʾzlwn ʾtwn ḥmšh mlʾkjn, McA 1.

17 lizihun qiria ulitzhun qiria, Ma Ic,92 f. Hier werden noch einmal "alle Engel" (anatun kulikun mlakia) angesprochen, die zuvor einzeln beschworen wurden.

18 lʾ tjtḥz[j]n lhwn, GoG 8.

19 smʿj wṣwṭj wpwqj mjn bjtjh, Mo 8,4.

20 šjqlj gjṭkj wqbjlj mwmtjkj wjprḥ wjqdh wpqj mn bjtjh, GoG 11 f. Zum Scheidebrief vgl. LEVINE 348 f.

21 amar lhmri[a] udaiuia d̲-maria ltbun, Ma IIc,13 f.

22 pil ʿl ṭur glilia uʿpšqa kd̲ bʿta mdurta, Po 31,7 f.

23 eàn dè parakoúsēte kaì mḕ tachéos telésēte, hò légō hymîn, ou dýnetai ho hḗlios hypò gên, oúte ho Háides oúte ho kósmos ouk éstin, Wor 4,9-11; dort z.St. (S. 92 f) viel Material.

24 ʾm mjdʿm tʿbdjn lhwn (6) ... ʾšpnʾ ʿljkwn bʾšpʾ rbʾ djmʾ wbʾšpʾ (7) dljwjtwn tnjnʾ ... bj qšṭʾ (8) gjbnʾ lkwn wbjtjrʾ pšjṭnʾ lkwn ... (9) mḥjtnʾ ʿljkwn gzjrtʾ djšmjh wʾḥrwmtʾ dʾjtjtj ʿl{jkwn} [ḥjrmwn] ṭwrʾ wlljwjtwn tnjnʾ ... (13) .. [... ʾsrnʾ ʿljkwn bʾjswrʾ] dʾjtsrw šmjh wʾrʿʾ ... (15) ... ʾsrnʾ ʿljkwn bʾjswrʾ dʾjtsrw šbʿh kwkb[jn ...], Go 11. Ergänzungen und unsichere Lesungen werden durch mehrere Paralleltexte gestützt: Mo 2 (=27); 4.

25 mn dʿl hdjn kjbsʾ njbr (= nʿbr) whljn rzjn lʾ mqbjl, njpqʾ bj ʾwzʾ (!) wnjsṭrj bj bjnʾ ... wnjhwj djrjh bšbʿ šʾwl djmh, wmn jwmʾ djn wlʿlm, Mo 6,11 f (lʿlm, EPSTEIN).

26 ʾdwnj ʾwm(r) lj šʾwm(r) lk šjjṭb bʿjnjk lhbjʾ spr wtšbʿ ʿljw lʾmr hʾmt mmh šʾnj šwʾl mmk, Dai 6,17 f, sagt das Medium - ein Knabe oder eine schwangere Frau - zu den "Prinzen der Hand" (śārê kaf); vgl. J. DAN, Sārê kôs weśārê bohän, Tarbiṣ 32 (1963) 359-369.

27 uamrlin: kruk d-lṭtin. - uamrlḥ: mn kiba dliban laṭ{u}nin umn mrara d̲-hinkan gzrnin ulṭnin. - u{am}amrnalin: ašbit alikin umuminalkin ..., Li 1a,15-b,5. In manchen Texten kann sich das bis zu dramatischen Dichtungen steigern, vgl. z.B. Ya 66 und besonders Li09 passim.

28 sljqjt lʾjgrʾ bljljh wʾmrjt lhwn: <ʾm kpnjtwn, ʾjtw> ʾjklw: wʾm ṣḥtwn, ʾjtw ʾjštw; wʾm ḥrbjtwn, ʾjtw ʾjdhnw; wʾm lʾ kpnjtwn wlʾ ṣḥtwn wlʾ ḥrbjtwn, ḥdrw wʾzjlw bʾwrḥʾ dʾttwn bh ..., GoIM 349; vgl. einen ähnlichen Text GoBM 342. f. **Parallel in der Topologie ist der von SCHOLEM, JG, App. A erneut behandelte Text eines aramäischen Silberamuletts, Z. 17-22; dazu wichtige Anmerkungen bei LEVINE 360 f: "mjṭrwn" in Z. 8 kann jedoch nicht in "Metatron" emendiert werden. Der Zusammenhang dieser formellen Redeweise und besonders der drei Dämonen (Moîrai !) mit Gebärmutter-Beschwörungen (HEIM 496 f: 559) ist evident, daher mjṭrwn = gr. mḗtran (Akk.). Weiteres in SCHOLEMs Nachträgen, JG 134 f.**

29 So übersetzt, um die Anklänge zu verdeutlichen: jthpkwn kl ḥršjn bjšjn ʿl ʿbdjhwn wʿwbdjn ṫqj[p]j [n ʿl] mšdrnhwn, Ya 65,17.

30 šumak hbal hbl, Ma Id,48.

31 twb mšb'n' lkwn, mšb'n' lkwn, mjtj, b'lh' MN, Wo 17,23 f; vgl. auch die vorangehenden Zeilen.

32 zha uzha ... mlaka d̲-qiria, Ma Ic,80-91; diese Formel wird hier zehnmal hintereinander gegen zehn verschiedene Unglücksengel benutzt; danach die oben (Anm. 17) zitierte Zusammenfassung.

33 d̲-asara la mištria la mištria, McE 15.

34 hllwjh hllwjh jḥwš jḥwš 'ḥwšjh, Mo 14,4; vgl. Stü 14: 'ḥjšh 'ḥjšh. MONTGOMERY weist z.St. auf die griechischen Parallelen hin, die allerdings schon von REITZENSTEIN, Poimandres 292 festgestellt wurden. Vgl. auch die nicht ganz sicher deutbare Phrase in Tei 57 (Z. 6).

35 šlmh 'lk JWDJD, šlmh 'lk MWT ..., Wo 17,1-10, insgesamt zwölf Mal. Weitere Belege ließen sich in Fülle anführen: 'swrjn 'swrjn 'swrjn, Wo 22,4; vgl. McE 15-17 (16 Mal). PGM IV,1115-1135 (chaîre); Vill 16-70 (tòn kathēmenon epì), dazu Anm. 27 zu 4.4.

36 sdima bhia bhia sdima, Ma Id,36.

37 dmjdmjn lgbr' b'jt' wl'jt' bgbr', GoH 5 f.

38 'djr 'l hkl wmwšl bkl whkl bjdw, MŠ lb,13 f. Hier noch einige andere interessante Stellen aus esoterischen Texten:
pnjw šmw wšmw pnjw, MŠ la,9.
hw' šmw wšmw hw'
hw' bšmw wšmw bhw' (?, hw' bhw' wšmw bšmw, HSS)
šjr šmw wšmw šjr, M'M 28,3 f.

kšmw kgbwrtw wgbwrtw kšmw
hw' kḥw wkḥw hw'
wšmw kšmw, M'M 8,5.

Vgl. auch SHR VI,9 : lhdr jqrw wljqr hdrw, und den von BLAU S. 76 unter Nr. 19 zitierten Zauberspruch: ḥd ḥd nḥjt bl', bl' nḥjt ḥd ḥd.

1 Vgl. HOPFNER, OZ I,378-618; Mageia 311-342

2 Gold: SHR II,125; V,20; VI,30. Silber: SHR II,55,101 ff; III,37; V,39. Erz: SHR I,119,201; II,31,116,152 etc. Blei: SHR II,63. Eisen: SHR II,112; VI,29.

3 Z.B. Marmor: SHR II,116.

4 Z.B. Myrrhe und Weihrauch: SHR I,29; Lorbeer: II,135.

5 Z.B. Löwe: SHR I,119; weißer Hahn: I,161; Salamander: III,17.

6 Vgl. HOPFNER, Mageia 334 ff.

7 Belege dafür finden wir schon im "Buch der Geheimnisse": bevor eine Erzplatte, die zum Schutz gegen Unglück mit Namen beschrieben ist, an einem bestimmten Ort versteckt wird, muß der Magier die Namen aussprechen; außerdem folgt darauf noch eine Beschwörung (vgl. 2.5.24 und Anhang T.22). Das Sagen von Namen (aram. lmjmr šmhn) gehört übrigens auch zur Praxis der jüdischen Esoteriker, vgl. SCHOLEM JG 78.

8 wʾmwr šmwt hmlʾkjm, SHR I,171.

9 wʾmwr ʿljw lmprʿ zʾ pʿmjm ʾt šmwt hmlʾkjm hktwbjm lmʿlh, SHR II,19 f.

10 S.u. 1.2.2; hier ein Beispiel: "Für einen schmerzenden Nerv: schreibe auf eine Rolle (die Namen, im 'Schwert') von SSṬN bis JKṢRṢ; flüstere (diese Worte) auch über Olivenöl, reibe das Amulett mit dem Oliven(öl) ein, reibe auch die schmerzende Stelle ein und hänge ihm das Amulett um", lgjdʾ nšjʾ ktwb ʿl mgjltʾ mn SSṬN wʿd JKṢRṢ wʾp lḥwš ʿl mšḥʾ dzjtʾ wjšwp hhwʾ qmjʿʾ mn hhwʾ zjtʾ wʾp šwp ljh bhhjʾ ʿṭmjʾ dkjbʾ ʾljh wtlj ljh hhwʾ qmjʿʾ bjh, ḤDM 14,3-6.

11 Vgl. z.B.: "Flüstere in sein rechtes Ohr dreimal diese Namen: ŠṬW QRW NNW; diese Namen sollen auf Hirschpergament geschrieben vor dir (liegen)", wlḥwš bʾznw jmnj gʺp ʾlw hšmwt ŠṬW QRW NNW wʾlw hšmwt jhjw ktwbjm lpnjk bqlp ṣbj, Dai 4,3f.

12 Vgl. z.B.: "Siebenmal sage den Namen", heptákis tò ónoma lége, PGM III,430. - "Den Namen schreibe mit Myrrhentinte auf zwei männliche Eier", tò ónoma gráphe zmyrnomélani eis ōà dýo arreniká, PGM VII,521 f.

13 Vgl. dazu die unter 4.7 genannten Beispiele. Manche Schalentexte bestehen überhaupt nur aus Namen und Zauberzeichen, vgl. GORDON, AOî 6(1934)320 f.

14 Die Abbildungen bei SCHRIRE, BONNER und DELATTE-DERCHAIN belegen das in reichem Maße.

15 Das gleiche Bild wie bei den Zauberschalen. Aufarbeitung der neueren Literatur bei MORAUX 15-39.

16 katà toû onómatos toû tro[meroû ka]ì phoberoû, hoû hē gê akoúousa tò ónoma anoígetai, hoû hoi daímones ... émphoboi trémousin, hoû hoi potamoì kaì hai thálassai ... émphoboi trémousin, ⟨hoû hai pétrai ...⟩ rhḗssontai, Wor 1,28-32. Die Ergänzungen sind durch zwei Paralleltexte gesichert.

17 tà mēdépō chōrêsanta eis thnētên phýsin mēdè phrasthénta en diathrósei hypò anthropínēs glṓsses ... onómata, PGM IV,606-610.

18 hoû tò ónoma oudè theoì dýna⟨n⟩tai phthén⟨g⟩esthai, PGM XIII,845.

19 GLJP alaha šumh mpr̆ša mrš'šat, Li 5,20 f, mit dem erläuternden Zusatz: "den sechs Tagen des Uranfangs", šit iumia brišit. Vielleicht war mit mrš'šat gemeint: mraš{š}'t, was der hebr. Form mērē'sît entsprechen würde. So auch LIDZBARSKI Anm. 8 zum Text (S.105).

20 dbrn' 'ljhwn šm' rb' dmrj bjrj't', Go 11,11.

21 šmh [r]bh dml'k mwt' dḥjl w'rjq mn qdmwhj, GoI 7; GoJ 9.

22 dšm' jhb lj dbh 'pqkj, rwḥ' bjst', Mo 36,7: dieselbe Ausdrucksweise schon vorher Zeile 4.

23 alēthinòn, authentikòn ónoma: PGM VIII,41; IX,13 etc.

24 stêthi hóti sỳ eî ho APHYPHIS, PGM XIII,262 (um eine Schlange zu töten).

25 djw' bjš' wstn' bjš' dmjtqrj ṢP'SQ 'brh gbr', Mo 3,2; vgl. GoBM 341; Auf einem Bleiamulett der Kölner Universität (Institut für Altertumskunde, T6r) ist zu lesen: "Auf dich, Geist, der genannt wird das Feuer, die Lehre (?), lege ich meinen Fluch ...", 'ljk rwḥh dmtqrjh 'šth 'wrjth 'g'r ...

26 bjšmj dGBRJ'L dmtqrj 'LPSS wbjšmj dMJK'L dmtqrj [...] TJH, Wo 22,32-34; vgl. GoBM 341; GoH 5, Go 51a5.
Diese Formel wird übrigens auch bei dem Klienten einer Zauberschale angewandt: "Bestimmt ist diese Beschwörung, um Zauber- und Machwerke zunichte zu machen (und sie fernzuhalten) von Mêrdabûk, genannt Mêrda', Sohn von Kôsîg", mzmn hdjn mjlt' (=lógos!) l'pwkj ḥršj wm'bdj mn Mjrdbwk dmtqrj Mjrd' br Kwsjg, Ya 65,1-3; vgl. Z.14 und das (schlecht erhaltene) Ende des Textes.
Eine ähnliche Formelsprache scheint in dem leider schlecht überlieferten Schalentext Mo 37 vorzuliegen: " [ein Ge]führte von Kindern ist er und Erzieher wird er genannt", [h]b[r]' ldrdq' hw' wmrwbjn' mjtqr', Mo 37,10 (freilich in der Lesung EPSTEINs): vgl. Ell 6.

27 JWPJ'L šmk, JḤJ'L qrj lk, Mo 25,4

28 wkk pjrwšm wkjnwjjm ... mpwrš 'ṬJMWN kjnwj ṢṢMS GJHW HJ HWH ... mpwrš HWGRWN kjnwj MṢHWS HJW NH HWH ..., ḤDM 23,34-24,7

29 SCHOLEM hat solche Listen in Zusammenhang mit den nomina barbara von Hêkalôt-Texten und Zauberpapyri gebracht, JG 47f.

30 'lh' rb' MJṢW'H šmw, Mo 29,11. EPSTEIN liest : MJṢJ'H.

31 ml'k' d'jt ljh ḥd 'śr šmht', GoBM 340. Die elf Namen werden anschließend genannt: vgl. Ya 65,8 und die Zusammenstellung der Parallelen (GoBM 340; SchwG; Ell 2,14 + 3,14 = SchwB 12) durch YAMAUCHI dort auf S.521.

32 tà txe' onómata toû megálou theoû, PGM XII,138. Einen Überblick über diesbezügliche Zahlenangaben vermittelt der Registerband, S.145c.

33 šumak hbal hbl, Ma Id,48.

34 ʿlauikun aumitun ... uʿqiritun umiqritun lakun šumikun, Ma Ia,153-156.

35 ʿ[sir] upkir uṭnin ʿšma, Ma IVc,11 f. Die Bedeutung von ṭnin ist nicht gesichert, vgl. MACUCH z.St. (S.66).

36 d-hazin šuma latr[di]a, Ma IIc,2 f.

37 Vgl. HOPFNER, Mageia 336,39.

38 horkízō tà hágia kaì theîa onómata taûta, PGM I,312. Neben dem Namen wird XXXVI,190 f auch die Kraft (dýnamis) eines Wesens beschworen, I,305 ff auch das Haupt, die rechte Hand, das Siegel des Gottes usw.

39 horkízō se, tò hágion ónoma, ho ou légetai, Aud 271.

40 diaphyláxaté me, tà megála kaì thaumastà onómata toû megálou theoû, PGM VII,500-502.

41 tà hágia toû theoû onómata, epakoúsaté mou, PGM XII,133. In einem jüngst edierten Text heißt es: "Ihr, diese heiligen Namen und diese Mächte, bekräftigt es und führt die Beschwörung vollständig aus!", tà hágia onómata taûta kaì hai dynámeis haûtai, epis{s}chyrḗsate kaì teleîte teleían tḕn epaoidḗn, Wor 4,52 f.

42 Vgl. BLAU 123-146; TRACHTENBERG 90-97; URBACH 102-114.

43 MARGALIOT hat seiner Ausgabe S. 158-166 eine alphabetische Liste aller Engelnamen beigegeben. Rückläufig angeordnet gewähren diese Namen interessante Einblicke in ihre Bildungsweise, vgl. z.B.: Maʾôt - Baraʾôt - Maraʾôt - Bamaraʾôt - Marmaraʾôt. Der letzte Name wird häufig verwendet, s.u. Anm. 48. Weiteres kann der Namenliste im Anhang, S. 225-238, entnommen werden.

44 SHR I,21; vgl. ʾBRRBʾ, ḤDM 21,2.

45 Auch auf Zauberschalen, z.B. ʾBRSGS, GoH 4.

46 Diese Entlehnungen hat MARGALIOT in seiner Einleitung einzeln behandelt, s.d. S.6-8.

47 Zur Entwicklungsgeschichte im griechisch-römischen Kulturbereich vgl. K. PREISENDANZ, Ephesia grammata, RAC 5(1960)515-520.

48 Vor allem, wenn zur Erklärung biblisches Hebräisch herangezogen wird. SCHOLEM hat einige solcher Deutungen eingehender behandelt: JG 13, Anm.8; 76, 134 (SEMISELAM, MARMARAOT); 94-100 (AKRAMACHAMAREI, SESENGEN BARPHARANGES).

49 Vgl. z.B. die glänzende Deutung eines persisch-mandäischen Zauberspruchs durch MACUCH, Komm.z. Ia,174 f (S.178 f).

50 Besonders stark damit durchsetzt z.B. Hêkalôt zuṭṭartî, vgl.

das Bruchstück in MUSAJOFFs Sammlung, MŠ 6a-8b (bes. 7b). Interessant ist hierbei die Tatsache, daß oft magische Formeln semitischen Ursprungs in ihrer gräzisierten Form übernommen und dann in Unkenntnis (?) der Zusammenhänge "resemitisiert" wurden, vgl. dazu SCHOLEM JG 75-83.

51 Hier einige Beispiele. Lateinischer Text in griechischen Buchstaben: Aud 270; griechischer Text in lateinischen Buchstaben: Aud 271,1,5; PGM XIII,150-152 wird sogar die Übersetzung eines "hebräischen" Zaubernamens geboten.

1 Besonders hinzuweisen ist noch auf SHR VII, das hier weitgehend unberücksichtigt bleiben muß, da es sich nicht um "magische Rede", d.h. eine Beschwörung innerhalb einer magischen "baqqāšāh" handelt. Vgl. J.MAIER, Poetisch-liturgische Stücke aus dem "Buch der Geheimnisse", **Judaica 24 (1968) 172-181.**

2 Die Gebetstexte werden im Folgenden aus dem "Siddûr Rab Säʿadjāh Gāʾôn" (SRSG), hrg. v. I.DAVIDSON, S.ASSAF, I.JOEL, Jerusalem 1963 (2. Aufl.) zitiert. Der Hauptteil der esoterischen Belege stammt aus dem von SCHOLEM, JG, App.C, herausgegebenen Text "Maʿaśeh märkābāh" (MʿM), und aus "Hêkālôt rabbātî" (HR) nach WERTHEIMER, BM I,87-136.

3 Vgl. MAIER, GJR §17 (S. 162-170).

4 Mit dem charakteristischen Partizipialstil, vgl. z.B.: ʾhbt ʿwlm ʾhbtnw ... brwk ʾth JJJ hbwḥr bʿmw Jśrʾl, SRSG 13,22-14,12 (zweite Benediktion vor dem Šemaʿ). Die Perfektform gāʾal Jiśrāʾēl, z.B. SRSG 16,20 (ʾmt wjṣjb) bleibt stilistisch eine Ausnahme, vgl. MAIER, GJR 138, Anm.40.

5 Weiteres bei MAIER, GJR 168, bes. Anm.22 (Lit.); die Furcht vor magischen Mißbrauch wird dabei wohl auch eine Rolle gespielt haben.

6 Vgl. MAIER, GJR 168 f.

7 ḥzq, SHR V,24; vgl. z.B. Jer. 50,34; Prov. 23,11; Jes. 40, 10; Ex. 3,19 etc. "Der gewaltige König", mlk ḥzq, MʿM 28,8.

8 gbwr ʿzwz, SHR V,24 f, ʿzwz wgbwr, VI,36 : Ps. 24,8, JHWH ʿizzûz wegibbôr. Vgl. etwa "riesig an Kraft", kbjr kḥ, SRSG 240,6 (lmʿnk ʾdjr bʾdjrjm).

9 SRSG 221,8-222,15. Teile dieses wohl auf Rab zurückgehenden Textes tauchen bezeichnenderweise im esoterischen Bereich wieder auf: ʿlj (!) lšbḥ lʾdwn hkl ..., MʿM 5; vgl. dazu SCHOLEM, JG 28.

10 Vgl. auch SRSG 291,2 (ʾzwn šlš ʿśrh mdwt).

11 SHR,VI,36: an der anderen Stelle geht es um Offenbarungszauber.

12 hnwtn rwznjm lʾjn, SHR VI,39 f : Jes. 40,23.

13 In einer Hôšaʿnā-Dichtung, SRSG 240,7 (s.o. Anm. 8).

14 mlʾkj ʿwz wgbwrh, SHR VI,36.

15 bkḥ gbwrtw wbtqp mmšltw, SHR VI,36.

16 bkl (bkḥ ?) gbwrtkm wbtwqp ḥnjtwtkm, SHR VI,43. Für den Zusammenhang vgl. Anhang, Text Nr. 35.

17 Vgl. z.B.: bjdk kḥ wgbwrh, 1.Chron. 29,12, in einem Preislie Davids; wkl mʿśh tqpw wgbwrtw, Est. 10,2 (von König Xerxes kh wgbwrtw, SRSG 37,10 (ʾl ʾdjr bmrwm); kḥ gbwrh, MʿM 24, 5 f.

18 mšbj‘ ’nj ‘ljkm, ml’kj rgz wqṣp wḥmh, štb’w bkḥ gbwrtkm wtpjlw ḥwmt plw' bn plw' ..., SHR I,74 ff; s. Anhang, Text Nr. 5; vgl. auch SHR IV,31.

19 Vgl. z.B. Ps. 99,3 etc.

20 Hier einige Beispiele, auch aus der Esoterik: šmk hgdwl hgbwr whnwr’, SRSG 14,5 (’hbt ‘wlm); 24,17 (rḥwm wḥnwn); M‘M 4,47. Gott selbst: z.B. SRSG 18,1 (1.Benediktion des 18-Gebets); mit weiteren Adjektiven: h’l hgdwl hgbwr whnwr’ h’djr wh’bjr h’mjṣ hḥzq, M‘M 23,26; vgl. 27,4; 29,4 f. Ungewöhnlicher: ḥnwn wrḥwm šmk, M‘M 4,38. Vgl. auch die 3. Benediktion des 18-Gebets (qeduššat haš-šēm): ’th qdwš wšmk qdwš ..., SRSG 18,7 f.

21 Vgl. ELBOGEN 43.

22 bšmw hgdwl whnwr’ wh’mjṣ wh’djr wh‘zwz whgbwr whqdwš whḥzq whnpl’ whnstr whnjs’ whnwr’, SHR IV,35 f; vgl. z.B. M‘M 23,26 (s.o. Anm.20).

23 bšbw‘h hz’t hgdwlh wh‘swmh whḥzqh whpḥjdh whnwr’h whnpl’h whṭhwrh whqdwšh, SHR V,28 f; vgl. auch u. 4.7.5, 4.7.8.

24 šmdd bš‘lw mjm, SHR I,226: Jes. 40,12.

25 g‘r bmjm wnsw mpnjw, SHR I,226 f; vgl. Ps. 106,9; 104,7.

26 wg‘r bjm wjbšhw wnhrwt jśjm lmdbr, SHR I,228 : Nah. 1,4 und Ps. 107,33; vgl. M‘M 33,44: zw‘p bjm wjbš.

27 Vgl. die Formularanweisung: "und gehe hinaus ... an den Meeresstrand oder an das Flußufer ... richte dein Angesicht auf das Wasser und nenne ...", wṣ’ ... ‘l śpt hjm ’w ‘l śpt hnhr ... wtn pnjk ‘l hmjm wtzkjr ..., SHR I, 221-224.

28 šqwlw mr‘jš ’t h’rṣ, SHR IV,32; vgl. Hag. 2,6; 21: ’nj mr‘jš ’t hšmjm w’t h’rṣ; M‘M 33,45: mgbwrtk mtr‘š kl h‘wlm; HR 27,1,2: hrmjm mzd‘z‘jn (beim Wort Gottes).

29 m‘tjq hrjm b’pw, SHR IV,32; vgl. Hiob 9,5: hm‘tjq hrjm wl’ jd‘w, ’šr hpkm b’pw.

30 mrgj‘ hjm bkwḥw, SHR IV,32.

31 mmwṭṭ ‘mwdj ‘wlm bmbṭw, SHR IV,32; vgl. Ps.104,32: hmbjṭ l’rṣ wtr‘d; M‘M 33,44: ṣwph b’rṣ wr‘sh.

32 nwś’ hkl bzrw‘w, SHR IV,33; vgl. M‘M 28,7: škl tlwj bzrw‘k; SRDB 47 (BM 48,12): kl h‘wlm kwlw tlwj bzrw‘k.

33 Vgl. MAIER, GJR 166 f.

34 Eines der ältesten Beispiele für derartige Proömien ist "’attāh kônantā ‘ôlām", SRSG 275-280; vgl. ELBOGEN 277.

35 pw‘l gbwrwt, SRSG 37,5 (’dwn ‘zjnw); HR 26,3; b‘l gbwrwt, SRSG 18,6 (’th gbwr l‘wlm); ’dwn gbwrh, M‘M 15,8; vgl. 6,34; 11,26; 29,4; ’l gdwl bgbwrh, M‘M 4,10; vgl. 30,21; 15,19.

36 hnglh bhr Sjnj brjkbj rjbwtjm, SHR VI,37.

37 ’šr hwšj‘ lJśr’l mMṣrjm bššjm rjbw’, SHR VI,38.

38 šṣwh whsjq mḥnh Snḥrjb, SHR VI,40 f. **Vgl. 2 Reg. 9,35 ff.**

39 ʾšr dbr ʿm Mšh pnjm bpnjm, SHR VI,39. **Vgl. Ex. 33,11.**

40 ʾth hwʾ šgljt swdk lMšh wlʾ ksjt mmnw kl gbwrtk, HR 27,1. Die stilistisch unebene Verbindung des Pronomens der 3. Person (hûʾ) mit dem Verb des Relativsatzes in der 2. Person (šäg-gillîta) weist auf eine mechanische Anwendung der festgeprägten Formel "ʾattāh hûʾ ..." hin. Vgl. J.MAIER, ʾAttāh hûʾ ʾādôn (Hêkalôt rabbatî 26,5), **Judaica 21 (1965) H.3.-** Zum HR-Zitat vgl. auch MʿM 1,7 f.

41 hnglh lʾdm bgn ʿdn, SHR IV,52.

42 ʾlhj kl hbrjʾwt, SHR V,25; vgl. z.B. MʿM 25,6: jwṣr kl hbrjwt; im Siddur: qwnh hkl, SRSG 18,2 (1. Benediktion zum 18-Gebet); qwnh brḥmjw šmjm wʾrṣ, 114,2 (Benediktion zum Sabbat); hnwṭh šmjm šbʿh, 250,2 (ʾnʾ hmqdjm lʿwlm).

43 ʿśh rwḥwt pwrḥwt bʾwjr, SHR I,227; vgl.: bwrʾ rwḥ wjwṣr hrjm, SRSG 240,1 (lmʿnk ʾdjr bʾdjrjm).

44 bmlk šmwṣjʾk wmbjʾk, SHR II,168.

45 bmj šjṣrk lhwdw wlhdrw lhʾjr ʿwlmw wntn lk mmšlh bjwm, SHR IV,69 f; vgl.: jwṣr mšrtjm, SRSG 36,13 (ʾdwn ʿzjnw); ʾdjrj ḥkmh jṣrth, MʿM 11,19.

46 šhʿmjdkm ʿl kl ḥdšj hšnh, SHR V,26.

47 bmj šʾmr whjh hʿwlm, SHR V,23 f.

48 Hier einige Beispiele: brwk šʾmr whjh hʿwlm ... brwk ʾwmr wʿwśh, SRSG 118,15 (Benediktion zum Sabbat); vgl "ʾazkîr gebûrôt" von Jose ben Jose (Z.4, SRSG 264); ʾth ʾmrt whjh hʿwlm, MʿM 27,4 f; vgl. GrüSH B 1,3,5,10,12,13,18,21,25, 27,29 (šʾmr whjh hʿwlm); mj šʾmr wjṣr, MʿM 9,5; bwrʾ ʿwlmw bšmw ʾḥd, jwṣr hkl bmʾmr ʾḥd, 33,11 f; ʾšr bmʾmrw brʾ šḥqjm wbrwḥ pjw kl ṣbʾm, SRSG 91,1 f; kj hwʾ ʾmr wjhjh, 33,11 (jhj kbwd).
Vgl. URBACH, ḤZ"L, Kap. 9; MAIER, GJR 165 f.

49 mšwṭṭ bkl hʿwlm, SHR IV,34; vgl. Sach. 4,10: ʿjnj JHWH hmh mšwṭṭjm bkl hʾrṣ; 2.Chron. 16,9.

50 hmhlk ʿl knpj rwḥ, SHR IV,51 : Ps. 104,3; vgl. Ps. 18,11.

51 lʾ jplʾ mmnw kl dbr, SHR IV,50 : Jes. 32,17.

52 hʾl hnplʾ, SHR IV,53; V,25; vgl. auch die beiden unter 4.2.4 genannten Beispiele. Im Siddur: brwk ʾth JJJ rwpʾ ḥlj kl bśr wmpljʾ lʿśwt, SRSG 88,5 (hkbdw mkwbdjm).

53 ṣwr šjš dj bjdw lhwšjʿ wlhṣjl, SHR VI,40; vgl.: rb lhwšjʿ, SRSG 18,4 (ʾth gbwr lʿwlm); HR 25,4,10. "Fels" in der Deutung als Bildner, Schöpfer (vgl. auch SHR V,25) ist ein vielbenutztes Attribut: ṣwr Jʿqb, SRSG 15,20; ṣwr jšwʿtnw, 16,4 (ʾmt wjṣjb); ṣwrj wgwʾlj, 19,17 (ʾlhj nṣwr lšwnj); ṣwr ʿwlmjm, MʿM 31,11; 32,20; 33,53; vgl. MAIER, GJR 166, Anm. 19 (Lit.).

54 hmwšl ʿl mwt wḥjm, SHR V,27.

55 hmwšl bmzlwt, SHR IV,52.

56 ṣdjq sḥ wjšr wnʾmn, SHR V,25.

57 Z.B.: ṣdjq ʿl kl, SRSG 24,20 (rḥwm wḥnwn); vgl. 241,3; 261,16: mlk ʾwhb ṣdqh wmšpṭ, 18,18 f (hšjbh šwpṭjnw); ṣdqtk ṣdq lʿwlm, 40,15 (JJJ jmlwk lʿwlm); dwbr ṣdq, 240, 2 (lmʿnk ʾdjr bʾdjrjm). In esoterischen Texten: ṣdjq, HR 26,5,2; 28,1,8; ʾmt wṣdq šmk, MʿM 32,14.

58 Vgl. MAIER, GJR 162, 164 (Lit.).

59 mlk rm wnśʾ, SHR V,24; vgl. Jes. 6,1; 57,15; SRSG 16,14 (ʾmt wjṣjb); 240,10 (lmʿnk ʾdjr bʾdjrjm); ʾl rm wnśʾ, SRDB 47 (BM 48,20).

60 hmwlk lʿwlm lʿwlmj ʿwlmjm, SHR V,27; vgl. z.B. Ps. 29,10; s. auch Anm. 61.

61 mlk mlkj hmlkjm hb"h, SHR II,149 : SRSG 144,11 (ʾth gʾlt ʾt ʾbwtjnw); 221,10 f (ʿljnw lšbḥ); MʿM 6,37; 9,4; 15,8. Zu dieser Art der Steigerung vgl.: ʾlhj hʾlhjm wʾdwnj hʾdwnjm, SRSG 34,5 (jštbḥ šmk lʿd); ʾdwn ʾdwnjm, ʾdjr ʾdjrjm, MʿM 28,1; 29,3; HR 25,1,13; 26,5; hdr hdrj hdrjm, HR 9,4,2; in griechischen Texten: "Gott der Götter, König der Könige", theè theôn, basileû basiléōn, PGM II,53; vgl. IV,180, 999 etc; in dem großen Leidener Papyrusbuch wird diese Art des Superlativs gleich sechsfach ausgesprochen: "König der Könige, Herrscher der Herrscher, Ruhmreicher der Ruhmreichsten, Dämon der Dämonen, Starker der Stärksten, Heiliger der Heiligen", basileû basiléōn, týranne tyránnōn, éndoxe endoxōtátōn, daîmōn daimónōn, álkime alkimōtáton, hágie hagíōn, PGM XIII,605-607; vgl. auch: "Michael, der Engel Erzengel", Michaēl, angélōn archángele, PGM IV,2356 f.

62 hjwšb bksʾ gdwlt mlkwt kbwd qdšw, SHR IV,35; vgl. etwa 1.Chron. 28,5 (ksʾ mlkwt JHWH); Jer. 17,12 (ksʾ kbwd); Ps. 47,9 (ksʾ kdšw); im Šemaʿ: brwk šm kbwd mlkwtw lʿwlm wʿd, SRSG 14,14.

63 ʾšr mšrtjw ʾlp ʾlpjn rbbwt, SHR VI,37 f. Zum Feuer vgl. z.B. MʿM 3,6 f.

64 wmšrtjw ʾš lwhṭt wmḥnwt ʾš mšrtjm lpnjw, SHR III,53 f; vgl. z.B. Ps. 104,4 (ʿśh ... mšrtjw ʾš lhṭ).

65 mšrtj pnjw ʾš lwhṭ, SHR I,227.

66 hʿṭwpjm ʾš, SHR III,52.

67 kl mʿśjkm bʾš, SHR III,53.

68 mrkbwtjk ʾwr wlpnjk wlʾḥrjk mlʾkj ḥsd, SHR II,167.

69 mlk šhwʾ ʾš ʾwklh, SHR II,84; vgl. ʾth ʾš ... wmšrtjw ʾš lwhṭ, ʾth ʾš ʾwklh ʾš , in einem Šiʿûr-qômah-Text, MŠ 34a,17; auch MʿM 4,57.

70 mwšbw ʿl ksʾ ʾš, SHR III,53.

71 škwlw ʾš, SHR III,53.

72 SHR II,80-88 ebenso wie in III,47-59 geht es darum, Feuer in einem Ofen erscheinen zu lassen. An der zweiten Stelle werden auch einige der weiter oben genannten Attribute verwendet, vgl. zum Überblick Anhang, Text Nr. 27.

73 hnṣb lnṣḥ nṣḥjm, SHR V,28; vgl. Jes. 34,10; qjjm lnṣḥ, SRṠG 118,19 (brwk šʾmr); 124,9 (hmbdjl bjn qwdš lḥwl); ʾl ḥj wqjjm, SRSG 16,4 (ʾmt wjṣjb); MʿM 9,7; 29,9; 32,12 etc. gbwrtk lnṣḥ nṣḥj nṣḥjm, 30,21.

74 bḥj hʿwlmjm, SHR VI,39.

75 hʾdrt whʾmwnh lḥj hʿwlmjm, hbjnh whbrkh lḥj hʿwlmjm, hgdwlh whgbwrh lḥj hʿwlmjm, HR 28. Vgl. SCHOLEM MT 58 f; MʿM 16,5,17; ähnliche Ausdrücke: hdr hʿwlmjm, MʿM 27,15; ʾdwn hʿwlmjm, 28,8; ṣwr ʿwlmjm, s.o. Anm. 53.

76 Vgl. "er erzähle mir die Geheimnisse der Tiefe und künde mir Verborgenes", wjgjd lj rzj hʿmwqwt wjwdjʿnj tʿlwmwt, SHR IV,57.

77 Um leichter auf die einzelnen Teile des Zitats hinweisen zu können, werden die im Anhang (Text 31) verwendeten Zeilennummern hinzugesetzt: (3) bmj shwʾ rwʾh wlʾ nrʾh (4) bmlk hmglh kl tʿlwmwt (5) wrʾh kl nstrwt (6) bʾjl hjwdʿ mh bmḥškjm (7) whwʾ hwpk ṣlmwt lbwqr (8) whwʾ mʾjr ljlh kjwm (9) wkl nstrwt lpnjw glwjwt kšmš, SHR IV,48-50.
Zu (3): wird weiter unten behandelt.-(4): vgl. z.B. Hiob 12, 22; Ps. 44,22; lpnjk nglw kl tʿlwmwt, SRSG 222,17 (ʾth zkwr mʿśh ʿwlm): vgl. auch (9). - (5): ṣwph bmstrjm wrwʾh bmʿmqjm wmbjṭ bmḥškjm, HR 25,3,5; ṣwph ʿtjdwt, mh jhj bswp dwrjm, SRṠG 240,9 (lmʿnk ʾdjr bʾdjrjm). - (6):swd jdʿ, SRSG 240,5 (lmʿn ʾb ʿqd bn); rzjm jdʿ, 242,1 (lmʿn ʾb jdʿk); ʾth jwdʿ rzj ʿwlm wtʿlwmwt strj kl ḥj, 259,7; mbjṭ bmḥškjm (s.o. z.Z.5). - (7): Amos 5,8.

78 hmglh rzj nstrwt, SHR V,26 f; vgl.: ʾth gljt hrzjm wrzj rzjm, MʿM 1,7.

79 tòn pánta horônta kaì mḗ horṓmenon, PGM XIII,63 f. Interessant die Umkehrung dieser Formel an einer Stelle, an der es darum geht, eine Göttin zu zwingen: "Höre, die du schaust und geschaut wirst!", ákouson, hē theoroûsa kaì theorouménē, PGM IV,2332. Das soll die Göttin entblößen, entmachten!

80 Hier alle fünf Zeilen:

mh hqb"h mlʾ kl hʿwlm	ʾp nšmh mlʾh kl hgwp
mh hqb"h rwʾh wʾjnw nrʾh	ʾp nšmh rwʾh wʾjnh nrʾjt
mh hqb"h zn ʾt kl hʿwlm	ʾp nšmh znh ʾt kl hgwp
mh hqb"h ṭhwr	ʾp nšmh ṭhwrh
mh hqb"h jwšb bḥdrj ḥdrjm	ʾp nšmh jwšbt bḥdrj ḥdrjm.

B^{e}r.10a, Z.16 v.u.ff.

81 ʾtm hqbltm pnjm hnrʾjm wʾjnn rwʾjn; tzkw lhqbjl pnjm hrwʾjm wʾjnn nrʾjn, Ḥ^{a}g.5b gegen Ende. Da anschließend auch noch der Tradent dieser B^{e}rākāh namentlich erwähnt wird, kann eine gewisse Verbreitung dieser Formel angenommen werden.

82 wnʿlm mʿjnj kl ḥj, SHR IV,33 f.; vgl. Hiob 28,21 (von der Weisheit); ʾl msttr mʿjnj kl ḥj, SRSG 48,13 (ʾth hwʾ JJJ lbdk).

83 hjwšb bstr ʿljwn, SHR V,26 : Ps. 91,1; SRSG 126,17 (wjhj nwʿm); MʿM 29,4.

84 "furchtbar", nwrʾ (Name), SHR IV,35; "schrecklich", pḥjd (Beschwörung), V,29.

85 "prachtvoll", ʾdjr, mit dem Beiklang des Machtvollen, SHR V,24 (Gott): IV,35 (Name); vgl. schon Ps. 8,2: mh ʾdjr šmk; ʾl ʾdjr bmrwm, SRSG 37,9; lmʿnk ʾdjr bʾdjrjm, 240,1; ʾdjr ʾdjrjm, MʿM 28,1 (s.o. Anm.61); ʾdjr ʿl kl hmrkbh, 4,14 (vgl. Z.29; 6,28); ʾdjr ʿl rzj mʿlh wmṭh, 29,1 f (vgl. 32,24): auch von Engeln: Gott schuf ʾdjrj ḥkmh, 11,19.

86 Auch von Gott selbst: hʾl hnplʾ, SHR IV,53; V,25.

87 lwʾ jplʾ mmnw kl dbr, SHR IV,50; Jer. 32,17; vgl. etwa mpljʾ lʿśwt, SRSG (s.o. Anm.52).

88 hmlk hqdwš, SHR IV,51; in der 3. Benediktion des 18-Gebets (qeduššat haš-šem): hʾl hqdwš, SRSG 18,8; hmlk hgdwl whq-dwš, 120,8 (nšmt kl ḥj); ʾb hrḥmn hgdwl whqdwš, 118,19 f. (brwk šʾmr). Auf einer Zauberschale findet sich "heiliger Fels", ṣwr qdjš, GoB 1, vom Engel Nuriel!

1 wʿl nhrj ʾš mhlkjm ... wnšmtn kʾš bwʿrt ... kj kl mʿśjhm bʾwṣrj ʾš, kj mʾš jṣʾw wbʾš mʿmdm, SHR II,77-80.

2 mšbjʿ ʾnj ʿljkm, mlʾkj ʾš wmlʾkj šlhbt, SHR II,83 f; vgl. III,20 f, 28, 57.

3 mlʾkj mrwṣh hrṣjm bjn hkwkbjm, SHR III,39.

4 mlʾkj dmmh, SHR II,21.

5 mlʾkj mdʿ wśkl, SHR V,23; vgl. I,146.

6 mlʾkj rgz wqṣp wḥmh, SHR I,74; vgl. I,63, 70; II,64.

7 mlʾkj ḥn, SHR I,146.

8 mlʾkj ʿwz wgbwrh, SHR VI,36; vgl. I,203.

9 qrb dbrj lpnj hmlʾkjm hʿwmdjm bmʿlh hšljšjt, SHR II,50 f. Weitere Beispiele sind unter 4.7.3 ausgeschrieben.

10 mlakia ḏ-rqiha, GoMal 355.

11 mlakia ḏ-babia ḏ-rqiha, McC 8.

12 mlaka ḏ-qiria, Ma Ic,80-91 (11 mal), 104.

13 mlʾkj ḥbltʾ, Go 7,8.

14 mlʾkj drwgzʾ, Wo 22,15.

15 mlakiun ḏ-kulhun ha[r]š [ia], Ya 66,25. Es folgt eine Häufung der auf Zauberschalen üblichen Synonyma.

16 rwḥ QRJPWRJJʾ hḥwnh bjn hqbrwt ʿl ʿṣmwt hmtjm, SHR I,178 f.

17 bšm hmlʾkjm hmbjnjm wmbwnnjm ḥkmwt wstwmwt lʾnšj mdʿ, SHR I, 99 f.

18 ʾtm hmlʾkjm hswbbjm wmšwṭṭjm bʿwlm, SHR I,136.

19 hmlʾkjm hmʿwppjm bʾwjr hrqjʿ, SHR IV,47.

20 hmlʾkjm hmwšljm bmzlwt bnj ʾdm wḥwh, SHR II,33.

21 mlʾkwʾ dhpjk lwṭt{t}ʾ wʾšlmtʾ wḥršj bjšj, Go 1,2 f; mandäisch: "der alle Flüche festhält und ergreift", ḏ-dabiq ulgiṭ kulhin luṭata, Po 1,7 f.

22 šhwʾ mbrjḥ ʾt kl hwrwḥwt, Go 7,3; hebräische Passagen kommen in diesem aramäischen Schalentext noch öfter vor, vgl. auch GORDON z.St. (S.129).

23 mnṭrnʾ drwḥj ṭbʾth wmḥblnʾ drwḥj bjštʾ, Mo 7,9 (nach EPSTEINs Lesung).

24 ljljtʾ bjštʾ dmṭʿjʾ ljbʾ dbnj ʾjnšʾ wmjthzjʾ bḥjlmʾ dljljʾ wmjtḥzjʾ bḥj[zw]nʾ djmmʾ ... qṭlʾ drdqj wʾrdqʾtʾ, Go 51a,3f. In einem anderen Text wird die ganze Familie genannt: "der den Mann (fort) von der Seite seiner Frau tötet, die Frau von der Seite ihres Gatten, Söhne und Töchter von ihrem Vater und von ihrer Mutter, am Tage und in der Nacht", dqṭjl gbrʾ mjlwt ʾjttjh wʾjttʾ mjlwt bʿlh wbnjn wjbnn mjn ʾbwhwn wmjn ʾjmjhwn bjmmʾ wbljljʾ, Mo 3,2 f.

25 GoH 3 ff: ... dmzʿ wmrtjt {j} jt kl hdmj qwmtjh djbnj ʾjnwšh ... dmrtjt (4) jt gjsʾ dśmwlʾ ... djmšgjš jt gjsʾ djmjnʾ ... djmšnqʾ jt rʿjwnj ljbʾ ... (5) ... dmjdmjn (6) lgbrʾ bʾjtʾ wlʾjtʾ bgbrʾ wmršʿn wmšnqn wmslʿmn wmrttn jt kl hdmj qwmtjh djbnj ʾjnwšʾ ... (7,8) ...djtbʾ ʿl mwḥʾ wmdmʿʾ ʿjnjn ... (9) ... djmḥblʾ jt bnj ʾjnwšh ... djmrtjt jt ʾjbrʾ dsmwlʾ ... djmrtjt jt rjglʾ djmjnʾ ... (10) ... ḍjtḅʾ ʿl †ṭqjn ṭwrjn† wmrttʾ jt ʾjbrʾ djmjnʾ ... djmrttʾ jt kl šdrʾ dʾjnšh ... dšṭqʾ wlʾ (11) mmllʾ wnplʾ ʿl bnj ʾjnwšh ... djmmllʾ bljšnʾ tqjpʾ. Zu derartigen Gliederlisten vgl. u. 4.8.8.

26 Ma Ia.

1 Vgl. z.B. oben 4.1, Anm. 24, unten 4.7, Anm. 38.

2 ʾtm hmlʾkjm hswbbjm wmšwṭṭjm bʿwlm, SHR I,136; vgl. III,23.

3 anatun mlakia ḏ-giṭra gṭritun, Ma Ic,30 f.

4 ʾtwn trjn mlʾkjn dšlḥ JJJJ ṣbʾwt lʾhpḳkh jt sḏwṃ ⟨w⟩ jt ʿmwrh, GoIM 350.

5 a⟨na⟩t asia ḏ-masia kulhin mihiata bmlala, GoM. Das Wort ist Zauberwort, lógos; vgl. die Parallelen Li 1c,2 f; 2,15.

6 sỳ eî oînos; ouk eî oînos, all' hē kephalḕ tês Athēnâs ... tà splá[n]chna toû Osîreōs ... toû IAŌ PAKERBĒTH SEMESILAM, PGM VII,644.

7 mbqš ʾnj p'b'p' mlpnjk, SHR I,32.

8 mpjl ʾnj plw' bn plw' tḥntj lpnjk, SHR IV,63 f.

9 ʾnj plw' bn plw', SHR I,173; ebenso I,128; in griechischen Texten: egṓ eimi ho d(eîna), z.B. PGM II,126; IV,3268.

10 ʾznʾ ʾnh Pʾbq br Kwpjtʾj, Mo 2,1; vgl. Z. 5 u. 7; Paralleltext Mo 27. Obwohl die pleonastische Verwendung des Personalpronomens in aramäischen Texten nicht ungewöhnlich ist, illustrieren diese Beispiele dennoch die magische Identifizierung: "Ich, Kômîš, Tochter der Maḥlafta, habe entlassen, getrennt und verbannt ...", ʾnh Kwmjš bt Mḥlptʾ šbjqjt wpṭrjt wtrkjt ..., Mo 17,2 f. Ähnliches gilt auch für die mandäischen Beispiele.

11 uana abh̲ br Mrtai ʿlauikun aumitun, Ma Ia,153 f.

12 ana br Šušin br Anahid br Zqat {h}hiia br Anukraita, Ma IVb,9-11; auf diesem Amulett tauchen noch mehr "Mütter" des Klienten auf: ein wichtiger Beleg dafür, wie weit Präzisierung (s.u. 4.8) in Zaubertexten getrieben wurde. Vgl. MACUCH z.St. (S. 63 f), wo mehrere Deutungsmöglichkeiten dieses Phänomens diskutiert werden.

13 Vgl. die malwaša-Namen der Mandäer.

14 Abgesehen von Adolf DEISSMANN, Bibelstudien, Marburg 1895, S. 271, war es besonders Eduard NORDEN, Agnostos Theos, Leipzig 1913, S. 177 ff, der den Anstoß für eine vergleichende Betrachtung dieser "Prädikationsformeln" gab. Vgl. weiterhin Richard REITZENSTEIN, Das mandäische Buch des Herrn der Größe, Heidelberg 1919, S. 85-87; Josef KROLL, Die christliche Hymnodik bis zu Klemens von Alexandreia, Braunsberg 1921/22 (=Darmstadt 1968[2]), S. 22, Anm.1; 30 f, 47, Anm.2; 65, Anm.2; 77: Adolf DEISSMANN, Licht vom Osten, Tübingen 1923[4], S. 111-113; François LEXA, La magie dans l'Egypte antique de l'ancien empire jusqu' a l'époque copte, Paris 1925, Bd.I, S. 56-58; II, S. 160-165; Erik PETERSON, Heîs theós, epigraphische, formgeschichtliche und religionsgeschichtliche Untersuchungen, Göttingen 1926, S. 180 f; Angelicus M. KROPP, Ausgewählte koptische Zaubertexte, Bd. III, Brüssel 1930; Eduard SCHWEIZER, Egṓ eimi ... Die religionsgeschichtliche Herkunft und theologische Bedeutung der johanneischen Bildreden, zugleich ein Beitrag zur Quellenfrage des vierten Evangeliums, Göttingen 1939; Ernst L.

DIETRICH, Das religiös-emphatische Ich-Wort bei den jüdischen Apokalyptikern, Weisheitslehrern und Rabbinen, ZRGG 4 (1952) 289-311; Rudolf MACUCH, Anfänge der Mandäer. Versuch eines geschichtlichen Bildes bis zur früh-islamischen Zeit (in: ALTHEIM-STIEHL, Die Araber in der Alten Welt, Bd.II, Berlin 1965, S.76-190), S. 107 f.

15 So besonders bei NORDEN, KROLL und SCHWEIZER (s.Anm.14).

16 ʾnj JHWH, MoA 4; die hebräische Form weist wohl darauf hin, daß der Spruch als Bibelzitat gedacht war (vgl. z.B. Ex. 7,5 etc.). In den Zeilen davor werden biblische Zaubermittel genannt, s.u. 4.7.12.

17 ana MŠH, McD 12; im Zusammenhang lautet die Stelle: bšum ADRABAN ARUHUN amin. MSH rbuta ana. ana MŠH kma ḏ-HIAIL ḏ-hail uZIUIAIL ziua uHDRIAIL hdrẖ lbiš. Vgl. auch Z. 16 und McCULLOUGH z.St.

18 ana hu RABGUN ABUGDANA, Ya 66,4; vgl. Z. 24. In der gleichen Art auch auf einer aramäischen Zauberschale: ʾnʾ hwʾ Kwrbšjd Gwšns br Dwstʾj, GoBM 342. In POGNONs Texten: "ich bin Nbaṭ, der große, altehrwürdige Sproß, den das Leben geschickt hat", ana hu NBAṬ nbṭa rba qdmaiia ḏ-hiia šhlun, Po 22,4 f; vgl. 23,8 f.

19 ana SAM MANA ʿtita ḏ-hiia, Ma Ia,6; vgl. Z.80 u. Ib,27.

20 ana giraia mrkbta, Ma Ic,18 f.

21 ʾnh dbʿjt ngṭjt wdšʾjljt nsbt, Mo 4,6.

22 egṓ eimi Moysês ho prophḗtēs sou, PGM V,108 f. Ohne Beiwort: "ich bin Hermes", PGM IV,2999; "ich bin Abrasax", PGM LXIX,2 etc. "Du bist die Zahl des Jahres: Abrasax", sŷ eî ho arithmòs toû eniautoû: ABRASAX, PGM XIII,27.

23 Mit dem Zusatz "mein Name ist Adam": egṓ [e]imi Adà[m proge]nḗs; ónomá moi Ada[m], PGM III,145 f. Vgl. Th. HOPFNER, Orientalisch-Religionsgeschichtliches aus den griechischen Zauberpapyri Ägyptens, AOf 3 (1931) 347.

24 hó[t]i ⟨egṓ⟩ eimi theòs theôn hapántōn IAŌN SABAŌTH ADŌNAI A[BRASA]X IARABBAI etc., PGM XII,75

25 eg[ṑ gár] eimi MELIBOY MELIBAY MELIBAYBA[Y] , PGM VII, 383 f.

26 pántōn hōs mágōn archēgétēs, Hermês ho présbys, Isidos patḕr egṓ, PGM IV, 2288-90; vgl. XXXVI,201.

26a egṓ eimi ho pephykṑs ek toû ouranoû, ónomá moi BALSAMĒS, PGM IV,1018 f.

27 egṓ eimi ho epì tôn dýo cheroubeìn, PGM XIII,254 f; vgl. VII,634. Die zwei Cherubin erscheinen in ähnlicher Formulierung auf einem griechischen, mit starken jüdischen Anklängen durchsetzten Silberamulett: ho kath⌜ḗ⌝menos epì t⌜oîs⌝ †thaloumthousin† (thanoûsin, Vill.) méson tôn

dý[o] Chēroubin, Vill 67-70. Ort, Standort ist gleichzeitig Symbol für die Funktion, besonders deutlich im hebräischen maʿamād, eig. "Standort", dann auch "Stellung", "Amt", "Position": SHR II,13,28,40(!),59,80,156,178; V,2,9; VI,8; VII,5. Den üblichen griechischen Amtsbezeichnungen entspricht z.B. Aud.242,6 f: tòn epì tôn teimoriôn, was soviel wie "Henker", bzw. "Strafdämon" bedeutet, vgl. WÜNSCH AF 16 (mit Parallelen) und PGM VII,303: XIII,149 etc.

28 egṓ ei⟨mi⟩ sỳ kaì sỳ egṓ, PGM VIII,50. Etwas weiter davor erscheint die Formel ohne das Verb, was dann sehr semitisch klingt, dazu mit weiterer Ausführung, um die Identifizierung total zu machen: "du (bist) nämlich ich und ich (bin) du, dein Name (ist) meiner und meiner deiner, denn ich bin dein Abbild", sỳ gàr egṑ kaì egṑ sý, tò sòn ónoma emòn kaì tò emòn són, egò gár eimi tò eídōlón sou, PGM VIII,36-38; vgl. XIII,795 und Anm.z.St.

29 egṓ gár eimi THĒNŌR, hymeîs dé este hágioi ángeloi, phýlakes toû ARDIMALECHA, PGM IV,1936-38.

30 egṓ eimi ho aképhalos daímōn ... egṓ eimi hē alḗtheia ... egṓ eimi ho astráptōn kaì brontôn, egṓ eimi, hoû estin ho hidrṑs ómbros ... egṓ eimi, hoû tò stóma kaíetai di' hólou, egṓ eimi ho gennôn kaì apogennôn, egṓ eimi hē Cháris toû Aiônos, PGM V,145-156. Die kosmogonischen Attribute werden am Anfang der Beschwörung noch deutlicher gesetzt. Darauf folgen sieben Du-Identifikationen, die mit dem eben genannten Zitat korrespondieren:
"Dich rufe ich an, den Kopflosen, der Erde und Himmel geschaffen, der Nacht und Tag geschaffen, dich, der Licht und Finsternis geschaffen hat: du bist OSORONNOPHRIS, den keiner je gesehen, du bist IABAS, du bist IAPŌS, du hast Recht von Unrecht geschieden, du hast Weibliches und Männliches gemacht, du hast Saat und Früchte gezeigt, du hast gemacht, daß die Menschen einander lieben und einander hassen", sè kalô, tòn akêphalon, tòn ktísanta gên kaì ouranón, tòn ktísanta nýkta kaì hēméran, sè tòn ktísanta phôs kaì skótos: sỳ eî IABAS, sỳ eî IAPŌS, sỳ diékrinas tò díkaion kaì tòn ádikon, sỳ epoíēsas thêly kaì árren, sỳ édeixas sporàn kaì karpoús, sỳ epoíēsas toùs anthrṓpous allēlophileîn kaì allēlomiseîn, PGM V,98-108. Diesen Identifikationen im Ich-Stil und im Du-Stil entsprechen auch noch einige im Er-Stil (hoûtós estin), Z. 135-138. Dieses Beispiel zeigt wohl besonders deutlich, wie bedeutsam die magische Identifizierung in Beschwörungen sein konnte. Zum "kopflosen Dämon" vgl. K. PREISENDANZ, Akephalos. Der kopflose Gott, Beihefte zum Alten Orient 8 (1926).

31 hóti egṓ eimí tis (lége tò ónoma), PGM XIII,288; vgl. PGM IV,3268: hóti egṓ eimi ho d(eîna). In anderen, ähnlichen Stellen ist wohl einfach der Personenname einzusetzen. Genau geht dies aus den Formulartexten allerdings nicht hervor

32 So z.B. CASSUTO, A Commentary on the Book of Exodus, Jerusalem 1967, zu Ex. 6,2 (S. 76).

33 NORDEN, KROLL (s.Anm.14).

34 SCHWEIZER (s.Anm.14).

1 mšbjʿ ʾnj: SHR I,70,74,98,126,145f,165,172,178,188,226,229; II,23,176f; III,20,28,38f,52; IV,30,41,47,69; V,23; VI,35. ʾnj mšbjʿ: SHR I,228; III,45. - hšbʿtj: SHR IV,53; V,29. mzkjr wmšbjʿ ʾnj: SHR IV,36; VI,41.

Freilich wird auch die Wurzel ʾSR (binden) verwendet, jedoch nicht als Bindeformel in einer Beschwörung, vgl. SHR 0,28; I,51,80,143; II,66,115,182; III,28; vgl. auch ḤDM 3, 11,19 etc.

2 Vgl. im Anhang Text Nr. 4-7, 9-13, 15, 21, 23-27, 29-31, 33-35.

3 Der Gebrauch schwankt zwischen Perfekt und Präsens , wie gut bei GoG beobachtet werden kann, wo der Herausgeber vier Paralleltexte nebeneinandergestellt hat: ʾšbʿt ʿlkj (GoG 3) - ašbit alik (Li 5,2) - mšbʿnʾ ʿlkj (Ell 1,5) - ʾšbʿjt ʿlkjkj (Mo 18,4 f = 11,5).

4 ṣʾrnʾ wḥtjmnʾ ʿljhwn, Mo 6,6; ṣʾrnʾ lkwn wḥtmnʾ lkwn, Mo 7,2 f; vgl. McA 4.

5 ʿsiria{a} batia d-ʿšiul, McC 3: Beginn einer langen Reihe von Bindeformeln.

6 ʾsrjt jtkwn bʾjswrj nḥšʾ wprzlʾ wḥtmjt jtkwn bṣwrt ʿjzqtʾ dnwrʾ, Mo 15,7 (bʾjswr, EPSTEIN).

7 ḥljzjʾ ʾJLʾJL, DJLRJʿJʾL, ŠRJ'L wŠLJŠJʾL, McA 1.

8 kjbšʾ dkbšjn lhwn lšjdj, Mo 6,1: weiter unten im Text findet sich auch die persönliche Konstruktion: wkjbšʾ hdjn kbjšnʾ lhwn, Mo 6,4 f, 7. Kîbšāʾ auch prägnant "das Verborgene", neben käbäš und kebûšîm als esoterische Fachausdrücke parallel mit rāz, "Geheimnis", vgl. z.B. MʿM 1, 7 f (oben Anm. 40 zu 4.2). LEVINE zitiert S. 354 weitere Belege.

9 nthpkwn kl ḥršj bjšj, Go 6,3 f: etwas weiter unten wird die Bedeutung der Formel präzisiert: "umgewendet (d.h. zurückgesandt!) sollen sie werden gegen solche, die sie gemacht und gegen solche, die sie gesandt haben", wnthpkwn ʿl ʿbdjhwn wʿl mšdrnjhwn, Go 6,6.

10 Aus der Überfülle an möglichen Belegen hier nur zwei Beispiele: "Ich rufe dich an, Herr, höre mich, heiliger Gott ... dich rufe ich an, Urvater und bitte dich ... erhöre mich ... ich rufe dich an ... erhöre mich ... komm zu mir ... denn ich rufe deinen geheimen Namen an", epikalo[û]maî se, kýrie, klŷthî mou, ho hágios theós ... sè epikaloûmai, [prop]átor kaì déomaî sou ... epákousón mou ... epikaloûmaî se ... epá[k]ousón mo[u]... [... elthé] moi ... hóti epikaloûmaî sou tò kry[p]tòn ónoma, PGM I,198-221.
"Ich rufe euch an, himmlische ... Götter und ich beschwöre euch", epikaloûmai hymâs, theoì ouránioi ... kaì exorkízō, PGM XII,67 f.

11 Z.B.: "Gebunden habe ich mit Kronosfesseln deinen Pol", édēsa desmoîs toîs Krónou tòn sòn pólon, PGM IV,2327. "Ich binde NN zu dem und dem Zweck ... ich binde seinen

Sinn und sein Denken, seine Überlegung, seine Handlungen, auf daß er unfähig sei gegen jedermann", katadesmeúō tòn deîna pròs tò deîna ... katadesmeúō dè autoû tòn noûn kaì tàs phrénas, tēn enthýmēsin, tàs práxeis, hópōs nōchelēs êi pròs pántas anthrōpous, PGM V,321-329.

12 Z.B. auch kalô, légō, epitássō, hypotássō, dénnō, ómnymi, enarô (Wor 4,18), eneúchomai, parakalô, mélpō, klēizō u.v.a.

13 horcizo se daemonion pneumn to enthade cimenon (lat. transkribiert) ... horkízō se tòn mégan theòn ... horkízō [s]è tòn ktísanta tòn ouranòn ...etc, Aud 271; dazu DEISSMANN, Bibelstudien, S. 23-54; BLAU 96-112; WÜNSCH, AF, Nr.5. Die Bindeformel wird in der Reihe 14 Mal wiederholt. In einem anderen Text, Aud 242, erscheint die Formel "(ex)horkízō se" gleich 30 Mal, mit resumierendem "éti prosexorkízō se", Z.38 (vgl. WÜNSCH, AF z.St., S.19); s.u. 4.5.4.

14 Auch auf Zauberschalen sehr häufig, vgl. z.B. McC (s.o. Anm. 5).

15 mšbjʿ ʾnj ʿljkm ... bmj šʾmr ... hnṣb lnṣḥ nṣḥjm: bšbwʿh hzʾt hgdwlh ... hšbʿtj ʾtkm štwdjʿwnj ..., SHR V,23-30.

16 mšbjʿ ʾnj ʿljkm ... bšm hmlk hqdwš ...: bšm hʾl hnplʾ hšbʿtj ʾtkm štwdjʿwnj ..., SHR IV,47-57.

17 mšbjʿ ʾnj ʿljkm ... bmj šqwlw ...: bšmw hgdwl ... mzkjr wmšbjʿ ʾnj ʿljkm štʿśw ..., SHR IV,30-39.

18 mašbîaʿ ʾanî - hišbaʿtî: vgl. Anm. 1. In diesem Sinne ist auch das hšbʿtj ʿljkm der Handschrift (A), SHR I,229, **zu verstehen**, s. Anhang, Text Nr.15, Z.12. Entsprechendes findet man auch in esoterischen Texten: "die Mächtigen an Weisheit hast du gebildet ... bei ihnen nenne ich den Namen ŠQDHWZJHs, deines Knechtes: QJJṢ ... : den Namen ŠQDHWZJHs, deines Knechtes, habe ich genannt," ʾdjrj ḥkmh jṣrth ... bkn ʾnj mzkjr šm SQDHWZJH ʿbdk, QJJṢ ...: šm SQDHWZJH ʿbdk hzkrtj, MʿM 11,19-24.

19 hóti sou ... tò méga ónoma epekalesámēn kaì pálin epikaloûmaí se, PGM XII,262 f; vgl. Wor 4,38.

20 mšbjʿ ʾnj ʿljkm, śrj ʾjmh (gʾwh, MŠ 1b,10) wjrʾh wrʿd ... lk ʾnj qwrʾ, ʾWZHJʾ ...: šwb ʾnj qwrʾ lk bj"d šmwtjk, ḤDM 23,14-33. Der Engel tritt auch GrüSH A 1,22 ff, 2,11 etc. in Erscheinung.

21 **aumịtak bhia ... tum aumitak uašbatak,** Li09 62 f, 67 f.

22 twb 'zlnʾ 'nʾ P'bq ... twb mjdʿm ḥṭjtwn bbjtjh ...'nʾ 'Bwnʾ ... mḥjtnʾ ʿljkwn šmtʾ ..., Mo 2,1,5 f (mit EPSTEIN).

23 S. dazu MONTGOMERY z.St. (S. 122); vgl. auch Mo 4,3 f.

1 SHR 28: I,184,233,235; II,70; III,26,28; IV,40,71; VI,49,51.

2 htrtj ʾtkm, lkw ldrkkm, SHR VI,51.

3 htrtj htrtj, hšqʿ wšwb ldrkk, SHR I,235.

4 mšbjʿ ʾnj ʿljk ... šttjr ʾt mh šʾsrtj, SHR III,28.

5 mšbjʿ ʾnj ʿljk ... wtpnh ldrkk lšlwm wttjrk wlʾ ttʿkb llkt, SHR IV,69,71. Ähnlich im Ölzauber: "Geht in Frieden", lkw lšlw(m), Dai 6,20 f.

6 poreúou, kýrie, PGM I,185.

7 ápelthe, déspota CHORMOY CHORMOY ... EPIOR, chṓrei, déspota, eis toùs soùs tópous, eis tà sà basíleia, PGM II,178-181.

8 chṓrei, kýrie, eis toùs oikeíous sou thrónous kaì diaphýlaxon tòn deîna apò páses kakías, PGM IV,920-922.

9 chṓrei, hierà augḗ, chṓrei, kalòn kaì hieròn phôs toû hypsístou theoû AIAŌNA, PGM IV,1067-69.

10 ANAEA ... IAEI, ápelthe, déspota kósmou, propatḗr, kaì chṓrēson eis toùs idíous tópous, hína synthrēthēi tò pân. híleōs hēmîn, kýrie, PGM IV,3119-24.

11 chṓrei, kýr[ie], eis tòn ídion kósmon kaì eis toù[s i]díous thrónous, eis tàs idías apsîda[s], kaì diatḗrēsón me kaì tòn paîda toûton apēmántous, en onómati toû hypsístou theoû SAMAS PHRĒTH, PGM V,41-46.

12 Das Register (PGM Bd. III) bietet reiche Belege, vgl. dort z.B. S.61.

13 phármaka nikḗseis, katadésmous analýseis kaì echthroùs nikḗseis, PGM IV,2176-78.

14 eàn dè eípēi, apólye autòn têi apolýsei ... apólye tòn theòn mónon tôi ischyrôi onómati tôi tôn hekatòn grammátōn légōn: ápithi, déspota. toûto gàr thélei kaì epitássei soì ho mégas theós, tis, PGM IV,232 f und 251-254.

15 Zu diesem interessanten Komplex vgl. LEVINE 368-371.

16 ʿl glala dlbzʿia ʿtib uʿktubinin ʿl kasa hdta dphara uʿšdrinin lkulhin luṭata dlaṭuia lṬimataiuz br Mamai ʿl mrain alma d̠-hinin šaria ubrka ... atun mlakia šuriuia lluṭta mn Ṭimataiuz br Mamai mišra gbra mn bit ʿširia umn bit zaina, Li 2,16-20; bit zaina ("Waffenhaus", Li.) bedeutet ebenfalls "Gefängnis", vgl. DROWER-MACUCH 158a. Parallelen oben Kap. 3.3.3, Anm. 10.

1 Vgl. Nr. 6, 7, 13, 15, 21, 23, 24, 27, 29, 31, 33, 34, 35.

2 bšm JBNJʼL, SHR III,20.

3 bšm ʼl ʼmt ʼdjr wnʼwr, SHR V,24.

4 bšm hʼl hnplʼ, SHR IV,53.

5 bšm hmlk hqdwš, SHR IV,51.

6 bšm mlʼkj hʼš, SHR III,20 f.

7 bšm hmlʼkjm hmbjnjm wmbwnnjm ḥkmwt wstwmwt lʼnšj mdʻ, SHR I,99 f.

8 bšm hmlʼkjm hmšrtjm bmḥnh hḥmjšjt, SHR I,189.

9 bšm mlʼkj mḥnh hrbjʻjt, SHR I,126 f.

10 wbšm z' mlʼkj mḥnh hšbjʻjt, SHR I,229.

11 wbšm hšwṭr šʻljhm šhwʼ ʼSJMWR, SHR I,190; s.App.z.St.

12 wbšm šhʻmjdkm ʻl kl ḥdšj hšnh, SHR V,26.

13 bšmw hgdwl, SHR III, 54; IV,35.

14 bšmw wbʼwtjwtjw, SHR I,228 (s.App.z.St.); VI,41.

15 bʼwtjwt hšm hmpwrš, SHR IV,51 f.

16 bʼl hnglh bhr Sjnj, SHR VI,37.

17 bʼl hnwtn rwznjm lʼjn, SHR VI,39 f (Jes.40,23).

18 bʼlwh ʼšr mšrtjw ʼlp ʼlpjn rbbwt, SHR VI,37 f.

19 bʼjl hjwdʻ mh bmḥškjm, SHR IV,49.

20 bʼdwn ʼšr hwšjʻ lJśrʼl mMṣrjm, SHR VI,38.

21 bmlk šmwṣjʼk wmbjʼk, SHR II,168.

22 bmlk šhwʼ ʼš ʼwklh, SHR II,84.

23 bmlk hmglh kl tʻlwmwt, SHR IV,48.

24 bṣwr šjš dj bjdw lhwšjʻ wlhṣjl, SHR VI,40.

25 bjmjn ʻzwz wgbwr, SHR VI,36; s.App.z.St.

26 bkḥ gbwrtw wbtqp mmšltw, SHR VI,36.

27 bḥj hʻwlmjm, SHR VI,39.

28 bmj škwlw ʼš, SHR II,53.

29 bmj šhwʼ rwʼh wlʼ nrʼh, SHR IV,48.

30 bmj šʼmr whjh hʻwlm, SHR V,23 f.

31 bmj šqwlw mrʻjš ʼt hʼrṣ, SHR IV,32.

32 bmj šmdd bšʻlw mjm, SHR I,226.

33 bmj šṣwh whsjq mḥnh Snḥrjb, SHR VI,40 f.

34 bmj šjṣrk lhwdw wlhdrw, SHR IV,69.

35 bšbwʻh hzʼt hgdwlh whʻṣwmh whḥzqh whpḥjdh whnwrʼh whnplʼh whṭhwrh whqdwšh, SHR V,28 f.

36 Das Aussprechen des Namens versetzt "das Wesen seines Trägers in Erregung und Tätigkeit" (HOPFNER, Mageia 336).

37 Das Zusammenfügen (ṣêrûf) von Buchstaben zu magisch-mystischen Einheiten hat freilich seine eigene Geschichte im Judentum, vgl. B^{e}r. 55a: "Bezalel wußte die Buchstaben zusammenzufügen, mit denen Himmel und Erde erschaffen wurden", jôde^{ac} hājāh B^{e}ṣalʾēl liṣrof ʾôtijjôt šän-nibreʾû bāhän šāmajim wā-ʾäräṣ; dazu SCHOLEM JG 79, MT 368,130. Dieser Gedanke wird auch aufgegriffen ḤDM 24,8 f (= MŠ 2a), wo die Verquickung zwischen Magie und jüdischer Esoterik besonders eng ist.

38 Vgl. PGM III,499 f: "ich weiß deine Zeichen und deine Symbole und deine Gestalten, wer du bist zu jeder Stunde und was dein Name", oîdá sou tà sēmeîa kaì tà [p]arás[ēma kaì m]orphàs kaì kath' hōran tís eî kaì tí sou ónoma. Auf einer aramäischen Zauberschale sind magische Buchstabenkombinationen ebenfalls "Zeichen" (sîmān): sjmʾn WẆWWW ... wsjmʾn ḌWṚWḤWT, McB 8 f.

39 Vgl. oben Anm. 38 (4.1); E.FASCHER, RAC 4 (1959) 416.

40 Es kommt sogar vor, daß ein Gott durch die Nennung seiner eigenen Namen entmachtet und dem Magier unterworfen wird: "komm herein, erscheine mir, Herr! Denn ich nenne deine größten Namen: BARBARAI BARBARAŌTH ...", eiselthe, phánēthí moi, kýrie; onomázō gár sou tà mégista onómata BARBARAI BARBARAŌTH ..., PGM IV,1007 f; vgl. VII,242.

41 bšwm JHWH JHWH, GoB 8, mit dem hebr. Zusatz "Sabaoth ist sein Name", ṢBʾWT šmw; vgl. GoC 8; Mo 12,12; Go 6,3.

42 bšwm JHWH ʾH BʾH, Mo 5,4.

43 bšwm JH JHW JH[...], Mo 10,1; vgl. 7,8: 31,7: Go 9,4: Tei 58.

44 bšwm JHJHJHJHJH JHJH JHJH ʿʾ, Mo 32,10: vgl. GoC 8: Go 5,9; McD 5. Derartige Reihen finden sich sehr häufig, vgl. z.B. ḤDM 5 f, wo fast eine ganze Seite mit Tetragrammelementen ausgefüllt ist.

45 bšwm MṢ MṢ, Mo 14,2; das ist eine Atbaš-Permutation für JH JH, vgl. MṢPṢ (= JHWH) bei Stü 66; ähnlich Lac 9. Andere Formen des Tetragramms z.B. bei Mo 13,7: Go 2,3 f; bloße Umstellung der Buchstaben: Dai 7,4 (Text u. Anm. 50).

46 bšwm MṬṬ[RWN]ʾjsrʾ rbʾ dhwʾ mlkʾ ʿl kl [...], GoAsh 280. Zur Bedeutung Metatrons in der esoterischen Literatur des Judentums vgl. SCHOLEM JG 43-55; s.a. ḤDM 2,35: 4,16.

47 bšm dʾJLJṢWR BGDNʾ mlkhwn dkwlhwn šjdj wšljṭʾ rbʾ dlljtʾ, GoIM 351: zu Bagdānā vgl. Mo 19,6 (Komm.z.St.).

48 bʾlhʾ MN, Wo 17,24.

49 bKBŠJʾL mlʾkh, Go 6,4; es folgen in der gleichen Art neun weitere Engel. Vgl. ḤDM 26,16-19 (ein separater Beschwörungstext, der ganz im Stil der Schalentexte geschrieben ist!) und GoM 22 f: McD 10: Mo 8,14 f; bei GoIM 350 wird sogar die Tetragrammsubstitution JJJJ "Engel" genannt. Zu Kabšîʾēl vgl. McCULLOUGH 57.

50 In einem späten Text werden sogar die zehn göttlichen Emanationen (s^e^fîrôt), die in der Kabbala eine große Rolle spielen, genannt: "ich beschwöre euch, Becherfürsten ... bei dem Namen HWJ"H, gesegnet sei Er, und bei dem Namen der 10 Sefirot: bei dem Namen ʾGP NGP ŠGP ʾGP MGP ŠḤP ʾGP NGP ŠḤP", ʾsbʿnʾ ʿljkwn śrj kws ... bšm HWJ"H b"h wbš(m) j' sfjrwt bšm ʾGP NGP ŠGP ʾGP MGP ŠḤP ʾGP NGP ŠḤP, Dai 7,4 f. Zu den "Becher- und Daumenfürsten" vgl. J.DAN, Śarê kôs w^e^śarê bohän, Tarbiṣ 32 (1963) 359-369.

51 b^e^šûm has-sar hag-gadôl, Mo 5,3, mit fugenloser Verquickung von Aramäisch und Hebräisch. Das wirft ein Licht auf die Art und Weise, wie solche Texte zustande gekommen sind.

52 bšumaiun ḏ-šuba mlakia, Ma Id,53.

53 bjšmjh rbh, Mo 16,5; vgl. Go 6,3.

54 bjmjn qdš, ḤDM 25,18; vgl. Go 7,5; GoIM 350 u(?).

55 bmn dʾšrj škjntjh bhjkl nwrʾ wbrdʾ, Mo 14,3. Der Begriff hêkāl gehört der jüdischen Esoterik an und bezeichnet eine der sieben "himmlischen Hallen" oder Paläste.

56 bgbra ḏ-alif alif hawia bit aina̱ u-rubgan rubgan hawia bit gbina̱, McC 19.

57 wbšbʿjn gbrjn dnqjṭjn šbʿjn mgljn ḥrjpʾtʾ lmqṭl bhwn kl šjdjn bjšjn ..., Mo 7,17; vgl. Anm.z.St. (S.153).

58 bšmtʾ dšlḥ ʿljkwn Jhwšʿ bn Prwḥjh, Mo 17,8; das ist abhängig von "ich schwöre euch zu" (ndrt ʿljkjn), was in der Anwendung dem ausgeschriebenen SHR-Beispiel entspricht. Noch deutlicher ist Mo 19,14: bjšmjhwn dhljn ʾsrj, was eigentlich nur noch zu übersetzen ist mit "kraft dieser Bindungen (sind gebunden etc.)".

59 bhhwʾ ḥtmʾ dḥtmh ʾdm qdmʾh lŠt brh wʾjtnṭjr mn š[jdjn] wmn djwjn wmn mbkljn wmn sṭnjn, Mo 10,3 f; das ist abhängig von der auf Zauberschalen üblichen Schutzformel "versiegelt und (nochmals) versiegelt" (ḥtm wmḥtm). Etwas weiter unten im selben Text wird schön die ursprüngliche Funktion des Versiegelns dokumentiert: "mit dem Siegel, mit dem Noah die Arche vor den Wassern der Sintflut versiegelt hat", bhhwʾ ḥtmʾ dḥtmh Nḥ ltjbwth mn mjh dṭwpnʾ, 10,5; vgl. MONTGOMERY z.St.

60 bḥtmʾ d'JLŠDJ wʾBRKSS mrjʾ tqjpʾ, Mo 34,9.

61 wbḥtrh dMšh wbṣjṣh dʾhrwn khnh rbh wbʿzqth dŠlmh ..., MoA, 1 f. Weitere Stellen für Siegel (ḥtmʾ): Mo 7,4; 38,7 f: 40,19; (ʿjzqtʾ): Mo 17,12; 39,10. - Bindung (ʾswrʾ): Mo 15,7; Go 51a,1 f. - Beschwörung (ʾšpʾ): Go 11,6 (2mal). - Wort (mltʾ): Mo 34,5 f; 38,6: 40,18; (mwmtʾ): Mo 8,14: (dbr, mʾmr): Go 7,6; vgl. die Häufungen bei Mo 19; GoE,F; Go 51b. - Auch "Glanz" (zjwʾ, ṣjṣj, Mo 7,5; 12,7) und "Pracht" (jqrʾ, Mo 17,8) werden bisweilen wie Hypostasen behandelt; ähnlich auf einer lat. Bleitafel: "bei deiner Würde", per tuam maiestatem, Aud 122,3. Zur Stirnplatte des Aaron vgl. auch noch Dai 6,10 (wbšm šhjh ḥqwq ʿl ṣjṣ ʾhrwn).

62 bjšmk ʾnj ʿwśh, z.B. Mo 14,1; vgl. Go 2,1.

63 Mo 15,1; 19,1; vgl. Go 4,1 (b-ʾHJH).

64 Z.B. Go 3,1; 7,1; 8,1; als Schlußsatz: Go 1.

65 Mit Gott höchstpersönlich auf dem unter 4.7.12 zitierten Silberamulett: ʾnj JHWH, MoA 4.

66 Eine Vermischung beider Formen liegt vielleicht bei Mo 19,5 vor, wo die Formel am Anfang einer langen Aufzählung von Geisterfürsten benutzt wird.
Vgl. auch die griech. Löseformel: "weiche ... im Namen des höchsten Gottes", chṓrei ... en onómati toû hypsístou theoû SAMAS PHRETH, PGM V,41-46.

67 Ähnlich auch MONTGOMERY 157 (Komm.z. 8,2).

68 bšwm ʾHJH ʾŠR ʾHJH, GoG 2, mit Hinweis auf weitere Parallelen auf Zauberschalen; vgl. Ex. 3,14.

69 bšwm QDWŠ QDWŠ QDWŠ ..., Go 1,5. Das Trishagion (vgl. Jes. 6,3) spielt eine große Rolle in der Märkabah-Mystik.

70 bjšmjh dPZR JHWH ʾL, Mo 8,2.

71 Das Zitat wird hier inhaltlich und syntaktisch auf die anschließende Nennung von Zauberern und magischen Machwerken bezogen: bšmjh ʿl jmʾ dswp hwʾ jrḥjq jtkwn ḥršjn bjšjn [w] ʿwbdjn tqjpjn, GoAsh 280.

72 Eventuell wurde das Bezugswort bšwm vom Schreiber nur versehentlich gesetzt und es war ursprünglich nur folgender Zusatz gemeint: "Großer Name, durch den Himmel und Erde gebunden werden"; es könnte sich auch in der Vorlage des Schalenschreibers um eine Randglosse gehandelt haben. Das ganze Stück sieht auf der Schale so aus: bšwm ʾHʾHʾH ʾMN ʾMN SLH JHWH JHWH JHWH ʾL ŠDJ ʾL ŠDJ ʾL ŠDJ bšwm ʾʾH ʾʾH ʾʾH {bšwm} šmʾ rbʾ ʾsrjn šmjh wʾrʿʾ, Go 6,3.

73 Spekulationen über jeden einzelnen Buchstaben der Torah gehören zum Grundbestandteil dieser Strömungen im Judentum, vgl. SCHOLEM KS 49-116.

74 bšwm ʾwt mtwk ʾwt wʾwtjwt mtwk ʾwtjwt wšwm mtwk hšjmwt wnqb mtwk hnqbjm djbhwn ʾjtblʿw šmjʾ wʾrʿh ṭwrjʾ ʾjtʿqrw wrmtʾ bhwn ʾtmsj, Mo 9,5 f.

75 katà toû onómatos CHYCHACHAMER MEROYTH ..., PGM XXXVI,365 f; vgl. VII,461 und auf einer Bleitafel: adi[u]ro vos per nomin[a ...], Aud 251a,16 etc.

76 katà tôn phriktôn onomátōn A EE ĒĒĒ IIII OOOOO YYYYYY ŌŌŌŌŌŌŌ, PGM V,76-82.

77 Im Zusammenhang lautet die Stelle: horkízō sé, hieròn phôs, hierà augḗ, plátos, báthos, mêkos, hýpsos, augḗ, katà tôn hagíōn onomátōn, tôn eirēka katà toû IAŌ SABAŌTH ARBATHIAŌ SESENGENBARPHARANGĒS ABLANATHANALBA AKRAMMACHAMARI ..., PGM IV,978-983.
Zu den "Logoi" vgl. SCHOLEM, On the Magical Formulae AKRAMACHAMAREI and SESENGEN BARPHARANGES, JG 94-100.

78 tôi onómati autoû tôi hagíōi IAEŌ BAPHRENEMOYN, PGM IV, 3069-72. Trotz des im Griechischen vorherrschenden "katá" (gemäß) ist also auch hier die rein instrumentale Verwendung der Formel belegt; vgl.u.Anm.82.

79 katà toû theoû tôn Ebraíōn Iesoû IABA IAE ABRAŌTH ELE ELŌ .., PGM IV,3019 f.

80 katà [th]ẹọụ̂ IAŌ, theoû [AB]AŌTH, theoû ADŌNAI, theoû MICHAĒL, theoû SOYRIĒ[L, th]eoû GABRIĒL, theoû RAPHAĒL, theoû ABRASAX [ABL]ATHANALBA AKRAMMACHARI ..., PGM III,147f.

81 katà toû hagíou onómatos, PGM XVIIIb; auch auf der eben (Anm. 75) zitierten Bleitafel: [per]‹h› ēc sancta nomina, Aud 251a,2.

82 toîs megálois onómasín sou, PGM VII,892 f. Zum Dativ s.o. Anm. 78.

83 katà toû amiántou onómatos toû theoû, PGM IV,289 f.

84 katà toû ischyroû kaì aparaitḗtou theoû kaì katà tôn hagíōn autoû onomátōn, PGM IV,2031-34; vgl. III,36-40.

85 Lateinisch mit griechischen Buchstaben: per magnoum deoum et per [an]therotas .. et per eoum koui abet archeptorem soupra chapouth et per septem sthellas, Aud 270,1-4.

86 per magnum Caos, Aud 251,8.

87 katà toû pantokrátoros theoû zôntos aeí, PGM IV,1551-53; dort noch mehr Beispiele dieser Art.

88 katà toû theoû toû Abram kaì Isaka kaì Iachob, PGM XXXV,13 f. Diese Beschwörung ist voller Judaismen und hat direkte Bezüge auf die esoterische Tradition, vgl. SCHOLEM JG 45 f.

89 katà toû daktýlou toû theoû, PGM O 1,6 f, auf einem Ostrakon der späten Kaiserzeit.

90 katà tês hierâs kephalês tôn katachthoníōn theôn, PGM IV, 1916 f.

91 Auf verschiedenen Tafeln der gleichen Gruppe unterschiedlich überliefert, hier die ausführlichste Version:
adiuro te per eum qui te resolvit ex vitē temporibus, deum pelagicum aerium altissimu[m] IAŌ OI OY IAIAA IŌIŌE O ORIYŌ AĒIA, Aud 293b,6-11 (die Namen in griech. Buchstaben); vgl. Nr. 286, 290, 291, 292, 294.

92 katà toû kyrieúontos tḗn hólēn oikouménēn ..., PGM VII,836-838.

93 katà toû en têi pyrínēi chlamýdi kathēménou, PGM XIV,7 f.

94 (horkízō se) tòn optanthénta tôi Osraèl en stýlōi phōtinôi kaì nephélēi hēmerinêi kaì rhysámenon autoû tòn laòn ek toû Pharao, PGM IV,3033-36. Die fehlende Präposition ist impliziert, vgl. Z. 3019: horkízō se katà toû theoû tôn Ebraíon ...

95 katà tês sphragîdos hês étheto Solomon epì tḗn glôssan toû Ieremíou kaì elálēsen, PGM IV,3039-41.

96 Stele bedeutet hier "Zauberspruch": enarô hymîn eis tḕn tôn theôn stḗlēn, Wor 4,18. Die sonst übliche Präposition katà wird in den beiden anschließenden, parallel gebauten Sätzen benutzt. Etwas weiter unten folgt - von WORTMANN als Einschub erkannt - u.a. die Beschwörung des Blutes, "das der große Gott IŌTHATH genommen hat", tò haîma, hò élaben ho mégas theòs IŌTHATH, Wor 4,21. In einem weiteren Text werden vier Sympathiemittel genannt, wobei die Formel "bei ..." impliziert ist: "ich befehle dir (d.h. bei deinen Symbolen): Schlüssel, Kerykeion, der Tartarouchos eherne Sandale, der Demeter goldene Sandale", keleúo [soî: klei]s, kērýk[eio]n, tês Tartaroúchou chál⟨k⟩eon tò sándalon, tês Dḗ[mē]tros chrýseon tò sándalon, Wor 1,57-59. Entsprechende Gegenstände könnten durchaus bei der Zauberhandlung in Benutzung gewesen sein.

97 hoûtoí eisin hoi prôtoi phanéntes ángeloi: ARAGA, ARATH, ADŌNAI, BASĒMM, IAŌ, PGM XIII,454; weniger vollständig in der Dublette, Z. 146.

98 So schon A.JACOBY in der PGM-Ausgabe.

99 horkízō se BATHYMIA CHTHIORŌOKORBA ..., Aud 26,35 (vgl. 23, 8; 29,33); hier wäre eventuell sogar eine direkte Abhängigkeit von der Bindeformel gegeben: "ich beschwöre dich bei dem Namen IA CHTHIOR...".

100 PGM IV,1376 f; vgl. V,134 f: weitere BASYM-Stellen: XII, 468; LVII,35; LXX,3. Vgl. auch PGM Bd.III, Reg.VI, S.218.

101 Er steht in einer langen Reihe von Namen mit z.T. stark jüdischem oder judaisierendem Einschlag: epikaloûmaí se tòn IAŌ, tòn SABAŌTH, tòn ADŌNAI, tòn EILŌEIN, ... tòn BESSOYM, PGM XII,285-301. Noch deutlicher in seiner eigentlichen Bedeutung "bei dem Namen" erscheint diese Formel vor anderen Zaubernamen: BASAOYM ḲOCHLOTA ṬETOME, BASSAOYM PATATHNAX OSESRO, PGM LVIII,29 f.

1 Ausdrücklich verlangt z.B. SHR I,201 f: "und schreibe ... den Namen des Mannes und den Namen seiner Mutter", wktwb ... šm hʾjš wšm ʾmw. Zur Matronymie in Zaubertexten vgl. McCULLOUGH 17 (Komm.z. McC 3); WÜNSCH AF 9.

2 Bʾbj br Mḥlptʾ, McA 2.

3 In griechischer Transkription: Sextillios Dionisie phili-ous, Aud 270,6 (Hadrumet).

4 Die ersten vier Worte lateinisch transkribiert: Orbanon hon ethecn Urbana, Domitianḕn hḕn éteken K[an]didá, Aud 271,5 f.(Hadrumet).

5 Oualerían Kodrátillan hḕn éteken Oualería Eúnoia hḕn éspeire Oualérios Mystikós, Aud.198,13-15 (Cumae).

6 So z.B. "Matrona, die Tagene gebar, deren Usia du hast", Ma-trôna hḕn éteken Tagénē hês écheis tḕn ousían, Wor 1,2 f. Dieser Ausdruck wird stereotyp bei jeder Nennung des Namens angewandt. Im Paralleltext Wor 2 wird "Usia" noch präzis verdeutlicht: "von der du ihr Kopfhaar hast", hês écheis tàs tríches tês kephalês autês, s.z.B. Z.19.

7 Mjrdbwk dmtqrj Mjrdʾ br Kwsjg, Ya 65,1,14.

8 Q. Letinium Lupum qui et vocatur Caucadio, Aud 129a,1.

9 lŠjrwj̣ br {br} Ḅwrẓj̣ṇ wkwl šwm djṭ ⟨l⟩ br Bwrzj̣ṇ, GoBM 341.

10 Bezieht sich auf das Pferdegespann für ein Rennen in Kartha-go: Aígypton, Kallídromon kaì eí tis sŷn autoîs állos (sc. híppos) zeuchthḗsetai, Aud 242,60-62; vgl. Z. 69 ff.

11 Biktorikoû hò[n] éteken [g]ê métēr pántos empsýchou, Aud 241,7; vgl. dazu AUDOLLENT z.St. und WÜNSCH, AF 10. Der um-gekehrte Fall - daß nämlich zu viele Namen bekannt sind - liegt in dem Anm. 12 zu 4.4.3 zitierten Text vor.

12 exorkízo se, hóst[i]s pot' eî, nekydaím[o]n, Aud 242,1. Diese Ausdrucksweise kommt häufig vor, vgl. z.B. "wer du auch seist, ob männlich oder weiblich", hóstis potè eî, eíte árrēs eíte thêlys, PGM IV,370, hier auch in Bezug auf den Totendämon, vgl. Z. 347, 361. Weiteres bei AUDOL-LENT: Nr. 234, 235, 237-240, 242, 249 (jeweils am Anfang); lateinisch: (daemon) quicumque es, Aud 265b,5 f, 286b,1 f, 291-294.

13 siv[e v]os Nimfas [si]ve quo alio nomine voltis adpe[l]lari, Aud 129b,6-9.

14 pân pneûma daimónion ... hopoîon eàn êis, epouránion ḕ aéri-on, eíte epígeion eíte hypógeion ḕ katachthónion ḕ Ebousaî-on ḕ Chersaîon ḕ Pharisaîon, lálēson, hopoîon eàn êis, PGM IV,3038-3045.

15 ljljtʾ bjštʾ wkl šwm dʾjtljkj, Mo 1,14 (mit EPSTEIN).

16 dʾjdkr šmjhwn bksʾ hdjn wjdlʾ ʾjdkrjt (?) šmjhwn bksʾ ⟨h⟩-hjn, Mo 14,6. Eine anders überlieferte Form auf einer wei-teren Zauberschale: "deren Namen ich genannt und deren Na-men ich nicht genannt habe", ddkrnʾ šmjh[wn wdlʾ d]krnʾ š-mjhwn, Mo 29,9 f.

17 bjn zkr wbjn nqjbʾ, Go 7,3. Das ist die Fortsetzung des in Anm. 22 (zu 4.3.7) zitierten Textes, woran sich - ebenfalls hebräisch - in poetischer Stilisierung anschließt: "der seinen Ort geändert hat und zu einem Ort kam, der nicht sein Ort ist von Anbeginn", šäš-šinnāʾ ät meqômô wejābô lemāqôm šä-ʾ⟨ê⟩nô meqômô dîmê berēʾšît, Go 7,3 f.

18 qiria zikria uqria nuqbata, Ma Ib,10 f.

19 nekydaímon, eíte ársēs eíte thḗlia, Wor 1,32, mit dem Einschub "wer du auch seist", hóstis potè eî, auf der Kairoer Bleitafel, s. WORTMANN 73.

20 kl bnj hmdjnh hzwt: gdwljm wqṭnjm, zqnjm wbḥwrjm, dljm wnkbdjm, SHR I,137.

21 é⟨m⟩p⟨r⟩osthen pá⟨n⟩tōn: andrôn mikrôn kaì megálōn hōs kaì monomáchōn kaì stratiō⟨tô⟩n kaì paganôn kaì gynaikôn kaì korasíōn kaì paidíōn ka⟨ì⟩ pá⟨n⟩tōn, PGM XXXV,17-19; vgl. z.B. XII,20.

22 dʾbʾ wdʾmh wdjbrtʾ wdjḥmtʾ wdkltʾ ⟨d⟩rḥjqtʾ wdqrjbtʾ dqjm[ʾ] brwḥqʾ wdqjmʾ bqwrbʾ, GoBM 339 f, in einer Beschwörung, die vor Verwünschungen seitens der eigenen Verwandtschaft (!) und eines "Erzfeindes" (so GORDON; es handelt sich wohl um einen Hausfreund) schützen soll. Vgl. GoIM 348.

23 jt bnjhwn wjt bnthwn, bjn dʾjt lhwn wbjn dhwn lhwn, Mo 3,5; ebenso Z. 8.

24 ʾjnwn wbnjhwn wbnthwn wtwrjhwn wḥjmʾrjhwn wʿbdjhwn wʾmhthwn wkwl bʿjrʾ drbʾ wzʿjrʾ dʾjt bḥdʾ djrtʾ wʾjsqwptʾ dʾjt bh wdhwj bh, GoD 6 f. Man beachte die Reihenfolge.

25 hazin pugdama ktib ldrdqunia ḏ-bakia ugahkia umdahlia [umith] lmia umapia bšintaiun, Ma IVc,24-28.

26 hai arch[aì kaì ex]ousíai kaì kos[mo]krátores toû [s]kótous, ḕ kaì akátharton pneûma ḕ kaì ptôsis daímonos mesembri[naî]s hṓrais, eíte rhígos, eíte pyrétion eíte rhigopyrétion, eíte kákōsis ap' anthrṓpōn, eíte exou[sía]i toû antikeiménou, PGM 13,15-17.

27 wkl rwḥ prwḥ škjn bn dmjštdrjn wbn dlʾ mjštdrjn, Go 6,6 f.

28 mn smalun liminun umn iminun lsmalun mn ṭupria ḏ-ligraiun ualm[i]a zimta ḏ-rišaiun umn zimta ḏ-rišaiun ualm[a] ṭupria ḏ-ligraiun, Ma Ia,98-102. Eine exakte Parallele bietet ein Text bei McCULLOUGH: mn iamina lʿsmla mn smla liaminh mn zimta ḏ-briš ualma ṭupria ḏ-bligra ..., McC 9 f. Vgl. auch Po 92,20-23; auf aramäischen Zauberschalen z.B. Mo 19,19.

29 mēdè klithênai eis tò dexiòn pleur[ô]n méros mēdè eis to aristeròn pleurôn méros, PGM VII,266 f.

30 Vgl. WÜNSCH, AF 6 f und die dort angegebenen Beispiele.

31 mjnjh mʾtn ʾrbʿjn wtmnj hdmj qwmtjh, GoH 14; vgl. Go 10,5 und Anm. z.St. Diese Zahl wird schon in der Mišnāh erwähnt: mʾtjm wʾrbʿjm wšmwnh ʾbrjm bʾdm, ʾOhāl. I,8; vgl. Targum Ps.-Jon. zu Gen. 1,27.

32 kaûson autês tà splánchna, tò stêthos, tò hêpar, tò pneûma, tà ostâ, toùs myeloús, PGM IV,1528-30. Ähnliche Listen z. B. Aud 41,16-20 (griech.), 190,5-13 (lat.).

33 mḕ eisélthēis autês dià tôn ommáton, mḕ dià tôn pleurôn, mḕ dià tôn onýchon mēdè dià toû omphaloû mēdè dià tôn melôn, allà dià tês psychês, PGM IV,1522-26.

34 bqušrta ḏ-przla b[...]kẖ ... bsikta ḏ-przla bnhirẖ ... bkil[busā] ḏ-przla bpumẖ ... bšušlita ḏ-przla bṣaurẖ ... biziqia ḏ-przla badẖ ... bsda ḏ-glala b̄ligrẖ, Ġo 51̄b,8-11. Die Übersetzung ist an vielen Stellen unsicher, doch der Mechanismus der Formel kommt deutlich heraus. Vgl. Mo 39,4 oder Ya 66,20.

35 qsm wkšwp, SHR III,42.

36 hršia ḏ-mrba umdna, hršia ḏ-grbia utimia, Po 27,7; das wird dort noch fortgesetzt: "Zauberei der vier Ecken des Hauses und den acht Enden des Firmaments", hršia ḏ-arbia zuiatẖ ḏ-biata udtmania knpia ḏ-rqʿh[ia].

37 hršjn ʾrmʾjn, ḥršjn jhwdʾjn, ḥršjn šjʿʾjn, ḥršjn prsʾjn, ḥr-šjn hjndwʾjn, ḥršjn jwnʾjn, ḥršjn dj kjtjn, ḥršjn dmjtʿbdjn bšbʿjn ljšnjn ḃjn dʾjttʾ wbjṅ dgbrʾ, GoD 8-1̇0.

38 sdimit kirpitẖ hm[stẖ] pdaltẖ hšbtẖ, Ma Ia,141 f. Musterbeispiel für derartige Bindungsreihen ist McE 15-17; vgl. noch Mo 16,8-11, GoA 2 f, GoB 6 f, GoD 12 etc.

39 štšnqw ... wtšhjtw ... wtpjlwhw ... wtḥsrw ... wtpjrw ... wtpjḥw, SHR I,64 f.

40 štglwhw wtndwhw, SHR I,66 f. Es folgt darauf gleich noch eine Reihe, vgl. Anhang Text 3, Z. 15-20.

41 wjʾlm ... wtʾbd ... wtwpr ... wjwšm, SHR II,52 f.

42 lšbwr ʿṣmwtjw wlktt kl ʾjbrjw wlšbwr gʾwn ʿwzw, SHR I,59 f.

43 mḕ mou empodízesthe eis tḕn manteían mou taútēn, mḕ phonḗ, mḕ ololygmós, mḕ syrigmós, PGM VII,322 f. Vgl. Anm. 17 zu 4.1.3.

44 bṭlw mnj ʾt mḥšbt p(lwnj) b(n) p(lwnjt) wʾt ʾṣt lbw wʾt mzmtw, SHR II,51 f.

45 neque ursu⟨m⟩ neque tauru⟨m⟩ singulis plagis occida[t n]eque binis plagis occid⟨a⟩t neque ternis plagịṣ oc[ci]dat tauru⟨m⟩ ursu⟨m⟩, Aud 247,16-18.

46 hópōs mḕ binethêi, mḕ pygisthêi, m[ḕ e]k hēdonês aphro⟨di⟩-siakòn epiteléseī meth' hetérou, mḕ [ál]lōi ándri synélthēi, Wor 1,21-23.

47 hn wḥsd wrḥmjm, SHR I,172-174 (dreimal); ḥn wḥsd: SHR I,115 128; II,34,54; III,37.

48 ʾt npšw wʾt nšmtw wʾt rwḥw šlp(lwnj) b(n) pl(wnjt), SHR II, 65 f.

49 wʾl ... šjnh wlʾ tnwmh wlʾ trdmh, SHR II,66 f.

50 bkl mqwm šjlk wbkl mqwm šhwʾ jwšb: ʾm bʿjr ʾm bmdjnh ʾm bjm ʾm bjbšh ʾm bmʾkl ʾm bmšth, SHR I,204 f.

51 eis pân [tó]pon kaì eis pâsan ámphodon kaì eis pâsan oikían [kaì eis p]ân kapēleîon, Wor 1,17-19.

52 (daîmonas) toùs entháde keiménous kaì entháde diatrephoménous kaì entháde diatrîbontas, Wor 4,2 f.

53 bʿt wbʿwnh hzwt, SHR IV,37. Zu den Zeitbegriffen rägaʿ, ʿēt, ʿônāh und šāʿāh vgl. z.B. jBer. I,2d.

54 ex hoc die, [ex] hac hora, ex hoc momento, Aud 294,8 f; vgl. z.B. Aud 286; 291-293 etc.

55 mn jwmʾ dnn wlʿlm, SHR I,149 f. Diese aramäische Formel entstammt dem traditionellen Text eines jüdischen Scheidebriefes (giṭṭāʾ). Vgl. das Formular bei ALBECK, Sēdär Nāšîm, S. 267 f. S. auch LEVINE 349.

56 apò tês sḗmeron hēméras epì tón hápanta chrónon tês zoês mou, PGM I,165 f.

57 lʾ bljljʾ wlʾ bjmmʾ, Mo 3,5; vgl. Mo 4,2 f; 7,16; 8,11; 9,4; 19,20; 26,5.

58 wʾl ... rgʿ ʾḥd, lʾ bjwm wlʾ bljlh, SHR I,206 f.

59 bjwmj, bjrḥj, bkl šnj wjwmʾ hdjn mjkwlhwn jwmj wjrḥʾ hdjn mjkwlhwn jrḥj wštʾ hdʾ mjkwlhjn šnj, Mo 6,5 f (mit EPSTEIN); vgl. 17,1.

60 eniautoùs ex eniautôn, mênas ex m[ēnôn, hē]méras ex hēmerôn, nýkte⟨s⟩ ek nyktôn, hôras ex hōrôn , Wor 1,13 f. Die Ergänzungen sind durch Paralleltexte belegt, s.d. S.69.

61 epì chrónon mēnôn déka apò sḗmeron, hḗtis estìn Hathýr ke' b' ⟨i⟩ndik(tíonos), Wor 4,36 f.

1 Von neueren Publikationen vgl. z.B. WORTMANN 86 f (mit Photographien).

2 lšbwr ʿsmwtjw ... kšbjrt nblj ḥḥrś hʾjlw; wlʾ thjh lhm rpw-ʾh kmw šʾjn rpwʾh lnblj ḥrs ʾjlẇ, SHR I,59-61.

3 wthʾ ʿljhm jrʾtj wʾjmtj kʾjmt hʾrj ʿl kl hbhmwt wkmw šhlb hzh hwʾ ʾjlm wʾnj mdbr kk, jhw kwlm nšmʿjm ʿlj wlʾ jwklw ldbr kngdj, SHR I,138-140.

4 kmw šhbrḥt mn hʾš, kn tbrjḥj wtkbj hʾš, SHR III,21 f.

5 hōs taûta tà hágia onómata pateîtai, hoûtos kaì ho deîna (koinón) ho epéchōn, PGM X,40 f; die Namen werden auf ein Bleitäfelchen geschrieben und zusammen mit einer Froschzunge in die rechte Sandale gelegt.

6 hṓsper ho báthrakos hoûtos katarrheî kaì xērénetai, hoútos kaì tò sôma toû deîna, PGM XXXVI,245 f; das ist auf ein Bleitäfelchen zu schreiben, die darauf in die Bauchhöhle der verwendeten Kröte eingenäht wird.

7 Zmýrna: hōs egṓ se katakáō kaì dynatḗ eî, hoútō hês philô tês deîna katákauson tòn enkêphalon, PGM IV,1540-43; die Myrrhe wird hier neben dem Verbrennen auch als Göttin angerufen. Das Nebeneinander von Beschwörung und der damit verbundenen Zauberhandlung wird hier besonders deutlich.

8 hōs hoûtos ho aléktor katadédetai toîs posì kaì taîs chersì{t} kaì tê⟨i⟩ kephalê⟨i⟩, hoútōs katadḗsat⟨e⟩ tà skélē kaì tàs chîras kaì tḕn kephalḕn kaì tḕn kardían Biktorikoû, Aud 241,15-18; vgl. WÜNSCH, AF 12 (Komm. z.St.).

9 [quomodo] huic gallo lingua⟨m⟩ vivo extorsi et defixi, sic inimicorum meorum linguas adversus me ommutescant, Aud 222 b,1-5.

10 quomodo mortuos qui istic sepultus est nec loqui nec sermonare potest, seic Rhodine apud M. Licinium Faustum mortua sit nec loqui nec sermonare possit, Aud 139,1-6 (ca. 1.Jdt. v. Chr.).

11 kj hkdjn djthpjkw ḥjj mn mjtj wmjtj mn ḥjj, hkdjn jthpjk [...] mn Nʾmwj; kj hkdjn dʾtwn mjtj lʾ qrbjtwn lwt ḥjj [...] GoIM 350; vgl. auch das Fragment GoBM 342. McE 12 könnte ebenfalls in diesem Sinne verstanden werden.

12 wkʾšr tšwb ʾšh ʾl ʿwllj bṭnh, kn tšwb ʾlj lʾhbtj, SHR I, 148 f.

13 wjhjw rṣjm wqljm knšr, SHR III,41.

14 hōs hē Isis tòn Osirin eph[ílēsen, hoútōs phileíto hē Matrṓna tòn] Theód[ō]ron, Wor 3,8 f; die Ergänzung ist durch Paralleltexte gesichert (Wor 1; 2; PGM XXXVI,288 f).

1 wl' jpg' bj dbr r', SHR IV,57.

2 wl' npḥd, SHR III,56.

3 mšbj' 'nj 'ljk ... šl' tzjqjnj wl' tpḥjdjnj wl' 'pḥd wl' 'r'd, SHR IV,69 f.

4 diatērēsón me kaì tòn paîda toûton apēmántous, PGM V,44 f. S.o. Anm.11 zu 4.6.3.

5 w'l tkḥd mmnj dbr, SHR I,100 f; vgl. IV,65.

6 štwdj'wnj ... b'mt, SHR V,30.

7 wjgd lj dbrj 'mt blj kḥd, SHR I,181; vgl. IV,65.

8 chrēmátison ep' alētheías alēthôs apseudôs anamphilógōs perì toûde prágmatos, PGM XIV,6 f.

9 pt'wm mhrh ḥwšh, SHR III,58; vgl. 1 Sam. 20,38.

10 w'l t'zbwhw lhtmhmh rg' 'ḥd l' bjwm wl' bljlh, SHR I,206 f.

11 en têi árti hṓrai, PGM IV,237 etc.; vgl. XII,139 (dazu: en têi árti nyktí), IV,1469 (dazu: anyperthétōs, "ohne Aufschub").

12 á[g]e, áge, ḗdē, ḗdē, tachỳ, tachý, PGM VII,330 f. So oder in ähnlichem Wortlaut ungezählte Male in den Zauberpapyri: "jetzt, jetzt, gleich, gleich!", árti, árti, ḗdē, ḗdē, PGM IV,1245 etc; "heute noch, jetzt, schnell!", sḗmeron, árti, tachý, PGM IV,2911. Auf Fluchtafeln z.B.: iam, iam, cito, cito, Aud 247,19 f; [ed]e ede tacy tacy, Aud 140,19 f (transkribiert in einem lateinischen Text). Zu derartigen Geminationen im sakralen Gebrauch vgl. die interessanten Bemerkungen von E. NORDEN, Komm. zu Verg. Aen. VI,46 (1927), S. 136 f.

A N H A N G

D I E

B E S C H W Ö R U N G S T E X T E

A U S   D E M

" B U C H   D E R   G E H E I M N I S S E "

==

Vorbemerkung

Mit den folgenden 36 Texten liegen alle "magischen Reden" aus dem "Buch der Geheimnisse" in deutscher Übersetzung vor. Entsprechend den anfangs (oben 2.5.2) gegebenen Definitionen handelt es sich hierbei um alle Partien aus dem "Buch der Geheimnisse", die laut Formularanweisung während einer magischen Handlung zu sprechen waren. Das bezieht sich also auch auf die vielen Engelnamen, die in den meisten Fällen vor der eigentlichen Beschwörung - oft sogar mehrmals - herzusagen waren. Sie stehen in den folgenden Texten daher ganz zu Anfang; in den Fußnoten wird jeweils die entsprechende Formularanweisung mitgeteilt.

Die Wiedergabe der Beschwörungstexte im Zusammenhang soll vor allem zur Entlastung der Kapitel 2 - 4 dienen, denn es werden hier alle textlichen Schwierigkeiten in einem kritischen Apparat zusammenfassend dargestellt. Die vielen Zitate besonders in Kapitel 4 können daher ganz davon frei bleiben. Dieses Verfahren hat sich bei der komplizierten Textüberlieferung des "Buches der Geheimnisse" empfohlen und trägt wohl auch zur Lesbarkeit der Darstellung bei. Ein anderer Zweck dieses Anhangs ist es, dem Leser ein Mittel zur Kontrolle der vielen isoliert angeführten Zitate bereitzustellen.

Die Übersetzung vermeidet nach Möglichkeit eine dem Original nicht entsprechende Glättung des Ausdrucks. So wurden auch inkonsequente Ausdrucksweisen, stilistische Monstrositäten und sachliche Unebenheiten beibehalten. Die Einteilung in Sinneinheiten soll keine Poesie andeuten, sondern die Formelhaftigkeit dieser Texte aufdecken. Freilich liegt dem schon ein gewisser Grad an Interpretation zugrunde, doch kam es mehr darauf an, bereits durch die äußere Form auf den Mechanismus der Beschwörungsformeln hinzuweisen. Eine eigene Zählung am linken Rand erleichtert die Bezugnahme in den Fußnoten. Außerhalb dieses Anhangs wird der Text jedoch einheitlich nach Kapitel und Zeilennummer der Ausgabe von MARGALIOT zitiert, so daß keine Unklarheiten auftreten dürften.

Es folgt nun noch eine Liste der von MARGALIOT in seinem Variantenapparat verwendeten Sigel, die für die vorliegende Darstellung unverändert übernommen wurden.

Liste der von M. MARGALIOT in seiner Ausgabe verwendeten Sigel
(s. dort S. 112 und oben Kap. 2.3)

A	:	HS NEW YORK JTS 163
B	:	HS NEW YORK JTS 14
G	:	Genizahfragmente 1, 4, 10, 14
G1	:	Genizahfragmente 2, 6, 11, 12
G2	:	Genizahfragmente 3, 13
D	:	Sēfär Rāzî'ēl, gedruckte Ausgabe (1701)
D1	:	Sēfär Rāzî'ēl, HS
H	:	HS NEW YORK JTS 2272 (Amulettbuch, s. MM 51; 78)
H1	:	Fragmente aus verschiedenen Amulettbüchern
Ḥ	:	Mafteaḥ Šelomoh, Faksimile-Ausgabe (1914)
L	:	HS Kaufmann (BUDAPEST) 245 (Sēfär ham-malbûš)
M	:	HS British Museum, Or. 6577
M1	:	Märkābāh šelēmāh, hrg.v. S. MUSAJOFF (1921)
N	:	Genizahfragmente 5, 7, 9
S	:	HS NEW YORK JTS 12
ʿ	:	Genizahfragmente der arabischen Übersetzung
ʿ1	:	Variante der arabischen Übersetzung
P	:	HS FLORENZ Medic.Laur., Plut. 44.13
Ṣ	:	Zitat aus "Šaʿarê Ṣijjôn" von N. Näṭaʿ Hannover
Q	:	HS Kaufmann (BUDAPEST) 244
R	:	Sôdê Rāzajjā', HS OXFORD 1572
R1	:	Sôdê Rāzajjā', Variante
Š	:	HS CAMBRIDGE T-S n.s. 89/11 (SHR-Excerpt)
T	:	HS OXFORD 2138

---

o : bezeichnet eine Randglosse in der HS

BWMDJ DMN' 'NWK 'LPJ 'MWK QṬJBJ' PṬRWPJ GMTJ 19
P''WR NRNTQ .... N'NH 'STJ'L 26

1 Ich, NN, erbitte von dir 32
2 daß / du mir die Heilung des NN 33
gelingen lassen mögest.

BWMDJ etc.] vgl. SHR I,31 f: "sage den Namen der zweiundsiebzig Engel, die vor ihm dienen, siebenmal", w'mwr šm šb'jm wšnjm hml'kjm hmšrtjm lpnjw šb' p'mjm.

1 von dir] d.h. 'Urpanî'el, dem Vorsteher des angerufenen Engellagers; ihm wird während der Beschwörung Myrrhe und Weihrauch geräuchert, vgl. SHR I,29-31.

1 HHGRJT, der du lagerst im Osten 57
2 ŠRWKJT, der du lagerst im /Norden 58
3 ʿWLPH, der du lagerst im Westen
4 KRDJ, der du lagerst im Süden
5 empfangt / doch aus meinen Händen 59
6 zu dieser Zeit
7 was ich euch zuwerfe
8 betreffend NN
9 um seine Knochen zu brechen 60
10 alle seine Glieder zu zerstoßen
11 den Stolz seiner Kraft zu brechen
12 wie das Zerbrechen / dieser Tongefäße 61
13 keine Heilung werde ihnen zuteil
14 so wie keine Heilung zuteil wird diesen Tongefäßen.

10 zerstoßen] lktt (N); lhkwt, "zerschlagen" (A).
12 kšbjrt nblj hḥrś (N) h'jlw (Gl: hzh, N); kmw šnšbrjn (Gl; šnšbrw, L) nblj hḥrs h'jlw (Gl; hllw, L), "so wie diese Tongefäße zerbrochen werden" (Gl,L): kmw nblj hḥrsjm h'lw, "wie diese Tongefäße" (A).
13 ihnen] lhm (MM; bhm, Gl): der parallele Aufbau der Einzelteile dieser Formel (a: Z.9-11, b: Z.12; a': Z.13, b': Z.14) wird erst ersichtlich, wenn wir auf die Person beziehen: lw, "ihm", es sei denn, mit "ihnen" sind die einzelnen Körperteile des Opfers gemeint.

'KSTR MRSWM BRKJB KMŠW 'ṢTJB KRJT'L 'DJR GB' 36
'QRB' 'NBWR .... DLGJ'L PDWTJ'L 45

T J G R H

Ich übergebe euch 63
Engel des Zorns und des Grimmes
den N/N 64
daß ihr ihn erdrosselt
ihn und seine Erscheinung vernichtet
ihn auf das Lager werft
seinen Reichtum mindert 65
seine Vorhaben zunichte macht
sein Denken und seine Erkenntnis verwehen laßt
er soll / Mangel leiden 66
immer mehr, bis er zu Tode kommt

'KSTR etc.] "nenne darüber die Namen dieser Engel und den Namen des Wächters", wzkwr ʿljh šmwt hml'kjm h'lh wšm hšwṭr, SHR I,62.

4 štšnqw 'tw (N); štkwhw, "daß ihr ihn schlagt" (L): fehlt in (A).

6 auf das Lager] bmjṭh (N): lmṭh (A,L); d.h. wohl Krankenlager.

7 wthṣrw (A,Gl: wtpzrw, "zerstreut" L; wjḥsr, N) hwnw (N: dʿtw, "seinen Sinn" A).

8 w⌈tp⌉jrw mḥšbwt lbbw (Gl), eig. "die Gedanken seines Herzens"; wtsjrw dʿt lbbw, "den Sinn seines Herzens wegnehmt" (L).

11 immer mehr] whwlk (Gl), eig. "und gehen"

12 daß ihr ihn verbannt / und verstoßt 67
13 fort von seinen Söhnen und aus seinem Haus
14 und nichts ihm übrig bleibt.

---

15 daß ihr seinen Mund verhüllt 68
16 und seinen Ratschluß zunichte macht
17 er soll nicht an mich denken
18 noch mit den Worten seines Mundes mich erwähnen 69
19 und wenn ich an ihm vorübergehe
20 soll er mich mit seinen Augen nicht erblicken.

12 verstoßt] wtndwhw (Gl); wttṛjdwhw, "vertreibt ihn" (L); w⌜t⌝ṭlṭlwhw, "bewegt ihn fort" (Q); wtšljkwhw, "werft ihn" (A).
13 mbnjw wbjtw (Gl); mbjtw wm'štw wmbnjw, "von seinem Haus, seiner Frau und seinen Söhnen" (A); m'štw wmbnjw (L).
14 [wl' jw]tr lw klwm (Gl); fehlt in (A,L).

Ich beschwöre euch 70
Engel des Zorns und der Vernichtung
daß ihr euch auf das / Schiff des NN stellt 71
und es ihm nicht gestattet
sich von einem Ort zu entfernen
kein / Fahrtwind soll zu ihm gelangen 72
bringt es hinaus aufs Meer
und schleudert es auf dessen Mitte hin und her
daß / von ihm weder Mann noch Fracht gerettet wird. 73

2 ml'kj qṣp wmšḥjt (Gl); (L) fügt hinzu: wml'kj ḥblh, "und Engel der Zerstörung": ml'kj 'p qṣp wmšḥjt, "Engel der Wut, des Zorns und der Vernichtung" (Q).

5 lprwś mmqwm 'ḥd (A); (B,P) haben 'ḥr, was aber erst sinnvoll wird, wenn man verbessert: lprwś lmqwm 'ḥr, "zu einem anderen Ort zu fahren". Es wäre wichtig zu wissen, welche Lesart (Q) bietet; bei MM jedoch keine Angaben. (L) hat anstelle der Zeilen 5-7: lprwś ljbšh wjš'r blb hjm, "zum Festland zu fahren, es bleibe zurück im Herzen (d.h. auf der Mitte) des Meeres".

9 wl' jmlṭ mmnh l' 'dm wl' mś' (A); wl' jmlṭ mhmwn gljw, "so daß von der Menge kein gljw (?) gerettet wird" (L).

Ich beschwöre euch 74
Engel der Wut, des Zorns und des Grimmes
daß ihr kommt mit der Kraft eurer Macht
und die Mauer des NN zu Fall bringt 75
stoßt sie nieder in den Staub
umgestürzt soll sie werden
wie das Umstürzen Sodoms / und Gomorrhas 76
gestattet niemandem
Stein auf Stein zu setzen in die Höhe
wird sie / am Tage erbaut 77
soll sie in der Nacht umgeworfen werden.

6 wjhpk (A) statt: wthpk (fem.), ebenso Zeile 11. Derartige Ungenauigkeiten treten häufig in diesen Texten auf. Die Wurzel hpk kehrt in "Umstürzen" (mhpkh) genauso wieder wie die Wurzel nwḥ in Zeile 8 u. 9: w'l tnjḥw ... lhnjḥ; das ist ein beliebtes Stilmittel.

9 in die Höhe] bqwmh (A), d.h. zu ihrer früheren Höhe; bmqwmh, "an ihrer (früheren) Stelle" (P).

1 Ich beschwöre dich 98

2 Sonne, die auf / die Erde scheint 99

3 bei dem Namen der Engel, die Einsicht haben

4 und Weisheiten und verborgene Dinge

5 einsichtig machen den Männern / der Wissenschaft 100

6 daß du meine Bitte erfüllst

7 und mir kundtust

8 was in diesem Jahr sein wird

9 verberge / vor mir nichts. 101

4 Weisheiten und verborgene Dinge] ḥkmwt wstwmwt (A); ḥkmwt st{w}rwt wstwmwt, "weise, geheime und verborgene Dinge" (D).

6 štʿśh š'ltj (A): štʿśw lj š'ltj, "daß ihr mir meine Bitte erfüllt" (D).

9 wl' tkḥd mmnj dbr (A); w'l tkḥdw (tkḥjdw, D1) mmnj dbr, "verbergt vor mir nichts" (D).

K L M J J H

ʾBRJH ʾJMRHJ DMNʾJ ʾMNHR JʾMNWK PṬKJʾ ṬWBJʾL 108
GWLJʾL ʾWPRJ .... GDJʾL SBJBʾL 113

Ich beschwöre dich 126
bei dem Namen der Engel des / vierten Lagers 127
die dem KLMJ' dienen
daß ihr (!) mir den König NN zuwendet
das Herz / seines Heeres 128
und das Herz seiner Diener
in meine Hände: ich, NN,
ich möchte Huld und Gnade vor ihm finden
daß er erfülle / meinen Wunsch und meine Bitte 129
zu jeder Stunde
in der ich (etwas) von ihm erbitte.

KLMJJH etc.] "sage und nenne den Namen des Wächters und die Namen der Engel seines Lagers einundzwanzigmal", wʾmwr whzkr ʾt šm hšwṭr wʾt šmwt mlʾkj mḥnhw pʿmjm ʾ' w⌜k⌝ ' (MM, wb', N) SHR I,124 f.
Der Beginn des wegen einer Lücke in (A,B,P,Q) ohnehin nicht gut überlieferten Textes ist problematisch: zwischen der zitierten Formularanweisung "sage und nenne ..." und dem eigentlichen Beschwörungstext (Z. 1-11) findet sich noch: "und sage gegen den Abendstern den Namen Aphrodite †Š und den Engel ḤSDJʾL†", wtʾmr kngd kwkb hnwgh hšm šhwʾ. (4 Buchstaben verschrieben und durchgestrichen:) ʾPRWDJṬJ Š (mit übergeschriebenem Punkt) wmlʾk ḤSDJʾL, SHR I,125 f; vgl. die Abb. bei MM gegenüber S. 76, 12.Z.v.u. Das kann nur als ein verdorbener Einschub angesehen werden; MM z.St. bespricht einige Möglichkeiten der Deutung.

4 daß ihr mir ... zuwendet] štswbw ʾlj (N).
5 Herz] lb (N), ebenso in Z.6.

Text Nr. 8 SHR I

Ihr seid die Engel 136
die herumziehen und umherstreifen in der Welt
umgebt / alle Einwohner dieses Landes 137
große und kleine
alte und junge
niedrige und geehrte
über sie komme Furcht und Angst vor mir 138
wie die Angst vor dem Löwen über alles Vieh (kommt)
und so / wie dieses Herz stumm ist 139
während ich dieses spreche
sollen alle mir gehorchen
und nicht / fähig sein, gegen mich zu sprechen 140
von allen Kindern Adams und Evas.

Der Text ist - wie der vorhergehende - schlecht überliefert. Zur Verfügung standen dem Herausgeber nur das stark beschädigte Fragment (N), eine weitläufige arab. Übersetzung und eine Paraphrase in (S), abgedruckt im App., S. 120. SHR I,137-142 wurde von MARGALIOT "im Stile des Buches" ergänzt.

1 Ich beschwöre / euch 145,146
2 Engel der Huld und Engel des Wissens
3 daß ihr das Herz der N/N wendet 147
4 nichts soll sie ohne meinen Willen tun
5 ihr Herz sei mit meinem Herzen zur Liebe vereint

---

6 und wie eine Frau sich / den Kindern ihres Leibes zuwendet 149
7 so soll sie sich mir zuwenden
8 um mich zu lieben, diese N
9 von diesem Tag / auf ewig. 150

1 mšbjʿ ʾnj ʿljkm (N); erweitert: mšbjʿ ʾnj ʿljk SLMJʾ hšwṭr wmšbjʿ ʾnj ʿljkm ..., "ich beschwöre dich, den Wächter SLMJʾ und ich beschwöre euch ..." (Hl).

2 Huld] ḥn (N); ḥsd, "Gnade" (A), ḥn wḥsd, "Huld und Gnade" (Hl)

3 šthpkw ʾt lb plʾ bʾ plʾ (N); (A) präzisiert: lʾhwb ʾwtj wl-ʿśwt rṣwnj, "um mich zu lieben und mir den Willen zu tun": daraus verdorben: lʾhbh ʾwtj (Hl).

4 ohne meinen Willen] blʿdj (N): ʾlʾ ʿl jdj wʿl pjw (pj, S), etwa: "nur in Einklang mit mir" (A).

5 wjhʾ lbh ʿm lbj lʾhbh (MM nach A,D,N); wthʾ (!) lbh ʾw lbw mhrh ʾlj, "und ihr oder sein Herz eile zu mir" (D); wjhʾ lbjh ʿm lbj (N).

6-9 Zusatz, der durch eine weitere Formularanweisung eingeleitet wird: "nimm eine neue Schale und verstecke sie am Ort ihres Kommens und Gehens", wqḥ ṣlwḥjt ḥdšh wṭmnjh bmqwm bjʾth wjṣʾth, SHR I,147 f. MM vermutet, daß diese Anweisung lediglich am falschen Platz sei (Komm.z.St.). Sie ist nur durch (A,L,S,ʿ) überliefert und fehlt in (D,N); ungewöhnlich auch der Schluß.

8 diese N] plwnjtʾ dʾ (MM nach A,B,P), aramäisch ebenso wie die Schlußformel (Z.9).

1 Ich beschwöre euch 165
2 daß ihr NNs Schicksal und seinen Stern
3 dem Stern des NN / und seinem Schicksal nahebringt 166
4 damit seine Liebe an NNs Herz gebunden sei

---

5 legt Feuer von eurem Feuer
6 in das Herz dieses NN oder dieser NN 167
7 so daß sie das Haus ihres Vaters und ihrer Mutter verläßt
8 aus Liebe zu / diesem NN. 168

Die Beschwörung paßt nur lose zu der vorgegebenen Praxis: "wenn du mit dem Mond oder mit den Sternen reden willst, wegen jeglicher Angelegenheit", ʾm tbqš ldbr ʿm hjrḥ wʿm hkwkbjm ʿl ʿsk kl dbr, SHR I,160.

4/5 zwischen Zeile 4 und 5 markiert ein "und sage", wʾmwr, daß die beiden Stücke wohl ursprünglich getrennt waren. In der arab. Übersetzung folgt auf Z.4 noch ein für Liebeszauber typischer Zusatz: "und erlaubt ihr nicht zu essen, zu trinken, zu schlafen oder zu ruhen, bis sie dem NN zu Willen ist", vgl. MM,Komm.z.St.

BTWʾR ŠKJNTTK ʾDWMʾ TQW MQPʾ LHBʾ ʿLJ ʿZJ 152
ŠKNJʾL KNWR .... ʾDWT RGBJʾL 158

1 Ich beschwöre euch 172
2 daß ihr Huld, Gnade und Barmherzigkeit
auf NN legt
3 vom Glanz der Huld, Gnade und Barmherzigkeit 173
eures Angesichts
4 ich bin NN
5 und möchte Huld, Gnade,/Barmherzigkeit 174
und Ehre erlangen
6 in den Augen jedes Menschen.

BTWʾR etc.] "sage die Namen der Engel", wʾmwr šmwt hmlʾkjm, SHR I,171.

2,3 šttnw ḥn wḥsd wrḥmjm ʿl plwnj mzjw ḥn wḥsd wrḥmjm šl pnjkm (B,P,Q); (A) läßt von ʿl bis wrḥmjm aus: "daß ihr Huld, Gnade und Barmherzigkeit von eurem Angesicht (d.h. Wesen) gebt: ich bin NN"etc. Dieser schlichteren Textfassung von (A) ist der Vorzug zu geben, zumal hierdurch eine Schwierigkeit entfällt: zu Beginn wird die Beschwörung zu Gunsten eines Dritten gesprochen, während sie mit Bezug auf die Person des Sprechers (vgl.Z.4) endet. Nach (B,P,Q) wäre der Zauberer wohl etwas vom Thema abgekommen.

BTWʾR SKJNTTK ʾDWMʾ TQW MQPʾ LHBʾ ʾLJ ʾZJ 152
SKNJʾL KNWR .... ʾDWT RGBJʾL 158

Ich beschwöre dich 178
Geist QRJPWRJJ'
der zwischen den Gräbern lagert
(als Wächter) über die Gebeine der Toten 179
daß du aus meinen Händen dieses Geschenk annimmst
und mir den Willen tust
herzubringen / zu mir den NN, der tot ist 180
laß ihn aufstehen
und er rede mit mir, ohne Furcht (zu erregen)
er berichte mir Worte der Wahrheit ohne Hehl 181
aber so, daß ich mich nicht vor ihm fürchten muß
und er gebe mir die Auskunft
die ich / von ihm brauche. 182

BTWʾR etc.] "nenne die Namen der Engel des fünften Lagers", wzkwr šmwt mlʾkj mḥnh hḥmjšjt, SHR I,176 f.

2 QRJPWRJJ'] wohl griech. kriophóros, was als Hermes-Epitheton belegt ist (vgl. MM.z.St.).

3 zwischen den Gräbern] bjn hqbrwt (A); bbjt hqbrwt, "auf dem Friedhof" (B,P,Q).

4 ʿl ʿṣmwt hmtjm (A).

'WBNJT / RWNNJT 188,189

Ich beschwöre euch
bei dem Namen der Engel
die im fünften Lager dienen
und bei dem Namen des Wächters 190
der über ihnen ist, nämlich 'SJMWR
daß ihr mich erhört
zu dieser Zeit
und / mir den Geist HGRGJRWT sendet 191
er soll nach meinem Willen gehen
zu allem, wonach ich ihn fortsende
er soll / auf mich hören 192
in jeder Angelegenheit
bis zu dem und dem Zeitpunkt.

ʾWBNJT RWNNJT] Die beiden Namen leiten unmittelbar zur Beschwörung über: "wenn du mit den Geistern reden willst, gehe hinaus zum Hinrichtungsplatz und rufe den Namen (rufe dort ?) ʾWBNJT RWNNJT", wʾm trṣh ldbr ʿm hrwḥwt, ṣʾ lmqwm hḥrwgjm wqrʾ šm (d.h. šēm oder šām) ʾWBNJT RWNNJT, SHR I,187.

5 der über ihnen ist] šʿljhm (A); šlhm, "ihres (Wächters)" (B).
ʾSJMWR] šhwʾ ʾSJMWR (A): urspr. Glosse? Sonst ohne šhwʾ, vgl. I,202: wšm hšwṭr PSKR.

Text Nr. 14

SHR I

1 Ich trage euch auf
2 Engel der Größe 203
3 daß ihr den NN ergreift
4 wo immer er geht
5 wo immer er sitzt 204
6 sei es in der Stadt, sei es auf dem Land
7 sei es / auf dem Meer, sei es auf dem Festland 205
8 sei es beim Essen, sei es beim Trinken
9 laßt ihn herbeifliegen wie einen flatternden Vogel
10 bringt ihn her ohne seine Zustimmung 206
11 laßt ihn nicht einen Augenblick verweilen
12 nicht / am Tage und nicht in der Nacht. 207

1 mwsr ʾnj lkm ... štʾḥzw ʾt plwʾ bn plwʾ (A); das ist stilistisch uneben, denn das Verb müßte ein direktes Objekt haben, etwa: mwsr ʾnj lkm ... ʾt pʾbʾpʾ stʾḥzwhw etc., vgl. Text Nr.3,20. Bezeichnenderweise ist auch die Überlieferung unsicher: mšbjʿ ʾnj ʿljkm ... š-, "ich beschwöre euch ... daß ihr" etc. (H); abhängig davon (D2): mwsr ʾnj ʿljkm (!): lectio facilior bei (H)?
Zum Gebrauch von msr vgl. lat. mandare, etwa auf einer Fluchtafel: "hunc ego apu⌜d⌝ vostrum numen demando, devoveo desacrifico, uti vos ... eum interemat⌜i⌝s, interficiatis" Aud.129.

5 wbkl mqwm šhwʾ jwšb (H); ... šhwʾ jwšb bw (D); ... šhwʾ šm (A). Die Gruppe (H,D) hat noch einen Einschub: wthpkw (D; wtpnw, D2; wtpwnw, H) ʾt lbw (D; lbb pʾbʾpʾ, H), "und wendet seinen Sinn (den Sinn des NN) um".

6 auf dem Land] bmdjnh (D,H); bḥwṣ, "außerhalb" (A): (D) fügt hinzu: ʾm bjwm ʾm bljlh, "sei es am Tage, sei es in der Nacht".

9 wie einen flatternden Vogel] kʿwp hmtʿwpp (A); kʿwp (D,H).

10 ohne seinen Willen] blʾ rṣwnw (A); šlʾ brṣwnw, "was nicht nach seinem Willen ist" (D).

11 laßt ihn nicht ... verweilen] wʾl (A: wʾl nʾ, D2; wlʾ, D) tʿzbwhw (D,H: tʿkbwhw, A) lhtmhmh (A).

B W ʾ L

NWHRJʾL DBBʾL DJMTMR DBʾL MḤŠJN ʾʾWR DJʾM 210
BBJTʾL SRWRʾ .... DMNṢR ZZJʾL 215

1 Ich beschwöre dich 226
2 bei dem, der mit der hohlen Hand die Wasser maß
3 der / das Wasser schalt, daß es floh vor ihm 227
4 der die Winde schuf, die durch die Luft fliegen
5 dessen Dienstengel loderndes Feuer sind
6 der das Meer schalt und es austrocknete 228
7 und Flüsse zur Wüste machte
8 bei seinem Namen und bei seinen Buchstaben
9 beschwöre ich / dich 229
10 und bei dem Namen der sieben Engel des siebenten Lagers
11 die dem BWʾL dienen
12 habe ich dich beschworen
13 daß du mir kundtust
14 was im Herzen des NN (vorgeht) 230
15 was sein Wille
16 was die Bedeutung seines Traumes
17 und was sein Plan ist.

BWʾL etc.] "nenne den Namen des Wächters mit dem Namen der Engel des Lagers dreimal", wtzqjr šm hšwṭr ʿm šm mlʾkj hmḥnh gʾ pʿmjm, SHR I,224 f.

2 vgl. Jes. 40,12.
5 vgl. Ps. 104,4.
6 vgl. Nah. 1,4; Ps. 106,9.
7 vgl. Ps. 107,33.
8 und bei seinen Buchstaben] wbʾtjwtjw (H,P); wbʾwtwtjw, "bei seinen Zeichen" (MM nach A); vgl. Text Nr. 35, Z.14.
10 des siebenten Lagers] mḥnh hšbjʿjt (H); mḥnh hškjnh, "des Lagers der Šekînah" (A).
12 hšbʿtj ʿljk{m} (A); von MM nach (H) getilgt. Vgl. jedoch Z. 12 und Anm. 18 (4.5).
13 štwdjʿnj (H): štwdjʿwnj (A)!

ʾWRWDJ GRJBʾL PWṬMWS SRGRJ ṬLJGWS ʾSPDWPWRWS 234

1 Gelöst, gelöst habe ich 235

2 verschwinde und wende deinen Weg zurück.

ʾWRWDJ etc.] griech. "aórate kýrie Bouêl, pot' hemâs árkie telikòs aspidēphóros" (SMITH und COULTER bei MM z.St.)?

ʾḤMRJʾL HDRJʾL RṢJʾL HSʿJʾL DMJMJʾL ZBDJʾL 12f
RNZJʾL ʿNŠʾL KṬBRʾL

1 Ich erbitte von euch 21
2 Engel des Schweigens
3 daß ihr zum Schweigen bringt
4 jeden Mund und (jedes) Herz an diesem ganzen Ort
5 von den Kindern Adams und Evas 22
6 die gegen mich anstehen, um Böses zu tun
7 aus ihren Mündern komme nur Gutes / über mich 23
8 ich erhalte Recht in meiner Gerichtssache
9 und gebt keinem Mund Erlaubnis
10 gegen mich Böses zu sagen.

'HMRJ'L etc.] "sage darüber rückwärts siebenmal die Namen der oben aufgeschriebenen Engel", wʾmwr ʿljw lmprʿ z' pʿmjm ʾt šmwt hmlʾkjm hktwbjm lmʿlh, SHR II,19 f.

2 mlʾkj dmmh (A); (H,Ḥ) fügen hinzu: wjrʾh, "und der Furcht".
6 hʿwmdjm lj lśwm dbr rʿ (A); hʿwmdjm k(k) wk(k), "die dastehen, um das und das zu tun" (Ḥ).
7 nur Gutes] ṭwbwt ʿlj (A): ṭwbtj (H,Ḥ).
8 wʾṣdq bmšpṭj (A); wʾṣwh kmšpṭj (H).

1 Ich erbitte von euch 33
2 den Engeln, die über die Schicksale der Kinder Adams und Evas walten
3 daß ihr / mir den Willen tut 34
4 und das Schicksal des NN mit der Frau NN zusammenbringt
5 er erlange in ihren Augen Huld und Gnade
6 gebt ihr nicht die Erlaubnis 35
7 jemand (anderem) anzugehören außer ihm.

2 über die Schicksale] bmzlwt (N): mazzāl ist zugleich das Sternbild, s.o. Text Nr. 10.
4 mit der Frau NN] lʾšh p'b'p' (N); stilistisch glatter: lmzl p'b'p', "mit dem Schicksal der NN" (A).
7 jemand (anderem)] lʾdm (N); lʾjš ʾḥr, "für einen anderen Mann" (Ḥ); (A) fügt hinzu: bʿwlm, "auf der Welt".

JHWʾL DʿJHW ʾLJʾL BRKJʾL ʿLJ SPWM PNJMWR ʾLʿZR 38
GBLJʾL KMŠJʾL .... RPPJʾL PSPJʾL 39

1 Mond! Mond! Du Mond! 50
2 bringe meine Angelegenheit / vor die Engel 51
3 die auf der dritten Stufe stehen
4 wendet ab von mir / NNs Plan 52
5 den Ratschluß seines Herzens und seine Ränke
6 sein Mund verstumme über mich
7 sein Geist vergehe
8 sein Ratschluß werde zunichte 53
9 sein Herz werde verwirrt
10 und zu jeder Zeit, da er mich sieht
11 sei er von Freundschaft zu mir erfüllt
12 zum Freund soll er mir werden 54
13 und keiner Feindschaft zu mir sich erinnern
14 so daß ich Huld und Gnade in seinen Augen finde.

JHW'L etc.] "sprich die Namen der oben aufgeschriebenen Engel ... einundzwanzigmal", wdbr šmwt hmlʾkjm hktwbjm lmʿlh ... ʿśrjm wʾḥt pʿmjm, SHR II,48-50.

7 sein Geist] dʿtw (N): djntw, "sein Urteil" (H).

10 wbkl ʿt šjrʾnj (N); wʾm (ʾm, H) jrʾnj, "und wenn er mich sieht" (A,H,Ḥ).

1 Ich übergebe euch 64
2 Engel des Zorns
3 die auf der vierten Stufe stehen 65
4 Seele, Odem und Geist des N/N 66
5 daß ihr ihn bindet mit eisernen Fesseln
6 und ihn einsperrt mit ehernen Stäben
7 gebt / seinen Lidern keinen Schlaf, weder Schlummer noch Tiefschlaf 67
8 er soll weinen und schreien wie eine Gebärende
9 und gebt keinem Menschen Erlaubnis, ihn loszulösen. 68

8 er soll weinen] wjhjh bwkh (N); wjhjh nwbḥ kklb, "er soll bellen wie ein Hund" (A).

9 keinem Menschen] lbn ʾdm (N); lšwm ʾdm (Ḥ).
ihn loszulösen] lhtjrw (N): šjtjrhw (Ḥ): (A) fügt hinzu: ḥwṣ mmnj, "außer mir". Die Verben ʾsr (Z.5) und nṭr sind Fachausdrücke für die magische Bindung und Lösung, vgl.o. Kap. 4.5 und 4.6.

Ich beschwöre euch 83
Engel des Feuers und Engel der Flamme 84
bei dem König, der verzehrendes Feuer ist
daß ihr mir beisteht
und den Ofen anzündet 85
der an dem und dem Platz ist
so daß jeder, der in ihn hineingeht
sich entsetzt / wegen seiner Hitze. 86

3 bei dem König] bmlk (Ḥ,S): bmlʾk, "bei dem Engel" (A).
5 anzündet] wtsjqw (A); (Ḥ) fügt hinzu: wtbʿrw, "und anbrennt".
den Ofen] hkjrh (A); damit ist wohl ein ganzes Heizhaus gemeint, denn SHR II,87 werden einzelne kibšanîm (also Öfen, d.h. Feuerstellen) genannt. Vgl. auch II,82: battê hā-ʾēš šäl kîrāh, und III,25.
6 šhjʾ bmqwm plʾ (MM): bmqwm plwnj (S): šbmdjnh plwnjt, "der in dem und dem Land ist" (Ḥ): šhwʾ kpl (A), d.h. b(mqwm) pl(wnj)? Vgl. MM z.St.

Text Nr. 22 SHR II

DKRJ'L ḤRJ'L ŠBQJ'L 'TKJ'L SMJK'L MRMW'L QN'L 139
ṢPTP JH'L .... TRKJ'L TBGJ'L 141

1 Ich erbitte von dir 147
2 großer Engel
3 der genannt wird "Sonne"
4 der auf den Stufen / des Firmaments emporsteigt 148
5 der auf die Menschen (herab)schaut
6 daß du meine Bitte ausführst
7 und meine Angelegenheit vor den / König der Könige 149
- gepriesen sei Er! - bringst
8 zu dem ich bete
9 in der Sache des NN
10 der in Bedrängnis ist und in einem bösen Prozeß 150
11 erlange für ihn von jenem
12 ein gutes Wort und eine Zeit der Erholung
13 zuschanden sollen werden,/ die ihm Böses wollen 151
14 und er komme frei ohne Schaden.

DKRJ'L etc.] "stelle dich vor die Sonne, wenn sie aufgeht und nenne diese Namen", w'mwd kngd hšmš bṣ'th wzkwr 'lh hšmwt, SHR II,146.

2,3 hml'k (mlk, Ḥ) hgdwl hnqr' šmš (A).
7 König der Könige etc.] mlk mlkj hmlkjm h(qdwš) b(rwk) h(w') (hqb"h, B,P,Q; fehlt in H) (A).

RPDJʾL DMWʾL MʾRJNWS ʾMJNʾL ṢḤJʾL ʿQRJʾL ʾDNJʾL 154
RDQJʾL ŠLMJʾL .... PRḤGʾL NPPMJWT 156

1 Ich lege vor dir nieder mein Flehen 166
2 Mond, der einhergeht / bei Tag und bei Nacht 167
3 deine Wagen sind aus Licht
4 vor dir und hinter dir sind Engel der Gnade
5 ich beschwöre / dich 168
6 bei dem König, der dich aufgehen und untergehen läßt
7 so wie du abnimmst und zunimmst
8 und doch dastehst / auf deinem Platz 169
9 so stelle den NN auf seinen Platz
10 daß er geehrt sei
11 in den Augen aller, die ihn sehen
12 und so wie du Ehre hast in der Welt 170
13 so gib ihm Ehre
14 in den Augen aller Kinder Adams / und Evas 171
15 stelle ihn an seine Stelle
16 daß er herrscht wie zu Beginn
17 und nicht (mehr) weicht von seinem Platz.

RPDJʾL etc.] "nenne ... gegen den Mond die Namen der Engel siebenmal", whzkr ... kngd hjrḥ šmwt hmlʾkjm šbʿ pʿmjm, SHR II,165 f.

1 mein Flehen] tḥntj (A): tpltj, "mein Gebet" (P); tḥjntj wtpjltj (H).

6 bei dem König] bmlk (G): bmj, "bei dem" (L).

16 wjhjh mwšl kbtḥlh (G): wjhjh mwšl wbmh mwšl mwšl kbtḥjlh, "herrschen soll er und worüber er herrscht, herrscht er wie zu Beginn" (H).

J B N J ʾ L

Š̌ʿJPJʾL ʾDRJʾL TDHDJʾL Bʾ Š̌Jʾ L ṬHPJʾL RLBJʾL 13
BLNJʾL THZRJʾL .... QSṬSDJʾL NMDJʾL 16

Ich beschwöre dich 20
Salamander
bei dem Namen JBNJ'L
und bei dem Namen / der Feuerengel 21
die ihm dienen
so wie du dem Feuer entflohen bist
so vertreibe und lösche / das Feuer 22
aus dem brennenden Badehaus des NN
und ihr, Feuerengel
deren / Werke alle durch Feuer sind 23
gebt dem Feuer keine Erlaubnis
zu kommen und dieses Badehaus zu entflammen
stellt euch an die Pforten seines Hauses 24
geht hinein
und macht es (so kühl) wie die Kühle des Schnees
und (so kalt) wie kaltes Wasser. 25

JBNJʾL etc.] "nenne darüber den Namen des Wächters und die Namen der Engel, die vor ihm dienen, siebenmal rückwärts", whzkjr ʿljw ʾt šm hšwṭr wʾt šmwt hmlʾkjm hmšrtjm lpnjw z' pʿmjm lmprʿ, SHR III,18 f.

2 slʾmndrʾ (Gl): griech. salamándra.

4 der Feuerengel] mlʾkj hʾš (Gl): hmlʾkjm hqdwšjm, "der heiligen Engel" (A).

6 entflohen] šhbrḥth (Gl): šnbrʾṭ, "geschaffen wurdest (aus dem Feuer)" (L).

7 vertreibe] tbrjḥj (Gl); tlk, "gehe" (Q).

13 an die Pforten s. Hauses] ʿl šʿrjh bjth (Gl); mit "Haus" (hier übrigens nur von Gl überliefert) könnte auch zu verstehen sein: "Ofen, Feuerstelle" im Badehaus, vgl. Anm.z. Text Nr. 21, Z.5. Das gilt allerdings kaum noch für die Lösung dieser Beschwörung, s. Text Nr. 25, Z.5.

15 wie die Kühle des Schnees] Prov. 25,13.

J B N J ʾ L

Šʿ JPJʾL ʾDRJʾL TDHDJʾL BʾŠJʾL ṬHPJʾL RLBJʾL 13

BLNJʾL THZRJʾL .... QSṬSDJʾL NMDJʾL 16

1 Ich beschwöre dich 28

2 Engel des Feuers und Engel der Flamme

3 daß du lösest, was ich gebunden

4 und Erlaubnis gibst den Engeln 29

5 die an den Pforten von NNs Badehaus stehen

6 es zu entzünden und anzuheizen wie zu Beginn. 30

JBNJʾL etc.] "wenn du das Machwerk lösen willst ... stelle dich gegen die Sonne und nenne die Namen JBNJʾL und die Namen der Engel, die ihm dienen", wʾm bqšt lhtjr ʾt hmʿšh ... wʿmwd kngd hšmš whzkjr ʾt šm JBNJʾL wʾt šmwt hmlʾkjm hmšrtjm ʾwtw, SHR III,26 f.

1,2 mšbjʿ ʾnj ʿljk (ʿljkm, A) mlʾk (mlʾkj, A,H,L) ʾš wmlʾk (mlʾkj, A) šlhbt (Gl); (G) nennt noch den Salamander.

3 was ich gebunden] mh šʾsrtj (A,G,H,L); ʾšr ʾmrtj, "was ich gesagt habe" (Gl).

Ich beschwöre / euch 38,39
Engel des Wettrennens
die zwischen den Sternen rennen
daß ihr mit Kraft und Macht gürtet
die Pferde in dem Rennen des NN 40
und seinen Wagenlenker, der sie antreibt
so daß sie rennen,/ nicht ermüden und nicht straucheln 41
und rennen so schnell wie ein Adler
kein (anderes) Tier soll bestehen / vor ihnen 42
und keine Magie und kein Zauber soll über sie kommen.

6 und s. Wagenlenker] wʾt hnjwkws (G); wʾthnj sws (Gl): griech. hēníochos, vgl. MM z.St.

7 und nicht straucheln] wlʾ jjkšlw (Gl); wjlkw (jlkw, L) wlʾ jkšlw, "gehen und nicht straucheln" (Ḥ,L).

8 wjhjw rṣjm wqljm knšr (Gl); wjhjw qljm knšr wrṣjm bkḥ (krwḥ, L), "sie sollen schnell sein wie ein Adler und rennen mit Kraft (wie der Wind)" (A,L); wjhjw qljm wrṣjm brwḥ (krwḥ, G), "sie sollen schnell sein und rennen im Wind (wie der Wind)", (Ḥ,G).

10 (L)fügt noch an: wlʾ jśjgm bmrwṣtm šwm bhmh wlʾ šwm ḥjh, "und in ihrem Rennen erreiche sie kein (gezähmtes) Tier und kein (wildes) Tier".

NWRJ'L 'ZLJBN 'JLJ'L MLKJH ḤJLJ'L ḤRH'L ŠLQJ'L 44
ṢGRJ'L PSKJ'L .... MŠRJ'L 'MNGN'N 47

D L Q J ' L

Ich beschwöre euch 52
Engel, die in Feuer gehüllt sind
bei dem, der ganz Feuer ist 53
dessen Sitz auf dem Feuerthron ist
dessen Diener loderndes Feuer sind
und vor dem Heere von Feuer / dienen 54
bei seinem großen Namen
beschwöre ich euch
daß ihr mir dieses große Wunder zeigt
und dieses Haus mit eurem Feuer erfüllt 55
daß ich und jeder, der bei mir ist
dieses große Wunder sieht
sich aber nicht erschreckt. 56

NWRJ'L etc.] "nenne die Namen der Engel und den Namen des Wächters über ihnen, das ist DLQJ'L ... siebenmal", whzkjr šmwt hml'kjm wšm hšwṭr ʿljhm šhw' DLQJ'L ... šbʿ pʿmjm, SHR III,49-51.

5 vgl. Ps. 104,4; s.o. Text Nr. 15, Z.5.

9 Wunder] hns (G); h'š, "Feuer" (Q).
13 wl' npḥd (G); wl' 'pḥd, "und ich will mich nicht erschrekken" (D): blj pḥd, "ohne Furcht" (A).

NWRJʾL ʾZLJBN ʾJLJʾL MLKJH ḤJLJʾL ḤRHʾL ŠLQJʾL 44
ṢGRJʾL PSKJʾL .... MŠRJʾL ʾMNGNʾN 47

D L Q J ʾ L

1 Feuerengel 57
2 löscht aus! löscht aus! 58
3 augenblicklich, eilet schnell!
4 "Wie sind deiner Werke so viel, o Herr!
5 Du hast sie alle in Weisheit / geschaffen." 59

NWRJʾL etc] "sprich die Beschwörung (d.h. die Namen) rückwärts und sage:", dbr ʾt hšbwʿh (G; hhšbʿh, L) lmprʿ wʾmwr, SHR III,57. Daß hier nur die Namen der Beschwörung (Text Nr. 27) gemeint sind, geht auch aus einem analogen Gebrauch von "beschwören" (=nennen) im folgenden Text (Nr. 29) hervor. Bezeichnenderweise überliefert (D): "sprich dies: ich beschwöre euch, Riesenengel, daß ihr dieses große Feuer löscht; es bleibe nicht eine Stunde (mehr) im Haus", ʾmwr zʾt: mšbjʿ ʾnj ʿljkm, mlʾkj hgbwrjm, štkbw ʾt hʾš hgdwlh hzʾt, wlʾ tʿmwd šʿh ʾḥt bbjt. Vgl. Text Nr. 30. SHR I,124 f; 129 f.

3 eilet schnell] mhrh ḥwšh (A); (S) fügt hinzu: kj mʿśjkm rbjm, "denn eure Werke sind groß". Vgl. 1 Sam. 20,38.

4,5 Ps. 104,24. (L,Q) fügen an: wkw', "usw.".

ʾBRʾSKS MRMRʾWT MWKTJʾL MʾRJT ṢDQJʾL JHSJ 13
ḤSJʾL RBʾL .... HRMʾJʾL NSBRJʾL 16

1 Ich beschwöre euch 30
2 Engel,/ die ihr die Sonne leitet 31
3 mit eurer gewaltigen Kraft
4 auf den Bahnen des Firmaments
5 um die Welt zu beleuchten
6 bei dem, dessen Stimme die Erde erzittern läßt 32
7 der Berge versetzt in seinem Zorn
8 der das Meer beruhigt / durch seine Kraft 33
9 der die Säulen der Welt mit seinem Blick ins Wanken bringt
10 der alles mit seinem Arm trägt
11 der verborgen ist vor den Augen/alles Lebendigen 34
12 der auf dem Thron der Größe der Königsherrschaft der Würde seiner Heiligkeit sitzt
13 der auf der ganzen Welt umherstreift

ʾBRʾSKS etc.] "beschwöre (d.h. nenne) die Namen der Engel ... siebenmal und wenn du keine Antwort bekommst durch diese sieben Mal, beschwöre (d.h. nenne) sie nochmals rückwärts siebenmal", whjh mšbjʿ (G2; wtšbjʿ, L) šmwt hmlʾkjm ... šbʿ pʿmjm wʾm lʾ nʿnjth bʾlw šbʿ pʿmjm, šwb whšbjʿ ʾwtm lmprʿ šbʿ pʿmjm, SHR IV,28-30.

7 wmʿtjq hrjm bʾpw (G2); wmʿtjq jmjm (rmjm, B,P) wmprq hrjm bʾpw, "der Meere (Höhen) versetzt und Berge trennt in seinem Zorn" (A,M,B,P).
9 ins Wanken bringt] wmmwtt (G2); wmšwtt (A,M); wmrʿjš, "erschüttert" (L).
11 vgl. Hiob 28,21.

14 bei seinem großen, furchtbaren, starken, prachtvollen, 35
gewaltigen, riesigen, heiligen, kräftigen,/ wunderba- 36
ren, verborgenen, erhabenen und erleuchteten Namen
15 nenne und beschwöre ich euch
16 daß ihr / meinen Willen und meine Bitte ausführt 37
17 zu dieser Zeit und in diesem Augenblick
18 und den Strahl des Sonnenengels ablenkt
19 so daß ich ihn von Angesicht / zu Angesicht erblicke 38
20 wie er unter seinem Baldachin sitzt
21 doch ich entflamme nicht durch euer Feuer
22 und gebt ihm Erlaubnis
23 meinen Willen auszuführen. 39

14 die gleiche Reihe ist auch im bab. Talmud belegt (B^{e}r.33b), vgl. MM z.St.
16 meinen Willen] rṣwnj (G2); ḥpṣj (L).
18 Strahl] ṣnwr (L): ṣnwrj, "Strahlen" (G2).
19 ihn] die Sonne (šmš) ist maskulin und personifiziert als Engel gedacht, so auch in Text Nr. 31.
22 und gebt ihm] wtnw lw (MM nach ʿ); wtnw lj, "mir" (L).

Text Nr. 30 SHR IV

ʾBRʾSKS MRMRʾWT MWKTJʾL MʾRJT ṢDQJʾL JHSJ 13
ḤSJʾL RBʾL .... HRMʾJʾL NSBRJʾL 16

1 Ich beschwöre euch 41
2 daß ihr den Strahl der Sonne zurückleitet
3 an seinen Platz wie zuvor 42
4 und daß die Sonne ihres Weges geht.

ʾBRʾSKS etc.] "nenne die Beschwörung (d.h. die Namen) und sage:", tzkjr ʾt hšbwʿh (G; kl hhšbʿh, L) wʾmwr, SHR IV,41. Daß für die Lösung die ganze vorhergegangene Beschwörung (Text Nr. 29) noch einmal gesagt werden soll - und nicht einmal rückwärts, was für eine Lösung allenfalls noch sinnvoll wäre, vgl. Text Nr. 28 - ist unwahrscheinlich.

1 mšbjʿ ʾnj ʿljkm (G): mbqš ʾnj mkm wmšbjʿ ʾnj ʿljkm, "ich erbitte von euch und ich beschwöre euch" (L).

PRSJ'L ṢRṢJ'L ʿGJ'L NBJM'L ʿMJ'L JŠRJ'L 'ŠMʿW'L 19
ŠPṬJ'L Š'W'L .... ZH'L ḤDJ'L 23

1 Ich beschwöre euch 47
2 Engel, die im Äther des Firmaments umherfliegen
3 bei dem, der sieht und nicht gesehen wird 48
4 bei dem König, der alles Verborgene aufdeckt
5 der alle / Geheimnisse sieht 49
6 bei dem Gott, der weiß, was im Dunkel ist
7 der Finsternis zum Morgen wendet
8 und die Nacht / erhellt wie den Tag 50
9 vor dem alle Geheimnisse wie die Sonne offenbar sind
10 dem / nichts unmöglich ist 51
11 bei dem Namen des heiligen Königs
12 der auf den Flügeln des Windes einherkommt
13 bei den Buchstaben des / unaussprechlichen Namens 52
14 der Adam im Garten Eden offenbart worden ist

PRSJ'L etc.] "sprich den Namen der Sonne und die Namen der Engel, die sie in der Nacht geleiten, einundzwanzigmal", wdbr 't šm hšmš w't šmwt hml'kjm hmnhgjm 'wtw bljlh ʿśrjm w'ḥt pʿm, SHR IV,45-47.

4 Verborgene] tʿlwmwt (G2): strjm (L); hnstrwt (A).

6 im Dunkel] bmḥškjm (G2); bḥšjkjm (L); bḥškjm (A); bḥšk (M).

7 vgl. Amos 5.8.
10 vgl. Jer. 32,17.
12 Ps. 104,3.

der über die Schicksale herrscht
vor dem Sonne und Mond / sich verneigen 53
wie Knechte vor ihren Herren
bei dem Namen des wunderbaren Gottes
habe ich / euch beschworen 54
daß ihr mir dieses große Wunder kundtut
welches ich erbitte
und ich die Sonne / in ihrer Macht sehe 55
auf ihrem Räderwagen
nichts sei mir zu wunderbar von den verborgenen Dingen
so daß ich ihn sehe / wie den hellen Tag 56
und ich von ihm erfrage, was ich wünsche
und er rede mit mir
wie ein Mann mit seinem Nachbarn redet
er erzähle mir die Geheimnisse der Tiefe 57
und künde mir Verborgenes
nichts Böses soll mir zustoßen.

15 hmwšl bmzlwt (L); hmwlk ʿl kwkbj lkt, "der König ist über die Planeten" (S).

25 ihn] vgl. zu Text Nr. 29, Z.18.
wie den ... Tag] kjwm (A); bjwm, "am Tag" (Q).

28 kʾšr jdbr ʾjš ʿm rʿhw (A); kʾjš ʿm rʿhw (L).

ʾBṢBJ ʾNTWLJPWN HJLJWS NʾṬ WS ʾGDWR ʾPJSṬWS ʾQṬ 61
QWRJPWS ʾJWPJSṬWS HZPLH ṬRWKWS ʾWBJNWS Qʾṭʾ SJṬS
QZMWNṬS SGJMWS PJLJ PʾNṬWR QIRI PWMʾWS ʾJWPWṬWS
ṬJRJWNWS ʾSṬRʾṬJWṬWS 63

1 Nieder lege / ich, NN, vor dir mein Flehen 64
2 daß du mir erscheinst ohne Schrecken (zu erregen)
3 und dich mir offenbarst ohne / Angst (zu verursachen) 65
4 verberge vor mir nichts
5 und erzähle mir in Wahrheit
6 alles, was ich erbitte.

ʾBṢBJ etc.] griech. "eusebô anatolikòn Hḗlios, naútēs agathòs, pistophýlax, koryphaîos eúpistos (hýpsistos ?), hòs pálai trochòn óbrimon (ouránion ?) kathístēs, kosmētḗs (kosmṓntes ?) hágios, polokrátor (polypráktor ?), kýrie, pompòs eúphōtos, týrannos, astrothetḗs" (SMITH bei MM 12).

2 ohne Schrecken] blʾ (blj, P,Q) pḥd; blʾ jrʾh wpḥd, "ohne Furcht und Schrecken" (L).

1 ʼWRPLJʼL! ʼWRPLJʼL! 68
2 ich beschwöre dich 69
3 bei dem, der dich gebildet hat
4 zu seiner Hoheit und zu seiner Pracht
5 seine Welt zu beleuchten
6 welcher / dir die Herrschaft über den Tag gegeben hat 70
7 daß du mir nicht schadest und mich nicht schreckst
8 damit ich nicht erschrecke und nicht erzittere
9 wende dich hin auf deinen Weg in Frieden 71
10 mache dich los
11 und zögere nicht zu gehen
12 von jetzt bis in Ewigkeit
13 Amen. Selah. 72

1 (A): ʼWRPNJʼL ʼWRPNJʼL (L).

3-6 bmj šjṣrk lhwdw wlhdrw lhʼjr ʿwlmw wntn lk mmšlh bjwm (L): fehlt in (A). bʿd hʼdwn ʼšr brʼ ʼwtk, bʿd hdrk kdj lhʼjr ʿwlmw wntn ʿljk zʼt hmmšlh, "bei dem Herrn, der dich geschaffen hat, bei deiner Pracht, um zu (?) beleuchten seine Welt und er gab dir diese Herrschaft" (S). Ein bʿd im Zusammenhang mit der Formel "bei ..." ist ungewöhnlich. Hier liegt wohl der nicht ganz gelungene Stilisierungsversuch eines Kopisten bzw. Redaktors vor; es kennzeichnet die Art und Weise, wie derartige Texte überliefert wurden.

9-11 ⌜w⌝ tpnh (MM; štpnh, L) ldrkk lšlwm wttjrk wlʼ ttʿkb llkt (L): fehlt in (A); wtlk ldrkk (?) wttjr wʼl tʼḥr bdrk, "gehe deines Weges, löse (dich) und bleibe nicht zurück auf deinem Weg" (S).

1 Ich beschwöre euch 23

2 Engel des Wissens und der Klugheit

3 bei dem, der sprach / und es ward die Welt 24

4 bei dem Namen des wahren, prachtvollen und erleuchteten Gottes

5 (bei) dem hohen und erhabenen König, dem Gewaltigen, dem kraftvollen Helden, dem Wunderbaren 25

6 dem Gott aller Geschöpfe, "Fels", "Zebaoth"

7 dem Gerechten, Klaren, Aufrechten und Treuen

8 und bei dem Namen dessen, der euch über alle Monate des Jahres gestellt hat 26

9 der in der Verborgenheit des Höchsten sitzt

10 der verborgene Geheimnisse aufdeckt 27

5 König] mlk (A): bšm mlk, "bei dem Namen des Königs" (L).

6 dem Gott] ʾlhj (A); bšm ʾlwh, "bei dem Namen des Gottes" (L).

7 Fels] ṣwr (A): bšm ṣwr, "bei dem Namen des Felsen" (L).

9 hjwšb bstr ʿljwn (A): vgl. Ps. 91,1: bšm hʾl hjwšb ʿl ksʾ ʿljwn, "bei dem Namen des Gottes, der auf dem Thron des Höchsten sitzt" (L).

11 der über Tod und Leben herrscht

12 der König ist bis in alle Ewigkeiten

13 der feststeht für immerdar 28

14 mit dieser großen, mächtigen, starken,/ schrecklichen 29
furchtbaren, wunderbaren, reinen und heiligen Beschwörung

15 habe ich euch beschworen

16 daß ihr mir in Wahrheit den Monat meines Ablebens 30
verkündet

17 und mir mein Los auf meine Bitte hin aufwerft.

11 der ... herrscht] hmwšl (A): bšm hmwšl, "bei dem Namen dessen, der ... herrscht" (L).

12 der König ist] hmwlk (A): bšm hmlk hmwlk, "bei dem Namen des Königs, der König ist" (L).
bis in alle Ewigkeiten] lʿwlm (fehlt in L) lʿwlmj (wlʿlmj, B) ʿwlmjm (A).

13 der feststeht] hnṣb (A): wbšm hnjṣb, "und bei dem Namen dessen, der feststeht" (L).

17 Los] gwrl (A): gwrl ṭwb, "ein gutes Los" (L).
meine Bitte] šʾltj (A): hdbr hzh šʾnj šwʾl, "die Sache, die ich erfrage" (L).

ʾ P R K S ʾ T W Q P ʾ R S

WJWTN DWKMSʾL KRHʾL ʾŠRJʾL BJWʾL NRHʾL GṢQJʾL 13

GRʿJH ŠRJʾL .... ʾMṢTJʾL TJMNHRQ 17

GWRJʾL SNJʾL ʿZRJʾL ŠRJʾL ʾLJʾL MLKJʾL MLMJʾL 19

ṢMJʾL RNḤJʾL .... HNJʾL ṬWBJʾL 24

1 Ich beschwöre euch 35

2 Engel der Kraft und der Macht 36

3 bei der Rechten des "Kraftvollen Helden"

4 bei der Kraft seiner Macht

5 und bei der Stärke seiner Herrschaft

6 bei dem Gott, der sich auf dem Berge Sinai offenbart hat mit Myriaden von Wagen 37

7 bei dem Gott, dessen Diener tausende / und abertausende sind 38

ʾPRKSJ etc.] "nenne die Namen der Wächter und die Namen der Häupter der sechsten Wohnstatt, die vor ihnen dienen", wtzkjr šmwt hšwṭrjm wšmwt rʾšjm šbmʿwn hššjt hmšrtjm lpnjhm, SHR VI,34 f.

2 mlʾkj ʿwz wgbwrh (A); mlʾkj ʿwz wmlʾkj gbwrh (Ḥ).

3 bjmjn ʿzwz wgbwr (MM); bʿwz jmjn ʿzwz wgbwr (Ḥ); bjmjn ʿzwz gbwr (L); bjmjn ʿzw wgbwr (P); bjmjn ʿwz wgbwr (Q); bjmjn ʿwzw wgbwr (A); vgl. Ps. 24,8: JHWH ʿzwz wgbwr.

4 bei der Kraft] bkḥ (A); btwqp (L).

-10 nach (Ḥ,L); fehlt in (A).

6 bei dem Gott] bʾl (A); fehlt in (L).

mit Myriaden etc.] brjkbj rjbwtjm (A); brjbwʾ rbwtjm (Ḥ), vgl. Ps. 68,18.

8 bei dem Herrn, der Israel aus Ägypten errettet hat
mit sechzig Myriaden
9 bei dem "Ewiglebendigen" 39
10 der mit Moses von Angesicht zu Angesicht geredet hat
11 bei dem Gott, der Mächtige / zunichte macht 40
12 bei dem "Felsen", der zu helfen und zu retten
vermag
13 bei dem, der befahl und das Heer des / Sanḥerib fort- 41
raffen ließ
14 bei seinem Namen und mit dessen Buchstaben
15 nenne und beschwöre ich euch
16 daß ihr kommt / und bei mir steht 42
17 mir zu helfen in dieser Zeit
18 an jedem Ort, zu dem ich gehe
19 und daß bei mir eine große Heeresmacht zu sehen sei 43
20 mit eurer ganzen Macht
21 und mit der Stärke eurer Speere

8 bei dem Herrn] bʾdwn (A); fehlt in (L).
11 bei dem Gott] bʾl (A); hʾl (L).
Mächtige] rwznjm (A); ḥzqjm, "Starke" (Ḥ); Jes. 40,23.
12 bṣwr šjš dj bjdw lhwšjʿ wlhṣjl (A); bṣwr šdj šjš bjdw ... (Ḥ,L).

so daß alle, die / mich sehen 44
von nah oder von fern
und alle, die kommen
um gegen mich zu kämpfen und mich zu ergreifen
vor mir zerbrechen 45
durch die große Angst eures Schreckens
es soll ihnen nicht möglich sein
mir zu schaden
oder sich mir zu nähern
auf sie falle Angst und Schrecken 46
Angst vor mir falle auf sie
auf alle Kinder Adams und Evas
und auf jedes böse Tier 47
so daß sie vor mir beben und zittern.

31 Ex. 15,16.

WJWTN DWKMSʾL KRHʾL ʾŠRJʾL BJWʾL NRHʾL GṢQJʾL 13
GWRJʾL SNJʾL .... HNJʾL ṬWBJʾL 24

1 Gelöst habe ich euch 51
2 geht eures Weges.

WJWTN etc.] "nenne die Engel rückwärts", wzkwr ʾt hmlʾkjm lmprʿ, SHR VI,50.

R Ü C K L Ä U F I G E   L I S T E

D E R

E N G E L -   U N D   G E I S T E R N A M E N

==

Vorbemerkung

Die besondere Form dieser Liste ist als methodische Anregung für eine weitere Beschäftigung mit Namen aus magischen und mystischen Texten gedacht. Eine solche Untersuchung sollte übrigens auch die in noch größerer Fülle überlieferten "voces mysticae" (Zauberworte) mit einbeziehen, denn es scheint nicht ausgeschlossen, daß diese trotz ihres meist korrupten Zustandes mehr Informationen bergen, als bisher angenommen wurde.

Um für diesen ersten Versuch bereits die Basis etwas zu verbreitern, wurde neben dem "Buch der Geheimnisse" auch die zwar spät literarisch fixierte, aber dennoch zum großen Teil Überlieferungen aus talmudischer Zeit enthaltende Schrift von dem "Werk der Schöpfung" (Bārajtā' d^{e}ma'aśēh b^{e}rē'šît, hrg. v. N.SED, REJ 123, 1964, S. 259-305: REJ 124, 1965, S. 23-123; s.a. MERḤABJAH 300, Anm.14) verarbeitet. Außerdem wurde die ergiebige Materialsammlung von R.MARGALIOT (Mal'akê 'äljôn, Jerusalem 1964) herangezogen, so daß hier fast 1400 Namen in textlich einigermaßen gesicherter Form zusammengekommen sind.

Von den Namen aus dem "Schwert des Moses" wurde abgesehen, da der textliche Zustand von GASTERs Ausgabe (vgl. seinen "Index of the Mystical Names", S. XXVII-XXXV) allzu schlecht ist (dazu SCHOLEM JG 99 f) und hier nur das Bild verwirren würde. Allerdings sollte die Forderung, in einer umfassenden Untersuchung auch die zahlreichen Varianten der jeweiligen Textzeugen mit zu verarbeiten, nicht außer Acht gelassen werden, denn auch "verderbte" Wortformen führen in der magischen Überlieferung ein zähes Leben und pflanzen sich oft in eigenen Reihen fort.

Da alle drei benutzten Ausgaben alphabetische und mit genauen Stellenangaben versehene Namenlisten enthalten, wird in der nachfolgenden Liste in einem abgekürzten Verfahren lediglich auf diese verwiesen:

| : Sēfär hā-rāzîm, ed. M.MARGALIOT

|| : Bārajtā' d^{e}ma'aśēh b^{e}rē'šît, ed. N.SED

||| : Mal'akê 'äljôn, ed. R.MARGALIOT, S.1-198

/|| : Mal'akê 'äljôn, S.203-294 ("siṭrā' diśmā'lā'").

|| אלוהקנא
|| לוקנא
| דיקנא
|| לותקנא
|| אחתקנא
|| אסתקנא
|| מסתקנא
|| קלאכסא
|| טיטפא
| מקפא
||/ בר שוריקא
| אגרא
| דגוגרא
| חגרא
| דיגרא
| אומיגרא
| הונמורא
||/ נסורא
| סחרורא
| סרורא
| אסכירא
||/ אפרירא
||/ עפרירא
||/ אסכרא
| נכמרא
| פיתפרא
||/ שיקרא
|| קדישא
||/ שבתא
||/ פחתא
| גרחתא
| אבריתא

| הגדיאב
||/ רהב
| ארנוב

| כפנייא
| קריפוריי'א
| פטכיא
|| מסימטמיא
| כלמיא
| רבניא
| דנרניא
||/ אסיא
||/ בלוסיא
|| סוסיא
||| אהדוריא
||| נעזוריא
||| סוריא
||/ עסטיריא
| שבכיריא
||/ אריריא
|| סותיא
||/ סכסיכא
|| קלכא
| כרימכא
| גלגלא
| ארגלא
| אתגלא
|| יהלא
| דמולא
|| פלא
| אדומא
| תעזמא
||/ בד טמא
|| תורת עמא
|| לוקדנא
||/ פיזנא
| רפאטנא
||/ גזר דינא
||/ רב טינא
| דמנא
|| לוהקנא

| אבבא
| גבא
| להבא
| כוזזיבא
| בריבא
|| קלבא
| אשלבא
| כרבא
| קרבא
| אקרבא
| ארדודא
| אחמודא
| ארפדא
| אצדא
||/ היווא
| שווא
| דשווא
|| פרוא
||/ עוזא
|| יטא
||/ ספסיריטא
| כרקטא
||/ סקפורטא
|| איא
| רחביא
| קטיביא
||| רידיא
||| גזרדיא
||| אוהזיא
| נינחיא
| דצנחיא
||/ לחטיא
|| מסימטיא
||/ סרטיא
||/ הייא
| כלנמייא
| נודנייא

צפצפיה |||
סנוציה |||
אבריח |
סנגריה |||
גדריה |||
סניגוריה |||
גזוריה |||
סמטוריה |||
סטוריה |||
סנוריה |||
תסוריה |||
צוריה |||
עזריה |||
סטוטריה |||
סטריה |||
אדיריה |||
עסיריה |||
עיריה |||
אדיריריה |||
מסמריה |||
נריה |||
פרוכה |
אפיכה |
ראלכה |
סבלה |
לילה |||
תילה |
מכלה ||/
דומה ||/
חימה ||/
נעמח ||/
סיקמה |
אפיזנה ||/
כלנה |
נענה |
לוהקנה ||
אורנה |

סוגדיה |||
הודיה |
יהודיה |||
קסידיה |||
ודרגויה |||
תרקויה |
ודרגזיה |||
עזוזיה |||
אחיה ||/
פתחיה |
אהגייה |
בז בזייה ||/
מס מסייה ||/
מלכיה |
סמכיה |
קדומיה |||
צעקמיה |
פסגניה |||
יהדוניה |||
קנוניה |||
מרוניה |||
אזניה |||
מאזניה |||
כמניה |||
כלמניה |||
סנניה |||
סניה |||
סנסניה ||/
עססניה |||
מטרסניה |||
תמפניה |
צפניה |||
כמוסיה |||
כסוסיה |||
טטרוסיה |||
גרעיה |
יפיפיה |||

תוב |
משתוב |
קטב ||/
אשטיב |
אונביב |
ברכיב |
עקב |

פרוג |
ספניג |
ילדנג |

שודד ||/
הוד |
הוד הוד |
שמיהוד |
ארמוד |
קיפוד ||/
שוד ||/
נקיד |||
השמד ||/

בלאה ||
אקילאה |
כלאה ||
אהבה |||
איבה ||/
אשבה |
נוגה |||
כילדה |
וזתקהה |
פדיה ||
שאיה ||/
גדיה |||

נפלי |
תירלי |
ברגמי |
יהודמי |||
אסטרימי |
יורקמי |||
אשמי |
צפוני ||/
קרקפוני ||/
יכפתיני |
אלני |
אתנני |
לסני |||
קורקפני ||/
צבעקני |
ארקני |
יחסי |
אפרכסי |
טעי |
בלעי ||
רומאפי |
פטרופי |
בכפי |
אלפי |
צדקי |
זרגרי |
שבדורי ||/
אנמרי |
אופרי |
למושי |
שמשי ||/
רקהתי |
אזותי |
יכתי |
גמתי |

קנז |

לגח |
תרגח |
טבוח ||/
טוטפח ||
טיטפח ||

דאינוט |
בר טיט ||/
אוריט |
אלפרט |

שמחזאי ||/
אבירזהיאי |||
זהפטריאי |||
זהפניריאי |||
פלאי ||,|||
אמרלאי ||/
שרלאי ||/
דמנאי |
שבתאי ||/
כרבי |
ארטלידי |
בומדי |
אשמדי ||/
כרדי |
אימרהי |
עזי |
אפרודיטי |
איסטורטי |
פאלי |||
עלי |
פלי פלי ||

יותנה |
קטוסולסה ||
רעה ||/
סקטופה ||/
טוטפה ||
טסקיפה ||/
עולפה |
אברה |
תיגרה |
אלעשה |
פסיסתה |||
כרתה |

בבסבאו |
סכתבאו |
יאבותיאו |
מכסאבו |
אוגרבבו |
תימוגו |
אקודו |
פריכיהו |
אליהו |||
דעיהו |
יכמטו |
סטרטו |
הלניו |||
אנקיו |
טרספו |
ותקו |
אתדשו |
כמשו |

דיראז |
פרוז ||
הורמיז ||/

פלאאל |
שאאל |
בואל |
הגואל ||
רגואל ||
ידואל |
יהואל |
חואל ||
המונחואל ||
טואל ||
חסטואל |
ביואל |
לואל ||
חלואל |
מואל |
דמואל |
כהטמואל ||
למואל |||
קמואל X||,||
מרמואל |
חנואל ||
אמינואל |
ענואל ||
פנואל ||
אשתנואל |
אשמעואל |
פואל |
כפואל |||
צפיקואל |
פרואל ||,|
צרואל ||
בתואל ||
פתואל |
סנגזאל |||
חזאל |
עזאל X||
אחאל |

סגנזגאל |||
פרחגאל |
מיגאל |
פרניגאל |
מסיגאל |
עיגאל |||
נגאל ||
סגנסגאל |||
ברגאל |
בדאל |||
יהדאל ||
יודאל ||
ידאל ||
דנדאל |||
פדאל |||,||
האל ||
נבהאל ||
גהדהאל |||
אודהאל |
פדהאל |
זהאל |
יהאל |
חסדיהאל |||
תומיהאל |||
שמעיהאל |||
קרספיהאל |||
גדריהאל |||
קטטריהאל |||
סעריהאל |||
קרשיהאל |||
דנהאל |||
מנהאל |
חרהאל |
קצירהאל |||
כרהאל |
נרהאל |
אראל |

יאבוך |
כוך ||
בובוכוך |
אמוך |
אנוך |
יאמנוך |
פסיכסוך |
אימיך |
אכניך |
פניך ||
צורניך ||
ככך ||
מנמלך |
המך |
פנך ||
ליברנך |
אדרך |
בהדרך |
סרך |
חשתך |
שכינתתך |

אל |
דבבאל |
ליבבאל |
דבאל |
אביבאל |
סביבאל |
חנבאל ||
ענבאל |
רבאל |
תתבאל |
בבגאל ||
דגאל ||
זגנרגאל |||
זגזגאל |||

| רפדיאל
|| גרדיאל
||| ורדיאל
||| יגזרדיאל
|| ערדיאל
| פרדיאל
/|| שדיאל
||| חשדיאל
/|| כשדיאל
||| אהיאל
|| כהיאל
|| זכהיאל
| בגהיאל
| דגהיאל
||| גהגהיאל
| אוהיאל
||| זהזהיאל
|| בלהיאל
| נהיאל
|| זנהיאל
||| טופהיאל
| עקהיאל
||| ברהיאל
||| סרהיאל
||| מרגיויאל
||| שלויאל
||| ירויאל
||| שויאל
| אזיאל
/|| רוגזיאל
| זזיאל
| עזזיאל
| יחזיאל
| עלזיאל
| רנזיאל
| עזיאל
| אעזיאל

| תבגיאל
| להגיאל
/|| ערגיאל
| סרוגיאל
| דחגיאל
| דלגיאל
| תלגיאל
| אנגיאל
| עגיאל
| מרגיאל
| זבדיאל
|| נכבדיאל
| עבדיאל
||,| גדיאל
/|| סנגדיאל
||| אהדיאל
| תדהדיאל
||| להדיאל
||| סהדיאל
| אודיאל
| גדודיאל
| הודיאל
|| מודיאל
|| המודיאל
| דרודיאל
||,| חדיאל
||| פחדיאל
||| ידיאל
| דידיאל
| כדיאל
| נמדיאל
| חסדיאל
| קסטסדיאל
||| עדיאל
||| לעדיאל
||| סעדיאל
||| פדיאל

| זחזחאל
| סחאל
|| דורטאל
| סטאל
|| תירטאל
||,| איאל
| הרמאיאל
| שמאיאל
| אביאל
| סאביאל
| צבביאל
|| כגביאל
|| נגביאל
| רגביאל
|| מרגביאל
||| דהביאל
/|| דוביאל
| טוביאל
| כלוביאל
| ברתוביאל
| רחביאל
||| סהיביאל
| פריביאל
||| שיביאל
| לביאל
|| דלביאל
|| כלביאל
| רלביאל
||| ארסברסביאל
| צביאל
|||,|| רביאל
| ארביאל
|| דרביאל
||| טוטרביאל
||| סרביאל
||| ערביאל
||| כתביאל

אורפליאל |
כורפליאל ||
טרפליאל ||
שרפליאל ||
בצליאל ||
רליאל ||
שדרליאל |
תליאל |
מיאל ||,|
אמיאל |
תיאמיאל |
אגמיאל |
דמיאל ||
קדמיאל ||,|
להמיאל |||
רהמיאל |||
ומיאל |||
אומיאל |
תאומיאל /||
דומיאל ||,|
גדומיאל ||
כדומיאל |
נדומיאל ||
קדומיאל |||
רחומיאל ||
דמומיאל |
ימומיאל |
קנומיאל |
קומיאל |
רומיאל |||
עגרומיאל |||
דרומיאל |
נרומיאל |
קרומיאל |
תומיאל /||
נחמיאל ||,|
רחמיאל ||,|

ברכיאל |
אברכיאל |
דרכיאל ||
תרכיאל |
אתכיאל |
מתתכיאל ||
ליאל ||
אליאל ||,|
גבליאל |
סבליאל |||
דלגליאל |
אדליאל |
בהליאל ||
כהליאל ||
זבוליאל |||
גוליאל |
לוליאל ||
בחליאל ||
גחליאל |
כחליאל ||
חלחליאל |||
נחליאל |
יליאל ||
איליאל |
חיליאל |
קליליאל |
כליאל ||
כהלליאל ||
פלליאל ||
אמליאל |
טרגמליאל ||
תגמליאל |
סלסליאל |||
פליאל ||
ניפליאל |
נפליאל ||
צפליאל |

רזיאל |
ברזיאל ||
אחיאל ||,|
בחיאל ||
זבחיאל ||
סלחיאל |
בנחיאל ||
זנחיאל ||
כנחיאל ||
אמנחיאל |
רנחיאל |
צחיאל |
נצחיאל |
תחיאל |||
מלתחיאל |
פתחיאל |
גטיאל |||
רגטיאל ||
דטיאל |||
רחטיאל |
פרוטיאך |
מלטיאל ||
פלטיאל ||
ססטיאל |||
צפטיאל |
סרטיאל |||
אסתטיאל |
מדוכיאל ||
כווכיאל ||
מכוכיאל ||
סוכיאל ||
מלכיאל ||,|
סמכיאל X||,|
תמכיאל |
המנכיאל |
סכיאל ||
פסכיאל |

|||	חנניאל	/||	אגניאל	||	בהטמיאל
|	לינניאל	|	דניאל	||	כהטמיאל
|	ענניאל	|	אדניאל	||	נהטמיאל
|	סניאל	|||	יהדניאל	|	איטמיאל
/||	נגדסניאל	||	תודניאל	|	לטמיאל
|	חסניאל	|	מדניאל	|	דמימיאל
|||,||	עניאל	||	סדניאל	|	תנימיאל
||,|	פניאל	|	רעדניאל	|||	חכמיאל
|	אפניאל	||	תדניאל	|	למיאל
|||	ארפניאל	|	הניאל	|	מלמיאל
|||	חפניאל	|||	אהניאל	|||	עלמיאל
|	גוחפניאל	/||	אוניאל	|||,|	שלמיאל
|	מפניאל	||	דוניאל	|	חממיאל
|||	אפפניאל	|	אדוניאל	|||	רהסמיאל
|	אורפניאל	||	חנוניאל	|	קסמיאל
||	טרפניאל	|	תרסוניאל	|	עמיאל
||,|	קניאל	|	פתוניאל	|||	רעמיאל
|	ארניאל	||,|	חניאל	|	צמיאל
|||	נגרניאל	||	גחניאל	||	קמיאל
|||,|	הדרניאל	||	דוחניאל	|	יוקמיאל
|	אורניאל	||	רוחניאל	||,|	רמיאל
||	דורניאל	|	קטחניאל	|	ארמיאל
||	טורניאל	X||,||	מחניאל	||	ברמיאל
||	סרניאל	|	קחניאל	||,|	דרמיאל
/||	נסרניאל	|	פורטניאל	||	אורמיאל
||	קרניאל	|||	שכיניאל	||	כרמיאל
||	תרניאל	|	אלמיניאל	|	צרמיאל
|	התניאל	|||	נורפיניאל	||	קרמיאל
|	חותניאל	||	סכניאל	|	תרמיאל
||	שטיתניאל	|	שכניאל	|	צמיאל
||	מתניאל	|	בלניאל	||	חדשמיאל
||	שסתניאל	|	אמניאל	||	קדשמיאל
||	שתניאל	|	טמניאל	|||	חטמיאל
|||	גדהסיאל	|	עמניאל	||	אניאל
|	סוסיאל	|	קמניאל	|	יבניאל
/||	פוסיאל	|	תמניאל	|||	מבניאל
|	חסיאל	|	עדנניאל	|	מרבניאל

אריאל |||
ואריאל |||
בריאל |||
אבריאל |
גבריאל |||,||,|
דבריאל |
נכבריאל |
נבריאל |
נסבריאל |
אגריאל |
דגריאל |
טגריאל |||
נגריאל ||
פגריאל |
צגריאל |
תגריאל |
דריאל |||
אדריאל |
גדריאל ||,|
הדריאל ||,|
יהדריאל |||
ודריאל |||
הודריאל ||
נדריאל ||
סדריאל |
עדריאל ||
רדריאל |
שדריאל |
הריאל ||,|
אהריאל |||
דהריאל |||
נוהריאל ||,|
זהריאל |||
טהריאל ||,|
להריאל |||
מהריאל |
נהריאל |

שעפיאל |
עופפיאל |||
אספפיאל |
רפפיאל |
קצפיאל |
תוקפיאל |
נורפיאל |||
טרפיאל ||
סרפיאל ||,|
ערפיאל |||
שרפיאל |||,||
מתפיאל |||
שתפיאל ||
ציאל |
רצוציאל |||
קפציאל |||
פצציאל |
רציאל |
צרציאל |
דיבקיאל |
שבקיאל |
צדקיאל ||,|
רדקיאל |
דלוקיאל |||
סוקיאל ||
יהזקיאל ||
חזקיאל |||,||
יחזקיאל ||
מחקיאל |||
דלקיאל |
זלקיאל |
שלקיאל |
חמקיאל |
גצקיאל |
ברקיאל ||,|
מתקיאל |||
שתקיאל |

טסיאל |
רסיסיאל |||
מכסיאל |
סכסיאל |
חלסיאל |
מסיאל ||
זנסיאל ||
שעסיאל |
ערסיאל /||
פרסיאל |
רבעיאל |
כגעיאל ||
רגעיאל |||
בלעיאל ||
כלעיאל ||
קלעיאל |
שמעיאל |||,||
הסעיאל |
קרעיאל |||
תרעיאל ||
ישעיאל |
פיאל |
מדגפיאל ||
טהפיאל |
יופיאל |||
פרופיאל |
עזפיאל |||
חטפיאל |
נטפיאל |
יפיאל |||
שעיפיאל |
טפיפיאל |
אלפיאל |
אנפיאל |||
ענפיאל |||
פספיאל |
זעפיאל /||

| אשריאל
| ישריאל
| משריאל
|| נשריאל
| אפשריאל
||| קשריאל
||| ותריאל
|| שותריאל
/|| כתריאל
||| אכתריאל
| סתריאל
||| רגשיאל
| קודשיאל
||,| קדשיאל
||| קדושיאל
|| חושיאל
||,| מושיאל
/|| קושיאל
||| קרישיאל
||| ישישיאל
| חלשיאל
| כמשיאל
||,| שמשיאל
| בעשיאל
| געשיאל
|| רעשיאל
|| ירעשיאל
|| קשיאל
| ירשיאל
||| קרשיאל
||| אתיאל
|| בתיאל
||| פדותיאל
|| דותיאל
||| בזתיאל
||| יתיאל
| פדיתיאל

||| עטריאל
| בהגיריאל
||| אדיריאל
||| יהיריאל
||| עיריאל
/|| ניאציריאל
| דכריאל
| זכריאל
| דלריאל
| מריאל
| אמריאל
| אחמריאל
/|| סמריאל
/|| קמריאל
||| שמריאל
||| נריאל
| בנריאל
|| סריאל
|||,|| עריאל
||| ועריאל
/|| שעריאל
| פריאל
| אפריאל
| שופריאל
||| תופריאל
| ספריאל
||| סעפריאל
|||,|| צריאל
| אקריאל
| קונאקריאל
|| בקריאל
||| יקריאל
||,| נקריאל
| עקריאל
||| זהרריאל
||| שהרריאל
| שריאל

|||,| אוריאל
||| זבוריאל
||| שבוריאל
| גוריאל
|| הוריאל
||| גהוריאל
|| טהוריאל
|| שהוריאל
|| חוריאל
|| טוריאל
||| סטוריאל
|| מוריאל
|| המוריאל
||,| נוריאל
| מנוריאל
||| סוריאל
||| עוריאל
||| פוריאל
||| צוריאל
|| קוריאל
|| יוקוריאל
||| נערוריאל
||| סתוריאל
||| בזריאל
| גזריאל
| תהזריאל
/|| חזריאל
||| כזריאל
||| אכזריאל
| עזריאל
||| יעזריאל
| חזריאל
|| טריאל
/|| חוטריאל
||| פלטריאל
||| סנטריאל
||| סטריאל

ירזיעאל |||
שמעאל |||,||
פאל ||
פפאל |
רפאל |||,||
טרפאל ||
לתסרפאל |
ישתפאל ||
רבצאל |
דגצאל ||
אלצאל ||
יעצאל |
פצאל |
אראל |
בראל |||
כטבראל |
ליבראל |
אדראל ||
גדראל ||
עדראל ||
מנהראל |
מוראל |
יראל ||
נראל ||
פראל ||,|
שראל ||
ארבשאל |
חרשאל ||
קדישאל ||
ענשאל |
בביתאל |
אגיתאל |
כריתאל |
עתאל ||
נבל /||
תבל |
חגל |

סמאל /||
תורת עמאל ||
רמאל |||,||
דרמאל ||
נאל ||
שבנאל |||
דנאל |||
דונאל ||
חנאל ||
ינאל ||
הינאל |||
אהינאל |||
אדרהינאל |||
חוינאל |||
אמינאל |
עינאל |||
דוכנאל ||
ננאל ||
הננאל ||
חננאל ||,|
נחננאל ||
עננאל ||
רננאל ||
נגרסנאל /||
ענאל |||,||
וענאל |||
פנאל ||
קנאל ||,|
אלמהקנאל ||
אסתקנאל ||
מתנאל |
נתנאל |
מרניסאל |
דוכמסאל |
ברשסאל |
ידעאל ||
שמועאל |||

מניתיאל |
מוכתיאל |
מכתיאל /||
נתיאל |
אסתיאל |
אפתיאל |
אמצתיאל |
גבורתיאל |||
קשתיאל ||,|
כאל ||
אכאל |
יוכאל ||
מוכאל |
מיכאל |||,||
אמיכאל |
מכמיכאל |
סמיכאל |
אלניתכאל |
אלאל ||,|
יאלאל |
יהלאל ||
רכילאל |
חלילאל |
פלילאל ||
פיללאל ||
פללאל ||
מלמלאל ||
עלאל ||
פלאל ||
בצלאל ||
דמאל ||,|
עזמאל |
בקטמאל ||
נבימאל |
מלמאל ||
הממאל ||
רממאל ||

אשמיגדון |
שוכדון |
שמדון ||/
יוון |
תרוחון |
פתחון |||
ארטמיכטון |
אומטון |
כנטון |
סמליון |||
אנגריון ||/
דידריון |
אלון |
עדמון |
המון ||
פרסומון |
איטמון |||
אטימון |||
קסטימון ||/
אסימון ||X
אתמנון ||
לחסון |
אגיריסון ||/
כרסון |
טריפון |
כפון |
סנדלפון |||
אלצון ||
סיגרון |||
אתגרון ||
אדרון |
פחדרון |
אדריהרון |||
דהבירון |||
אנורון ||
חרון ||/
אטרון ||

אלהים ||
אלים ||
בן נפלים ||/
סומכים ||
סמכים ||
מסים ||
מפים ||
לובקים ||
הלקים ||
חלקים ||
מצרים ||/
טומכם ||
טומכט ||
יהודיעם |||
הדומיעם |||
ידומיעם |||
אבירם |
כרם |
שקחשם ||

אכזאן |
חליאן |
פריאן |
גילאן |
מרמאן |
אמנגנאן |
אזליבן |
בלאדן ||/
קרונידן |
דימהן |
הופניאון |
צמאון ||/
פובון |
תענבון |
דרגון ||/
אזרגון ||

רחגל |
דיגל |
גדגדל |
רמגדל |
דוהל |||
רנהל |
חשול |||
אנחל ||
כטיל |
בהחמל |
ידעל ||
ישתפל ||
קל ||/

דיאם |
וזלהבם |
קלבם ||
מלגדם |
סלבידם |
שמהם ||
שומהם ||
מבום |
סיכברדום |
שיראיום |
זוננום |
מרסוט |
לפוט |
ספוט |
פרזירום |
תירום |
גירשום |
תרטם |
אלבים ||
אילבים ||
אשלבים ||

I	אסתירוף
I	פרעתוף
I	אניף
I	ללף
III	אסף
I	אחסף
I	אכנסף
I	תלבעף
I	אכפף
II/	קצף
I	צפתף
I	מסרוץ
I	פרוץ
III	בן נץ
II	יהגק
I	אדק
I	צדק
I	ארדק
I	ברוק
III	בזק
II,III	צורטק
II	ישדטק
II	יחויק
II	יהנק
II	יחנק
I	ארק
I	תימנהרק
I	נרנתק
I	בתואר
I	מרוזאר
I	אובר

II	לרפחוס
I	אלפנטוס
I	קרסטוס
I	כרכוס
I	מוס
I	טופומוס
I	נימ‌מוס
I	מארינוס
I	פרנוס
II/	קורדיקוס
I	גנטס
I	ארמוניס
II	מסיס
I	ריפיפיס
II/	אנטיגריס
I	אבראסכס
I	תכורכס
II/	ארמילס
II/	אגרימס
II/	אכרימס
II/	אבלמס
I	קרוכנס
I	אליטס
I	תקפירס
II/	נגע
I	צביודע
I	אשמדע
I	ששמע
I	הרמנע
IIX	אף
I	אמאף
I	קוף
I	להתקוף

III	מטטרון
III	אדירירון
II/	שמרירון
II	אסרון
I	דיתרון
I	תאגישון
I	כרבתון
III	ידותון
I	אגלגלתון
I	אסתון
I	כלפתון
I	אשתון
II	אטרוטן
I	שלהבין
II	צורטין
I	סדרכין
II/	הורמין
I	פרנין
II	אלצין
I	אסטורין
II/	בת חורין
I	מרמרין
I	מחשין
I	אגדלן
II	אצלן
II/	מהומן
III	הימן
II/	כפן
II	אלצן
I	יארן
I	ויותן
I	בורתיאס
II	קלבס
I	פוכבוס
I	חשנדרגוס

רספות |
חגרגירדות |
אותות |
פתות ||/
דאובית |
משבית ||/
משחית ||/
שרוכית |
לילית ||/
אובנית |
רוננית |
פסקנית |||
אפית ||
מארית |
ההגרית |
איכרית |
אימרית ||/
גופרית ||/
דלכת |
תכת |
אזלת ||/
מחלת ||/
חימת ||/
אדעת |
הצניפלפת |
יחספת |
הברקת |
אגרת ||/

פסכר |
כמימר ||
תמר |
דימתמר |
פסתמר |
מיסר ||
גאופר |
אשפר |
דמנצר |
ייקר |
נשר |
אתר |
הסתר |
אכסתר |

אטריגיאש |||
קדוש ||
ארוש |
נחש ||/
תרשיש |||
בנש |
יוצש |
פפתש |

ארמאת |
מאות |
בראות |
מראות |
במראות |
מרמראות |
זמבות |
אדות |
נפפמיות |
זכות |||
ארמות |

עבר |
משבר ||/
תרורגר |
זהר |||
אמנהר |
אור |
אאור |
פאאור |
דבובאור |
תרואור |
אנאור |
דידנאור |
אנבור |
אביהור |
פכהור |
זביטור |
פנימור |
אסימור |
דינמור |
הרמור |
אנדגנור |
ארונור |
כנור |
מפנור |
דכנסור |
קטיפור |
אשפור |
גליצור |||
בריתור |
אלעזר |
כביר |
אשביר |
אדיר |
כדיר |
קטיר |
בלקיר |
אכר |

I N D E X

Z U M

A L T J Ü D I S C H E N   Z A U B E R W E S E N

===

Vorbemerkung

Ludwig BLAUs wichtige Schrift über "Das altjüdische Zauberwesen" bildet seit ihrem Erscheinen (Straßburg 1898) die unumgängliche Grundlage für jede auch weitergehende Beschäftigung mit diesem oft oberflächlich, doch selten mit intimer Kenntnis der Originalquellen behandelten Thema. Damit das dort zusammengetragene Material in Zukunft leichter berücksichtigt werden kann, wird der nachfolgende Index geboten. Er bezieht sich zwar fast ausschließlich auf das jüdische Schrifttum der talmudischen Zeit, stellt damit aber dennoch einen nahezu vollständigen Stellenindex zu dem genannten Werk dar.

Es ist darauf hinzuweisen, daß BLAUs Angaben weder im einzelnen nachgeprüft, noch gewisse Inkonsequenzen der Zitierweise ausgeglichen worden sind. Auf der rechten Spaltenhälfte ist jeweils die Seitenzahl, hinter einem Komma gegebenenfalls die Nummer der betreffenden Anmerkung angegeben. Eine Stelle, die bei BLAU ausgeschrieben ist, wird mit einem Plus (+) vermerkt.

Targum

Ex. 32,25   124 +
Lev. 24,11   125 +
Dt. 24,6   158,2
32,24   146,4 +
Qoh. 3,11   124 +
Cant. 3,17   124 +

M^ekîltā' zu Ex.

14,7 : 24,4
14,9 : 41
14,26 : 58,2 +
15,1 : 105,1 +
15,3 : 120,4 +
15,25 : 59,1
20,3 : 120,6 +
22,18 : 20,2
22,19 : 135,3
f.12a : 152,1 +
f.46a : 119,6
f.67b : 119,6
f.71b : 122,3

Sifrā'

53b : 88 88,2 +
83d : 123,3 +
90b : 45,2 +
17,1
90c : 119,4
91a,c : 17,1
91d : 51,7
93d : 17,1
104c : 125
130
112c : 148,2

Sifrê

I,12 : 119,8
I,14 : 123,3 +
I,16 : 30,3 +
119,7
I,39 : 124
I,42 : 119,7
I,143 : 120,2
II,15 : 106,3 +
II,26 : 25,5 +
II,32 : 15,1
II,43 : 120,6 +
135,3 +
II,52 : 22 +
II,61 : 119,10+
II,170 : 20,1
II,171 : 45,2 +
II,306 : 120,1
121,3
II,318 : 55,3 +
II,321 : 55,3 +
II,346 : 121,3
II,355 : 11,3
Dt.171f: 17,1

P^{e}siqtā’

6b	:	12,8
33b	:	31,2
		38,1
		48,2
35ab	:	161,2
40a	:	31,2
45b	:	12,3 +
52b	:	139,2 +
87b	:	60,1 +
90b	:	50,3 +
		34,4
108b	:	136,3 +
118a	:	58,1
124b	:	10,3
137a	:	50,4
140a	:	60,2 +
		121,4 +
148a	:	125,1 +
177a	:	50,1 +
187a	:	13,1

P^{e}siqtā’ rabbātî

9b	:	91,6
57a	:	31,2
59b	:	38,1
76b	:	139,2 +
104a	:	104,3 +
104b	:	118,8 +
148a	:	121,1 +
181a	:	15,1

Lev. rabbā’

1	:	127,1
22	:	166,1 +
23	:	139,2 +
25	:	91,5 +

Tanḥûmā’

Gn.12	:	15,1
Gn.27	:	164,1
Gn.28	:	54,1
Gn.33	:	157,2
Ex.	:	39,2
		50,2 +
		159,1 +
Ex.6	:	40,1 +
		121,1 +
Ex.6	:	121,3
Ex.18	:	118,8 +
f.184	:	121,1
f.186	:	40,1 +
f.199	:	15,1 +
f.563	:	147,1 +
f.682	:	118,3 +

Deut. rabbā’

5,15	:	162,6

Num. rabbā’

1,11	:	139,2 +
12	:	91,6
15,24	:	126,5

Ex. rabba’

1,29	:	50,2 +
9,6	:	40,2
9,11	:	15,1 +
16	:	89,2 +
		121,3 +
42	:	136,1 +
52,3	:	60,1

Gen. rabbā’

3,6	:	119,1 +
9	:	148,3 +
10	:	161,1
35	:	60,1
39,14	:	15,1
44	:	139,2 +
71	:	118,4
77	:	92,1
78	:	109,5
82	:	81,8
84,4	:	15,1
91	:	154,5
99	:	108,2 +

Midr. Threni

3,23	:	109,5

Cant. rabbā’

1,3	:	15,1
2,2	:	139,2 +
8,5	:	92,1

Qoh. rabbā’

1	:	29,4 +
7	:	65,2

Sonstige Midrāšîm

Vgl. 129,1; 140,1; 163,7; 13,4+; 40+; 65,2; 138,1;139,2; 109,5+; 110,1; 30, 5; 51,5; 121,3,2; 129,1; 144,1; 109, 3+; 31,1; 52,1.

Talmûd, Tôsefta

B^{e}rākôt

V,3-5	:	149,4
		149,5
3a	:	12,4
		65,2 +
		79,3
3b	:	12,7
5a	:	146,4
6a	:	11,1 +
		54,2
		159,5
6b	:	23
7b	:	118,3 +
8b	:	47,3
		150,4 +
12a	:	110,1
18b	:	46,5
		53,5
19a	:	61,4
20a	:	155,1
23b	:	150,7 +
24b	:	164,3 +
25b	:	162,4
29b	:	150,6
32a	:	119,6 +
33a	:	105,3 +
33b	:	106,2
		147,3 +
34b	:	149,5

38a : 42
43b : 12,7
51a : 10,3
162,4
163,6 +
53a : 24,5
63,3 +
67,1 +
55a : 122,7 +
55b : 71
56a : 62,2
56b : 71
57b : 164,4
59a : 53,2
60a : 61,4
62a : 54,3 +
72,3
160,4
63a : 137,1 +

jB^e^r.

5a : 149,3
6d : 164,3 +
7b : 150,5 +
9a : 159,1
10d : 164,2
fin. : 54,3 +

Tos. B^e^r.

II,3 : 149,1 +
II,15 : 149,2
II,16 : 162,4
III,1 : 149,5 +
VII,20 : 123,3 +
VII,22 : 119,9

D^e^maj

II,17 : 92,2 +
II,18 : 87,2 +
VI,2 : 106,3 +

Š^e^bî'ît

I,10 : 165,7 +
35b : 165,4

jT^e^rûmôt

40b : 53,6 +

jMa'aśrôt

51a : 30,4

jMa'aśer Š^e^nî

53b : 71,2 +
55d : 164,4 +
165,6

Tos. Ma'Š

I,3 : 89,1 +
V,13 : 165,6

Šabbāt

II,5 : 13,5
VI : 23
VI,1 : 165,3
VI,2 : 88,1 +
VI,9 : 160,7 +
VIII,3 : 88,6 +
XIV : 23
8b : 52,2 +
10b : 156,5
23
30b : 56,1 +
33a : 54,4 +
33b : 34,3 +
53a : 155,5 +
166,4
53b : 89,7
55b : 148,1 +
57b : 165,3
59a : 165,3
61a : 87,2 +
61b : 88,7 +
88,8 +
91,1
92,4
93,1
123,3 +
66b-67b: 23
72-76
66b : 72,4
73 +
85,1 +
164,5 +
165,1
67a : 23,1 +
67,6 +

67a : 69,3
165,4
75a : 20,3
22,1 +
80b : 116,1
81a : 158,1
81b : 26
27,2
68,1 +
157,8
82a : 13,3 +
88a : 10,3
104a : 85,2 +
134,2
148,2
104b : 41,1 +
105a : 148,2 +
108b : 162,7 +
163,1
109b : 23
23,3
26,3
42
162,1
110a : 42,2
76,2
110b : 23
48,2
77,2
115b : 93,1 +
116a : 30,3
118b : 95,2
150,6
120b : 119,4
121b : 48,2
163,2 +
127a : 150,6
130a : 152,4
151b : 12,2
156a : 42
156b : 147,1 +

jŠab.

7c : 92,4
8b : 77,4 +
91,3 +
92,4 +
164,8
11b : 88,6 +
161,3
13d : 30,1
41,1 +

14c : 22,2
71,2 +
72,1 +
154,1
14d : 29,4 +
69,1 +
161,6
162,5 +
162,7 +
16b : 90,1 +
92,3 +

Tos. Šab.

IV,5 : 89,7 +
155,5 +
IV,9 : 88,8 +
92,4
IV,10 : 91,3
92,4
V,17 : 160,6
VI-VII : 64,2
65,3 +
VI,13 : 66,1
VII,25 : 64,1
IX,1 f : 161,3
IX,15 : 41,1 +
XIII,4 : 93,1 +

ʿErûbîn

X,1 : 191,5
18b : 11,4 +
102,1 +
125,2
19a : 118,6
21b : 161,5
41b : 13,4 +
54,4
43a : 12,1
64b : 24,3 +
156,6 +
96b : 151,5

Tos. ʿEr.

III,8 : 56,1 +

Pesāḥîm

III,1 : 42,1 +
X : 23
9b : 46,1 +
25a : 89,2
42b : 42
84,1
50a : 123,3 +
53a : 156,1
54a : 11,3
107,2
109,2
109b
-110b : 13,2
109b
-113b : 23
110a : 12,1
13,2
26,3
77,3
110b : 48,2
77,4
111a : 70,1
78,2
157,7
111b : 14,1
26,3
146,3
112a : 71,1
79,1
112b : 47,3
56
79,3
79,4
114a : 82,5
116a : 80,1
116b : 92,5
117a : 61,5 +

Šeqālîm

9a : 14,5

Jômāʾ

III : 126,3 +
VI,2 : 124
VIII,5 : 80,3 +
9b : 102,2 +
11a : 152,2
19b : 149,3
21a : 12,6
146,3
38b : 126,3 +
39b : 62,3 +
129,3
66b : 63,2 +
69b : 124
75a : 11,7
75b : 62,1 +
83b : 25
80,2
118,2
84a : 82,1
82,2
160,1

jJômāʾ

38c : 50,1
40d : 129
132,2 +
138
45b : 31,2
80,2
77b : 115,1 +

Sukkāh

28a : 46,2 +
41b : 150,7 +
45a : 131
139,1
45b : 127,1
135,3 +

Bêṣāh

16a : 23

Roʾš haš-šānāh

16b : 118,7 +
18a : 150,3 +
24b : 20,3
28a : 55,3
35a : 150,2 +
59a : 30,5

Taʿanît

II,12 : 56,1
III,9 : 61,5
8b : 156,4 +
9a : 51,3
19a : 33,1 +
20b : 14,5 +

20b : 159,2
160,1 +
22b : 13,5 +
23ab : 33,2
25a : 118,2 +

jTa'an.

65d : 118,9 +
136,2 +
66d : 33,2

Megillāh

II,4 : 149,1
3a : 11,7
29,4
63,1 +
146,5
13b : 109,3 +
22b : 12,3
24b : 151,2 +
25a : 147,4
25b : 62,7 +
27b : 162,3

Tos. Meg.

II,1 : 149,1
III,6 : 43
IV,28 : 116,1
IV,34 : 116,1

Mô'ēd qāṭān

8a : 63,7
18a : 30,5

Ḥagîgāh

3b : 53,6
12a : 122,7
14b : 26,4
115,1 +
15a : 151,4 +
16a : 105,1
124
16b : 11,5 +

jḤag.

77a : 106,3 +

Tos. Ḥag.

II,1-7 : 116,1
II,3 : 115,1 +

Jebāmôt

49b : 122,1
127,1
64b : 56
122a : 11,7

Tos. Jeb.

VIII,4 : 158,3
XIV,4 : 72,2 +

Ketubbôt

8b : 61,4 +
60b : 56
61b : 163,4
14,1
104a : 10,3

Nedārîm

III,12 : 106,3 +
25a : 120,6
32a : 77,4 +
41b : 63,6
66b : 35,1
118,1 +

jNed.

42c : 131,1

Giṭṭîn

VI : 23
35a : 63,4 +
37b : 63,6
45a : 25,4 +
46,1
45b : 30,3
56b : 53,2
160,2
57a : 161
66a : 12,1
67b : 14,1 +
92,6
68a : 11,2
121,7
68a-70a: 23

68b : 11,7
59,3
116
161,2
69a : 82,6
92,5
69b : 84,1
75b : 62,4 +

Sôṭāh

IX,13 : 22,1 +
3a : 13,4
55,3 +
10a : 119,2
10b : 119,2 +
11a : 62,2
21a : 152,4 +
22a : 25,2 +
25,3 +
53,1
75,2
36b : 119,2
155,1
42b : 120,3
45b : 29,2 +
47a : 116,3 +
122,2
48b : 102,2

Tos. Sôt.

VII,17 : 120,3
XIII,8 : 129,3 +
XIV,3 : 22,1 +
XV,5 : 149,5

Qiddûšîn

31b : 26,2
39b : 12,4
26,1
79,3
49b : 38,2 +
62a : 12,5
71a : 126
137,2 +
138,1 +
71b : 132,3 +
73b : 90,2 +
165,2
fin. : 25,1 +

Tos. Qid.

II,2 : 12,1 +
V,4 : 43,3 +
V,17 : 91,4

Bābā' qammā'

VIII,9 : 106,3
11a : 51,1
60a : 10,3
93a : 62,6 +
119b : 118,2 +

Bābā' meṣî'ā'

VII,1 : 106,3
23a : 23,3
156,6
25b : 157,2 +
30a : 156,3
81b : 154,6
84a : 51,1
155,1
107a : 156,2
107b : 26,6 +
46,5
53,4 +
154,1
163,3 +

Tos. BāM.

II,2 : 64,1

Bābā' batrā'

1a : 154,3 +
2b : 156,2
16b : 160,6
58b : 53,3 +
73a : 12,2
121,5
73ab : 11,4
75b : 119,3
118b : 155,1
134a : 46,2 +
92,6
141a : 154,7 +
153a : 63,5 +
82,2
166b : 126,3 +

Tos. BāB. 12,1

Sanhedrîn

V,1 : 47,2 +
VII : 23
X,1 : 41 +
95,4
129,1
X,2 : 132,1 +
XI,1 : 68,2
151,4 +
11a : 102,2
17a : 20,4 +
22a : 92,2 +
39a : 12,2
44a : 11,7
44b : 12,1
45b : 24,2 +
56a : 52,1 +
130
57a : 36,2
60a : 125,2
126
63a : 62,1
135,3 +
65ab : 17,1
20,1 +
53,7
66a : 45,2
67a : 15,1
15,2 +
15,3 +
24,1 +
26,4
67b : 15,1
22,2 +
27,1
41,2 +
42,1 +
157,8
158,5
68a : 20,3 +
20,6
26,4 +
81b : 52,1 +
157,6
82a : 118,6
90b : 62,5
157,9 +
91a : 48
122,6
92a : 105,3 +
93a : 153,5 +
95a : 118,6

100b : 25,1 +
101a : 11,6
68,2
71,2 +
72,1 +
132,1 +
163,5
103b : 122,4
157,3
106a : 62,2
106b : 10,3
29,1
35,1 +

jSanh.

VII : 15,1
25d : 26,5
29,3
27b : 52,1 +

Tos. Sanh.

X,6 : 17,1
XI,5 : 20,1
20,5
XII,9 : 129,1
XII,10 : 68,2 +
163,5

Makkôt

11a : 62,5 +
121,6

Tos. Mak.

V,6 : 51,6 +

Šebû'ôt

15b : 152,5 +
35ab : 119,10
37a : 10,3

'Abôdāh zārāh

I,16 : 56,1
II,2 : 23,2 +
III,3 : 157,5
3b : 22,2
11b : 36,2
17a : 29,4

18a : 20,3
129,1
26a : 36,2
27b : 29,4
69,1
28a : 26,1
29,4
89,2
28b : 161,6
38b : 68,1 +
39a : 87,2 +
40a : 156,6
43a : 157,6
43b : 20,3
47a : 157,3
50b : 161,4
55a : 57
66a : 118,5 +

j'AbZ.

40d : 29,4
162,5 +
42a : 43,2 +
42cd : 157,5

Tos. 'AbZ.

VII,6 : 20,6

'Abôt

II,7 : 24,6 +
III,4 : 146,3 +
V,6 : 11,3
V,9 : 107,2

M^e^nāḥôt

43b : 152,3
85a : 25,3
39,1 +

Ḥullîn

13a : 30,3
57a : 61,2
63a : 65,2
77b : 23,1 +
165,4
84a : 29,4
84b : 157,2 +
105b : 12,1
14,1
79,3
158,1

Tos. Ḥul.

II,20 : 30,2 +
II,22 : 29,4 +
II,22f : 69,1
II,24 : 29,4
41,1

B^e^kôrôt

8b : 90,2
30b : 87,2 +
44a : 55,4

'Arakîn

6a : 91,1

K^e^rîtôt

5b : 11,7
12,1
6b : 147,6 +

M^e^'îlah

17b : 34
56,4

Kēlîm

XXIII,1: 89,6 +
23,1 : 88,3 +

Tos. Kēl.

VI,1 : 87,2 +
BaM.I,11 89,4 +
BaM.I,12 88,5 +
89,5 +
BaB.II,6 88,3 +

Miqwā'ôt

X,2 : 88,4 +

Niddāh

16b : 162,2
17a : 157,1
17ab : 160,5

Tos. Jādajim

fin. : 146,2 +

Sôf^e^rîm

II,3 : 126,3 +
V,2 : 119,4
XV,4 : 93,1
XV,10 : 24,4 +
XVI,9 : 46,2

'Abôt d^e^R. Nātān

12 : 15,1
20 : 50,2
28 : 38,2 +

B I B L I O G R A P H I E

U N D

A B K Ü R Z U N G S V E R Z E I C H N I S

AASOR — Annual of the American Schools of Oriental Research, New Haven, Connecticut.

AF — s.u. WÜNSCH

AfP — Archiv für Papyrusforschung, Leipzig.

AJSL — The American Journal of Semitic Languages and Literatures, Chicago, Illinois.

ALBECK, Ḥ^a^nôk

Šiššāh sidrê mišnāh, Jerusalem / Tel Aviv.
6 Bände: Sēdär Z^e^rā'îm (1957), Sēdär Mô'ēd (1952), Sēdär Našîm (1955)[2], Sēdär N^e^zîqîn (1959)[2], Sēdär Qōdāšîm (1958), Sēdär Ṭohārôt (1959).

ALTHEIM-STIEHL

Franz ALTHEIM u. Ruth STIEHL, Die Araber in der Alten Welt, Berlin 1964-1969.

AOî — Archiv Orientâlnî, Prag.

AOS — American Oriental Series, New Haven, Connecticut.

ARW — Archiv für Religionswissenschaft, Leipzig.

Aud — AUDOLLENT, Auguste

Defixionum tabellae quotquot innotuerunt, Paris 1904. Zit. n. Nr. u. Zeile.

BAEUMER — s.u. Toposforschung

BARON, Salo Wittmayer

A Social and Religious History of the Jews, New York 1952 ff (bisher 15 Bände).

Bibel — zitiert nach "Biblia hebraica", hrg. v. R. KITTEL u.a. 3. Auflage, Stuttgart 1937 etc.

Gen(esis)	Hos(ea)	Ps(almi)
Ex(odus)	Joel	Prov(erbia)
Lev(iticus)	Am(os)	Hiob
Num(eri)	Ob(adja)	Cant(icum)
Deut(eronomium)	Jona	Ruth
Jos(ua)	Mi(cha)	Thr(eni)
Jud(icum)	Na(hum)	Qoh(elet)
Sam(uelis)	Hab(akuk)	Est(er)
Reg(um)	Zeph(anja)	Dan(iel)
Jes(aja)	Hag(gai)	Esra
Jer(emia)	Sach(arja)	Neh(emja)
Ez(echiel)	Mal(eachi)	Chron(ica)

BKPh Beiträge zur Klassischen Philologie, Meisenheim a.Gl.

BLAU, Ludwig

Das altjüdische Zauberwesen, Straßburg 1898 (Nachdrucke 1914, 1970)

BM Battê midrāšôt, hrg.v. S.A. WERTHEIMER, verb. u. erg. v. A.J. WERTHEIMER, 3.Auflage, Jerusalem 1968, 2 Bde.

BONNER, Campbell

Studies in Magical Amulets Chiefly Graeco-Egyptian, Ann Arbor 1950.

BonJb Bonner Jahrbücher (Jahrbücher des Rheinischen Landesmuseums in Bonn).

CURTIUS s.u. Toposforschung

Dai DAICHES, Samuel

Babylonian Oil Magic in the Talmud and in the Later Jewish Literature (Jews College Publications No. 5) London 1913. Zit. n. Nr. u. Zeile.

DAN, Josef

SHR-Rezension in: Tarbiṣ 37 (1968) 208-214.

DEISSMANN, Adolf

Bibelstudien, Marburg 1895.

DELATTE-DERCHAIN

Armand DELATTE u. Philipp DERCHAIN, Les intailles magiques gréco-égyptiennes, Paris 1964.

DROWER-MACUCH

Ethel St. DROWER u. Rudolf MACUCH, A Mandaic Dictionary, Oxford 1963.

EJJ Encyclopaedia Judaica, Jerusalem 1971 (Bd. 2-16) und 1972 (Bd. 1).

ELBOGEN, Ismar

Der jüdische Gottesdienst in seiner geschichtlichen Entwicklung, 3. Auflage, Frankfurt 1931 (Nachdruck: 1962).

Ell — ELLIS, Thomas

Edition der ersten fünf Zauberschalen in: Austen H. LAYARD, Discoveries in the Ruins of Nineveh and Babylon, London 1853, S. 509-523. Zit.n.Nr.u.Z.

Enchoria, Zeitschrift für Demotistik und Koptologie, Wiesbaden.

EPSTEIN, Jakob Nahum

Gloses babylo-araméennes, REJ 73 (1921) 27-58; ebd., 74 (1922) 40-72. Wichtige Neulesungen, Verbesserungen und Anmerkungen zu MONTGOMERYs Texten.

EWR — s.u. HEILER

GASTER — s.u. ḤDM

GJR — s.u. MAIER

Go — GORDON, Cyrus H.

A-F : Aramaic Magical Bowls in the Istanbul and Baghdad Museums, AOî 6 (1934) 319-334.
G : An Aramaic Exorcism, AOî 6 (1934) 466-474.
H-O : Aramaic and Mandaic Magical Bowls, AOî 9 (1937) 84-106.
1-11: Aramaic Incantation Bowls, Or.10 (1941) 116-131; 272-276.
34 : An Aramaic Incantation, AASOR 14 (1934) 141-143.
51ab: Two Magic Bowls in Teheran, Or.20 (1951) 306-312.

GoAsh, GoBM, GoIM, GoFi, GoHar, GoHil, GoMal, GoPri : Mitteilungen über Schalentexte aus verschiedenen Museen in: Or.10 (1941) 276-358. Zit. m. Ang. d. S.

Grü — GRÜNWALD, Itāmār

HP : Qeṭā'îm ḫadāšîm mis-sifrût hakkārat-pānîm wesidrê širṭûṭîn, Tarbîṣ 40 (1971) 301-319.

SH : Qeṭā'îm ḫadāšîm mis-sifrût hā-hêkālôt, Tarbîṣ 38 (1969) 354-372. Fragmente A und B. Vgl. auch Tarbîṣ 39 (1970) 216 f. (Zusätze).

ḤDM — Ḥarbā' deMošäh (Das Schwert des Moses)

Moses GASTER, The Sword of Moses. An Ancient Book of Magic, from an Unique Manuscript, with Introduction, Translation, an Index of Mystical Names, and a Facsimile, London 1896.

HEILER, Friedrich

EWR : Erscheinungsformen und Wesen der Religion (Religionen der Menschheit, hrg.v. Chr.M. SCHRÖDER, Bd. 1), Stuttgart 1961.

HEIM, Richard

Incantamenta magica graeca latina, JCPh 19 (1892) 465-576 (Suppl.).

HOPFNER, Theodor

OZ : Griechisch-ägyptischer Offenbarungszauber, Leipzig 1921 (Bd.I) u. 1924 (Bd.II), = Studien zur Paläographie und Papyruskunde, hrg. v. C. WESSELY, Bd. 21 u. 23. Zit. n. Bd. u. Paragr.

Mageia : RE 14,1 (1928) 301-393. Zit. n. Sp. u. Z.

HR Hêkālôt rabbātî

Zitiert nach Kapitel, Abschnitt und Zeile innerhalb eines Abschnitts bei WERTHEIMER, BM I,87-136.

ḤZ"L s.u. URBACH

JAC Jahrbuch für Antike und Christentum, Münster.

JBA Jewish Book Annual, New York.

JCPh Jahrbücher für classische Philologie, Leipzig.

JAOS Journal of the American Oriental Society, New Haven, Connecticut.

JG s.u. SCHOLEM

JQR The Jewish Quarterly Review, New York.

Judaica Beitr.z.Verst.d.jüd.Schicks.i.Verg.u.Gegenw., Zürich.

JWCI Journal of the Warburg and Courtauld Institutions, London.

Kairos Zeitschrift f.Religionswissenschaft u.Theologie, Salzbg.

KASHER, Menahem M.

SHR-Rezension in: Tôrah š^{e}lēmah 22 (1967) 188-192.

KLL Kindlers Literatur Lexikon, Zürich 1965-1972, 7 Bde.

KS s.u. SCHOLEM

Lac LACAU, P.

Une coupe d'incantation, RA 3 (1894) 49-51. Zit.n.Z.

LEVINE, Baruch A.

The Language of the Magical Bowls, in: NEUSNER, HJB 5 (1970) 343-375.

LEVY, Jacob

Wörterbuch über die Talmudim und Midraschim, 2.Auflage Berlin u. Wien 1924 (Nachdruck 1963), 4 Bde.

Li LIDZBARSKI, Mark

Mandäische Zaubertexte, in: Ephemeris für semitische Epigraphik 1 (1902) 89-106. Zit. n. Nr. u. Z.

Ma MACUCH, Rudolf

Altmandäische Bleirollen, in: ALTHEIM-STIEHL, Die Araber in der Alten Welt, Bd.IV (1967) 91-203; V (1968) 34-72. Zit. n. Nr. u. Z.

MAIER, Johann

"Das Buch der Geheimnisse", zu einer neuentdeckten Schrift aus talmudischer Zeit, Judaica 24 (1968) 98-111.

GJR : Geschichte der jüdischen Religion. Von der Zeit Alexander des Grossen bis zur Aufklärung mit einem Ausblick auf das 19./20. Jahrhundert. 641 S. Berlin 1972 (de Gruyter Lehrbuch).

MARGALIOT s.u. SHR

MÄS Münchner ägyptologische Studien, Berlin.

Mc McCULLOUGH, W.S.

Jewish and Mandaean Incantation Bowls in the Royal Ontario Museum, Toronto 1967. Zit. n. Nr.(A-E) u.Z.

MERḤABJAH, Ḥajjim

SHR-Rezension in : QS 42 (1967) 188-192.

MGJV Mitteilungen der Gesellschaft für jüdische Volkskunde.

MH Massäkät hêkālôt

Adolf JELLINEK, Bet ha-Midrasch, Leipzig 1853-1877, Bd. II, S. 40-47. Zit. n. S. u. Z.

Misc.crit.: Miscellanea critica, Leipzig.

Mišnāh s.u. ALBECK (gesonderte Ausgabe) und Talmud.

MM M. MARGALIOT in seiner SHR-Ausgabe: Vorwort S.IX-XVII, Einführung S.1-62, sowie die Anmerkungen zum Text.

M'M Ma'aśeh märkābāh

Hrg. v. SCHOLEM, JG, App.C. Zit. n. Abschn. u. Zeile.

Mo MONTGOMERY, James A.

1-40 : Aramaic Incantation Texts from Nippur, Philadelphia 1913.
A-C : Some Early Amulets from Palestine, JAOS 1911, 271-281. Zit. n. Nr. u. Z.

MORAUX, Paul

Une défixion judiciaire au Musée d'Istanbul, in: Mémoires, Académie royale de Belgique 54,2 (1960) 1-61.

MŠ Märkābāh šelēmāh

Eine Sammlung esoterischer Texte, hrg. v. S. MUSAJOFF, Jerusalem 1921. Zit. n. Fol. u. Zeile.

MT s.u. SCHOLEM

NEUSNER, Jacob

HJB : A History of the Jews in Babylonia, Leiden 1965-1970, 5 Bde.
FBT : The Formation of the Babylonian Talmud, Leiden 1970.

Ob OBERMANN, Julian

Two Magic Bowls: New Incantation Texts from Mesopotamia, AJSL 57 (1940) 1-31. Zit. n. Nr. u. Z.

Or Orientalia, Rom.

OZ s.u. HOPFNER

PC Papyrologica Coloniensia, Köln und Opladen.

PGM Papyri graecae magicae, hrg. v. Karl PREISENDANZ u.a., Leipzig 1928 (Bd. 1) und 1931 (Bd. 2). Eine verbesserte Neuauflage, die auch den 1941 bis auf die Korrekturfahnen zerstörten dritten Band enthalten wird, ist bei de Gruyter in Berlin im Druck.
Zitiert nach Nr. des Papyrus und Zeile.

Philologus, Zeitschrift für Klassische Philologie, Berlin/Wiesb.

Po POGNON, Henry

1-31 : Inscriptions mandaites des coupes de Khouabir, Paris 1898. Zit.n.Nr.u.Z.
92 : Une incantation contre les génies malfaisants en mandaite. Mémoires de la Société de linguistique de Paris 8 (1892) 193-234. Zit.n.Z.

PRADEL, Fritz

Griechische und süditalienische Gebete, Beschwörungen

und Rezepte des Mittelalters, RGVV 3,3 (1907).

PSBA Proceedings of the Society of Biblical Archaeology, London.

QS Qirjat Sēfär, rib'ôn l^{e}biblîôgrāfijāh (Kirjath Sepher. Bibliographical Quarterly of the Jewish National and University Library), Jerusalem.

RA Revue d'assyriologie et d'archéologie orientale, Paris.

RAC Reallexikon für Antike und Christentum, Stuttgart.

RE PAULYs Realencyclopädie der classischen Altertumswissenschaft, neu bearbeitet von G.WISSOWA, W.KROLL u.a., Stuttgart.

REITZENSTEIN, Richard

Poimandres. Studien zur griechisch-ägyptischen und frühchristlichen Literatur, Leipzig 1904.

REJ Revue des études juives, Paris.

RGVV Religionsgeschichtliche Versuche und Vorarbeiten, Gießen, Berlin.

SCHOLEM, Gershom G.

JG : Jewish Gnosticism, Merkabah Mysticism, and Talmudic Tradition, New York 1960, 2. Auflage 1965.

KS : Zur Kabbala und ihrer Symbolik, Zürich 1960.

MT : Major Trends in Jewish Mysticism, New York 1941, London 1955 etc.

SCHRIRE, Theodore

Hebrew Amulets, Their Decipherment and Interpretation, London 1966.

Schw SCHWAB, Moise

A-I : Les coupes magiques et l'hydromancie dans l'antiquité orientale, PSBA 12 (1890) 292-342. Die Texte F und G (innen): RA 2 (1892) 136-142.

L-R : Coupes à inscriptions magiques, PSBA 13 (1891) 583-595. Zit. n. Nr. u. Z.

Scr.Hieros.: Scripta Hierosolymitana, Studies in Aggadah and Folk-Literature (Publications of the Hebrew University), Jerusalem.

SED, Nicolas

Le Sēfer ha-Rāzim et la méthode de "combinaison de lettres", REJ 130 (1971) 295-304.

Semitics, Pretoria.

SHR — Sēfär hā-rāzîm (Das Buch der Geheimnisse)

Mord^{e}kaj MARGALIOT, Sepher Ha-Razim, a Newly Recovered Book of Magic from the Talmudic Period, Collected from Genizah Fragments and Other Sources, Edited with Introduction and Annotation, Jerusalem 1966.
Zitiert nach Kapitel (I-VII. 0=Einleitung) und Zeile.

SRDB — Sēdär rabbāh dibrē'šît

Zitiert nach Kapitel bei WERTHEIMER, BM I,19-48.

SRSG — Siddûr Rāb Sā'adjāh Gā'ôn

Hrg. v. I. DAVIDSON, S. ASSAF u. I. JOEL, 2. Auflage, Jerusalem 1963. Zit.n. Seite u. Zeile d.gedr. Ausg., dazu in Klammern die Anfangsworte des jeweil. Stückes.

Stü — STÜBE, Rudolf

Jüdisch-babylonische Zaubertexte, Halle 1895. (= Wo 16, jedoch m. unterschiedl. Lesungen). Zit.n. Kap.u.Z.

Talmud — zit.n. Traktat, Blatt u. ggf. Zeile der traditionellen Ausgaben, ohne vorgesetzten Buchstaben: babylonischer Talmud (T. bablî), mit vorgesetztem j-: "Jerusalemer", d.h. palästinischer Talmud (T. j^{e}rûšalmî). Die Mišnah wird mit römischen Ziffern gezählt.

Ordnungen (hebr. sēdär, pl. s^{e}dārîm, sidrê) und Traktate (hebr. massäkät, pl. massäktôt):

I Sēdär Z^{e}rā'îm. B^{e}r(ākôt), Pē'āh, D^{e}m(aj), Kil('ajim) Š^{e}bî('ît), T^{e}r(ûmôt), Ma'aś(rôt), Ma'(aśer) Š(enî), Ḥal(lāh), 'Orl(āh), Bik(kûrîm).
II Sēdär Mô'ēd. Šab(bāt), 'Er(ûbîn), P^{e}s(aḥîm), Š^{e}q(ālîm), Jômā', Suk(kāh), Bêṣ(āh, auch: Jôm ṭôb), R(o'š) H(aš-) Š(ānāh), Ta'^{a}n(ît), M^{e}g(illāh), Mô('ēd) Q(āṭān, auch: Maškîn), Ḥag(îgāh).
III Sēdär Nāšîm. J^{e}b(āmôt), K^{e}t(ubbôt), N^{e}d(ārîm), Nāz(îr), Giṭ(ṭîn), Sôṭ(āh), Qid(dûšîn).
IV Sēdär N^{e}zîqîn. Bā(bā') Q(ammā'), Bā(bā') M(eṣî'ā'), Bā(bā') B(atrā'), Sanh(edrîn), Mak(kôt), Š^{e}b(û'ôt), 'Ed(ujjôt), 'Ab(ôdāh) Z(ārāh), 'Abôt, Hôr(ājôt).
V Sedär Qodāšîm. Z^{e}b(āḥîm), M^{e}n(āḥôt), Ḥul(lîn), B^{e}k(ôrôt), 'Ar(ākîn), T^{e}m(ûrāh), K^{e}r(îtôt), M^{e}'î(lāh), Tām(îd), Mid(dôt), Qin(nîm).
VI Sēdär T^{o}hārôt. Kēl(îm), 'Ohāl(ôt), N^{e}g(a'îm), Pār(āh), Ṭ^{o}h(ārôt), Miqw(a'ôt), Nid(dāh), Makš(îrîm), Zāb(îm), Ṭ^{e}b(ûl jôm), Jād(ajîm), 'Uqṣ(în).

Tarbiṣ — Rib'ôn l^{e}maddā'ê haj-jah^{a}dût (Tarbiz, a Quarterly for Jewish Studies), Jerusalem.

Tei — TEIXIDOR, Javier

The Syriac Incantation Bowls in the Iraq Museum, Sumer 18 (1962) 51-62. Zit. n. Seite.

Toposforschung (Wege der Forschung, Bd.395), hrg. v. Max L. BAEUMER, mit Beiträgen von E.R. CURTIUS, O. PÖGGELER, W. VEIT, B. EMRICH, Aug. OBERMAYER und M.L. BAEUMER, Darmstadt 1973.

Tôrāh šelēmāh Talmudic-Midrashic Encyclopedia of the Pentateuch ... by Rabbi M.M. KASHER, New York/Jerusalem 1949 ff. Bis 1971 25 Bände.

TRACHTENBERG, Joshua

Jewish Magic and Superstition. A Study in Folk Religion, New York 1939 (Nachdruck 1970).

URBACH, Ephraim E.

ḤZ"L - pirqê ʾämûnôt wedēʿôt (The Sages - Their Concepts and Beliefs), Jerusalem 1969.

Vill VILLEFOSSE, M.A.Héron de

Tablette magique de Beyrouth, conservée au Musée du Louvre, in: Florilegium M. de VOGUE (Paris 1909) 287-297.

WERTHEIMER s.u. BM

Wo WOHLSTEIN, Jos.

Über einige aramäische Inschriften auf Thongefäßen des Königlichen Museums zu Berlin, ZA 8 (1893) 313-340; 9 (1894) 11-41. Zitiert nach den letzten beiden Stellen der Inventarnummer:

Wo 14 = Nr. 2414 (ZA 9, S.30 f)
Wo 16 = Nr. 2416 (ZA 9, S.11-14)
Wo 17 = Nr. 2417 (ZA 9, S.34 f)
Wo 22 = Nr. 2422 (ZA 8, S.328 f)
Wo 26 = Nr. 2426 (ZA 9, S.28 f)

Wor WORTMANN, Dierk

Neue magische Texte, in: Bonner Jahrb. 168 (1968) 56-111. Zit. n. Nr. u. Zeile.

WÜNSCH, Richard

AF : Antike Fluchtafeln (Kleine Texte für Vorlesungen und Übungen, hrg.v. H. LIETZMANN, Nr.20), Bonn 1912. Zit. n. Seite.

Ya YAMAUCHI, Edwin M.

65 : Aramaic Magic Bowls, JAOS 85 (1965) 511-523. Text auf Seite 514 f.
66 : A Mandaic Magic Bowl from the Yale Babylonian

Collection, in: Berytus 17 (1967/68) 49-63. Wieder abgedruckt in MIT, Text 33.
MIT: Mandaic Incantation Texts, AOS 49 (1967) 1-422.

ZA Zeitschrift für Assyriologie, (Leipzig) Berlin.

Zauberschalen

Textausgaben: Ell, Go, Lac, Li, Mc, Mo, Ob, Po, Schw, Stü, Tei, Wo, Ya; s.a. EPSTEIN und LEVINE.

ZPE Zeitschrift für Papyrologie und Epigraphik, Köln.

ZRGG Zeitschrift für Religions- und Geistesgeschichte, Köln.

T R A N S K R I P T I O N S T A B E L L E

Hebräisch		Mandäisch		Griechisch	
א	ʼ	ࡀ	a	α	a
ב	b	ࡁ	b	β	b
ג	g	ࡂ	g	γ	g
ד	d	ࡃ	d	δ	d
ה	h	ࡄ	h	ε	e
ו	w	ࡅ	u	ζ	z
ז	z	ࡆ	z	η	ē
ח	ḥ	ࡇ	ẖ	ϑ	th
ט	ṭ	ࡈ	ṭ	ι	i
י	j	ࡉ	i	κ	k
כ	k	ࡊ	k	λ	l
ל	l	ࡋ	l	μ	m
מ	m	ࡌ	m	ν	n
נ	n	ࡍ	n	ξ	x
ס	s	ࡎ	s	ο	o
ע	ʻ	ࡏ	ʻ	π	p
פ	p,f	ࡐ	p	ρ	r
צ	ṣ	ࡑ	ṣ	σ	s
ק	q	ࡒ	q	τ	t
ר	r	ࡓ	r	υ	y
שׁ	š	ࡔ	š	φ	ph
שׂ	ś	ࡕ	t	χ	ch
ת	t	ࡖ	ḏ-	ψ	ps
				ω	ō

Bemerkungen

Die hebräischen Vokale werden folgendermaßen wiedergegeben:
ַ (a), ָ (ā), ָי (â), ֶ (ä), ֶי (â), ֵ (ē), ֵי (ê), ִ (i), ִי (î), ֹ (o), וֹ (ô), ֻ (u), וּ (û).
Ḥāṭēf-Vokale und Šwa werden hochgesetzt, z.B.: Ḥ^{a}sîdê ʼAšk^{e}nāz.

Zum griechischen Alphabet:

γγ , γκ , γχ (ng, nk, nch); αυ , ευ , ου (au, eu, ou).
Iota subscriptum wird adskribiert: ᾳ , ῃ (āi, ēi).
Spiritus asper: h.
Akzente werden gesetzt: ´, `, ^.

Aramäisch wird durch das hebräische Transkriptionssystem wiedergegeben.

Die Transkription des Mandäischen ist nach R. MACUCH, Handbook of Classical and Modern Mandaic, Berlin 1965.

TEXTKRITISCHE ZEICHEN

[ ] Lücke
< > Auslassung
( ) aufgelöste Abkürzung
{ } Tilgung
⌜ ⌝ Konjektur

Unsichere Lesungen werden durch Punkte unter, in einigen Fällen über den einzelnen Buchstaben vermerkt, z.B.:

ạ, ḅ, g̣; ḣ, ṫ, ṡ.

S T E L L E N R E G I S T E R

Vorbemerkung

Da Originalzitate und Stellenangaben aus Gründen der leichteren Lesbarkeit der Kapitel 2 - 4 grundsätzlich in den Anmerkungen erscheinen, bezieht sich das Register ausschließlich auf die Seiten 120-177, sowie auf den Anhang, Seite 183-224.

Auf der rechten Spaltenhälfte wird jeweils die Seite und, hinter dem Komma, die Nummer der betreffenden Anmerkung angegeben. Eine ausgeschriebene Stelle wird mit einem Plus (+) vermerkt.

JÜDISCHE TRADITIONSLITERATUR

Bibel

Gen.	1,27	173, 31
Ex.	3,14	169, 68
	3,19	152, 7
	7,5	161, 16
1.Sam.	20,38	177, 9
		211, 3
Jes.	6,1	155, 59
	6,3	169, 69
	32,17	154, 51 +
	34,10	156, 73 +
	40,10	152, 7
	40,12	153, 24 +
		198, 2
	40,23	152, 12
		166, 17
		222, 11
	57,15	155, 59
Jer.	17,12	155, 62 +
	32,17	157, 87 +
		215, 10
	50,34	152, 7
Joel	2,2	138, 66
Am.	5,8	152, 7 +
		215, 7
Na.	1,4	153, 26
		198, 6
Hag.	2,6	153, 28
	2,21	153, 28 +
Sach.	4,10	154, 49 +
Ps.	8,2	157, 85 +
	18,11	154, 50
Ps.	24,8	152, 8 +
	29,10	155, 60
	44,22	156, 77
	47,9	155, 62 +
	68,18	221, 6
	91,1	157, 83 +
	99,3	153, 19
	104,3	154, 50 +
		215, 12
	104,4	155, 64 +
		198, 5
		210, 5
	104,7	153, 25
	104,24	211, 4
	104,32	153, 31 +
	106,9	153, 25
		198, 6
	107,33	153, 26
		198, 7
	147,3	141,216
Prov.	23,11	152, 7
	23,15	207, 15
Hiob	9,5	153, 29 +
	12,22	156, 77
	28,21	157, 82 +
		212, 11
Est.	10,2	152, 17 +
1.Chron.	28,5	155, 62 +
	29,12	152, 17 +
2.Chron.	16,9	154, 49

Talmud und Midraš

Ber. 10a	156, 80 +
55a	167, 37 +
jBer. I,2d	175, 53
jŠeq. III,47c	133,101 +
Tos.Šeq. II,13	134,115
Ḥag. 5b	156, 81 +
Ḥag. 12b	131, 55
Hôr. 7b	141,218
Ḥul. 49b	141,218 +
Pes.r. 32	134,115 +

JÜDISCHE ESOTERIK

HR 9,4,2	155, 61 +
25,1,13	155, 61 +
25,3,5	156, 77 +
25,4,10	154, 53 +
26,3	153, 35 +
26,5	155, 61 +
26,5,2	155, 57 +
27,1	154, 40 +
27,1,2	153, 28 +
28	156, 75 +
28,1,8	155, 57 +
MH 45,25	137,161 +
M'M 1,7	156, 73 +
1,7 f	154, 40
3,6 f	155, 63
4,14	157, 85 +
4,29	157, 85
4,38	153, 20 +
4,47	153, 20 +
4,57	155, 69 +
5	152, 9 +
6,2	137,161
6,28	157, 85
6,34	153, 35
6,37	155, 61 +
6,38	137,161
8,5	147, 38 +
9,4	155, 61 +
9,5	154, 48 +
9,7	156, 73
11,19	154, 45 +
	157, 85 +
11,19-24	164, 18 +
11,26	153, 35
15,8	153, 35 +
	155, 61 +
15,19	153, 35
23,26	153, 20 +
	153, 22
24,5	152, 17 +
25,4	137,161
25,6	154, 42 +
M'M 27,4	153, 20
27,4 f	154, 48 +
27,15	156, 75 +
28,1	155, 61 +
	157, 85 +
28,3 f	147, 38 +
28,7	153, 32 +
28,8	152, 7 +
	156, 75 +
29,1 f	157, 85 +
29,3	155, 61 +
29,4	153, 35
	157, 83 +
29,4 f	153, 20
29,9	156, 73
30,19	137,161
30,21	153, 35
	156, 73 +
31,11	154, 53 +
	156, 75 +
32,12	156, 73
32,14	155, 57 +
32,20	154, 53 +
32,24	157, 85
33,11 f	154, 48 +
33,44	153, 31 +
33,45	153, 28 +
33,53	154, 53 +
s.a.	145, 2
SRDB 47	153, 32 +
	155, 59 +
GrüSH A	164, 20
B	154, 48 +
MŠ 1a,9	147, 38 +
1b,10	164, 20 +
1b,13 f	147, 38 +
2a	167, 37
6a-8b	151, 50
34a,17	155, 69 +

JÜDISCHE GEBETSLITERATUR

SRSG 13,22-14,12	152, 4 +
14,5	153, 20 +
14,14	155, 62 +
15,20	154, 53 +
16,4	154, 53 +
	156, 73 +
16,14	155, 59 +
16,20	152, 4 +
18,1	153, 20 +
18,2	154, 42 +
18,4	154, 53 +
18,6	153, 35 +
18,7	153, 20 +
18,8	157, 88 +
18,18 f	155, 57 +
19,17	154, 53 +
24,17	153, 20 +
24,20	155, 57 +
33,11	154, 48 +
34,5	155, 61 +
36,13	154, 45 +
37,5	153, 35 +
37,9	157, 85 +
37,10	152, 17 +
40,15	155, 57 +
48,13	157, 82 +
88,5	154, 52 +
	157, 87 +

SRSG 91,1 f	154, 48 +
114,2	154, 42 +
118,15	154, 48 +
118,19	156, 73 +
118,19 f	157, 88 +
120,8	157, 88 +
124,9	156, 73 +
126,17	157, 83 +
144,11	155, 61 +
221,8-222,15	152, 9
221,10 f	155, 61 +
222,17	156, 77 +
240,1	154, 43 +
	157, 85 +
240,2	155, 57 +
240,5	156, 77 +
240,6	152, 8 +
240,7	152, 13 +
240,9	156, 77 +
240,10	155, 59 +
241,3	154, 53
242,1	156, 77 +
250,2	154, 42 +
259,7	156, 77 +
261,16	155, 57
264,4	154, 48
275-280	153, 34
291,2	152, 10

ZAUBERLITERATUR

<u>Amulette</u>

MoA 1 f	168, 61 +
4	169, 65 +
T.6 Köln	149, 25 +
Vill 16-70	147, 35 +
67-70	161, 27 +

<u>Bleitafeln</u>

Aud 23,8	171, 99
26,35	171, 99 +
29,33	171, 99
41,16-20	174, 32
122,3	168, 61 +
129	197, 1 +
129a,1	172, 8 +
129b,6-9	172, 13 +

Aud 139,1-6	176, 10 +
140,19 f	177, 12 +
155a,28	139,180 +
190,5-13	174, 32
198,13-15	172, 5 +
222b,1-5	176, 9 +
234,235,237-40	172, 12
241,7	172, 11 +
241,15-18	176, 8 +
242	164, 13
	172, 12
242,1	172, 12 +
242,6 f	162, 27 +
242,38	164, 13 +
242,60-62	172, 10 +
242,69	172, 10
242,71	145, 9
247,16-18	174, 45 +
249	172, 12

Aud 251,8	170, 86 +
251a,2	170, 81 +
251a,16	169, 75 +
265b,5 f	172, 12 +
270	151, 51
270,1-4	170, 85 +
270,6	172, 3 +
271	150, 39 +
	164, 13 +
271,1,5	151, 51
271,5 f	172, 4 +
286	170, 91
	175, 54
286b,1 f	172, 12 +
290,291	170, 91
291-293	175, 54
291-294	172, 12 +
293b,6-11	170, 91 +
294	170, 91
294,8 f	175, 54 +
Ma Ia	159, 26
Ia,98-102	173, 28 +
Ia,141 f	174, 38 +
Ia,153 f	160, 11 +
Ia,153-156	150, 34 +
Ic,18 f	161, 20 +
Ic,30 f	160, 3 +
Ic,80-91	147, 32 +
	158, 12 +
Ic,92 f	145, 17 +
Ic,104	158, 12 +
Id,36	147, 36 +
Id,48	146, 30 +
	150, 33 +
Id,53	168, 52 +
IIc,2	153, 36 +
IIc,13 f	146, 21 +
IVb,9-11	160, 12 +
IVb,10 f	173, 18 +
IVc,11	150, 35 +
IVc,24-28	173, 25 +

Zauberschalen

Ell 1,5	163, 3 +
2,14	149, 31
3,14	149, 31
6	149, 26
Go 1,2 f	158, 21 +
1,5	169, 69 +
1 fin.	169, 64 +
2,1	169, 62
Go 2,3 f	167, 45
3,1	169, 64
4,1	169, 63 +
5,9	167, 44 +
6,3	167, 41
	168, 53
	169, 72 +
6,3 f	163, 9 +
6,4	167, 49 +
6,6	163, 9 +
6,6 f	173, 27 +
7,1	169, 64
7,3	158, 22 +
	173, 17 +
7,3 f	173, 17 +
7,5	168, 54
7,6	168, 61
7,8	158, 13 +
8,1	169, 64
9,4	167, 43
10,5	173, 31
11,6	168, 61
11,11	146, 24 +
	149, 20 +
51a,1 f	168, 61 +
51a,3 f	158, 24 +
51a,5	149, 26
51b	168, 61
51b,8-11	174, 34 +
GoA 2f	174, 38
GoB 1	157, 88 +
6 f	174, 38
8	167, 41 +
GoC 8	167, 41
	167, 44
GoD 6 f	173, 24 +
8-10	174, 37 +
12	174, 38
GoE,F	168, 61
GoG 2	169, 68 +
3	163, 3 +
8	146, 18 +
11 f	146, 20 +
GoH 3-11	159, 25 +
4	150, 45 +
5	149, 26
5 f	147, 37 +
14	173, 31 +
GoI 7	149, 21 +
GoJ 9	149, 21 +
GoM	160, 5 +
20-22	145, 10
22 f	167, 49
GoAsh 280	167, 46 +

GoAsh 280	169, 71 +
GoBM 339 f	173, 22 +
340	149, 31 +
341	149, 25
	149, 26
	172, 9 +
342	146, 28
	161, 18 +
	176, 11
GoIM 348	173, 22
349	146, 28 +
350	160, 4 +
	167, 49
	168, 54
	176, 11 +
351	167, 47 +
GoMal 355	158, 10 +
Lac 9	167, 45
Li 1a,15-b,5	146, 27 +
1c,2 f	160, 5
1c,5-7	145, 10
2,15	160, 5
2,16 f	145, 10 +
2,16-20	165, 16 +
3,2-4	145, 10
5,2	163, 3 +
5,20	149, 19 +
Li 09	146, 27
09,62f,67f	164, 21 +
McA 1	145, 16 +
	163, 7 +
2	172, 2 +
4	163, 4
McB 8 f	167, 38 +
McC	164, 14 +
3	163, 4 +
	172, 1
8	158, 11 +
9 f	173, 28 +
19	168, 56 +
McD 5	167, 44
10	167, 49
12	161, 17 +
16	161, 17
McE 12	176, 11
15	147, 33 +
15-17	147, 35
	174, 38
Mo 1,14	172, 15 +
2	146, 3
2,1	160, 10 +
	164, 22 +

Mo 2,5	160, 10
2,5 f	164, 22 +
2,7	160, 10
3,2	149, 25 +
3,2 f	158, 24 +
3,5	173, 23 +
	175, 57 +
3,8	173, 23
4	146, 3
4,2 f	175, 57
4,3 f	164, 23
4,6	161, 21 +
5,3	168, 51
5,4	167, 42 +
6,1	163, 8 +
6,4 f	163, 8 +
6,5 f	175, 59 +
6,6	163, 4 +
6,7	163, 8 +
6,11 f	146, 25 +
7,2 f	163, 4 +
7,4	168, 61
7,5	168, 61
7,8	167, 43
7,9	158, 23 +
7,16	175, 57
7,17	168, 57 +
8,2	169, 70 +
8,4	146, 19 +
8,11	175, 57
8,14	168, 61
8,14 f	167, 49
9,4	175, 57
9,5 f	169, 74 +
10,1	167, 43 +
10,3 f	168, 59 +
10,5	168, 59 +
11,5	163, 3 +
12,7	168, 61
12,12	167, 41
13,7	167, 45
14,1	168, 61 +
14,2	167, 45 +
14,3	168, 55 +
14,4	147, 34 +
14,6	172, 16 +
15,1	169, 63
15,7	163, 6 +
16,5	168, 52 +
16,8-11	174, 38
17,1	175, 59
17,2 f	160, 10 +
17,8	168, 58 +
	168, 61

Mo 17,12	168, 61
18,4 f	163, 3 +
19	168, 61
19,1	169, 63
19,5	169, 66
19,6	167, 47
19,14	168, 58 +
19,19	173, 28
19,20	175, 57
25,4	149, 27 +
26,5	175, 57
27	146, 3
	160, 10
29,9 f	172, 16 +
29,11	149, 30
31,7	167, 43
32,10	167, 44 +
34,5 f	168, 61
34,9	168, 60
36,7	149, 22 +
37,10	149, 26 +
38,6	168, 61 +
38,7 f	168, 61
39,4	174, 34
39,10	168, 61
40,18	168, 61
40,19	168, 61
Ob 2,19	145, 11 +
Po 1,7 f	158, 21 +
15,24-26	145, 10
18,22-25	145, 10
22,4 f	161, 18 +
23,8 f	161, 18
24,34-39	145, 10
27,7 f	174, 36 +
31,7 f	146, 22 +
92,20-23	173, 28
SchwG	149, 31
Stü 14	147, 34 +
66	167, 45 +
Tei 57	147, 34
58	141,217 +
	167, 43
Wo 17,1-10	147, 35 +
17,23 f	147, 31 +
17,24	167, 48 +
22,4	147, 35 +
22,15	158, 14 +
22,32-34	149, 26 +
Ya 65,1	172, 7 +
Ya 65,1-3	149, 26 +
65,14	172, 7 +
65,17	146, 29 +
66	146, 27
66,4	161, 18 +
66,20	174, 34
66,24	161, 18
66,25	158, 15 +

Vermischtes

Wor 1	176, 14
1,2 f	172, 6 +
1,13 f	175, 60 +
1,17-19	175, 51 +
1,21-23	174, 46 +
1,28-32	148, 16 +
1,32	173, 19 +
1,57-59	171, 96 +
2	176, 14
2,19	172, 6 +
3,8 f	176, 14 +
4,2 f	175, 52 +
4,9-11	146, 23 +
4,18	164, 12 +
	171, 96 +
4,21	171, 96 +
4,36 f	175, 61 +
4,38	164, 19 +
4,52	150, 41 +

Formulare

SHR 0,1	128, 13 +
I,1 f	127, 56 +
I,9 f	131, 59 +
I,13	131, 60 +
	138,165 +
I,14 f	131, 61 +
I,19	148, 9 +
I,21	150, 44 +
I,27 f	131, 62 +
I,29-31	183
I,30	131, 63 +
I,31 f	183 +
I,32	145, 13
	160, 7 +
I,33 f	131, 64 +
I,46	131, 65 +
	133, 88 +
I,47	133, 89 +
I,48-51	132, 66 +

SHR	I,53 f	133, 91	+
	I,55	132, 67	+
	I,56	132, 68	+
	I,56 f	132, 69	+
	I,59 f	174, 42	+
	I,59-61	176, 2	+
	I,62	185	+
	I,62 f	132, 70	+
	I,63	158, 6	
	I,63 f	132, 71	+
	I,64	132, 72	+
	I,64 f	174, 39	+
	I,66	132, 73	+
	I,66 f	174, 40	+
	I,67	132, 74	+
	I,69 f	132, 75	+
	I,70	132, 76	+
		158, 6	
	I,73	132, 77	+
	I,74	132, 78	+
		158, 6	+
	I,74 f	153, 18	+
	I,77	132, 79	+
	I,77-79	132, 80	+
	I,79	132, 81	+
	I,79 f	132, 82	+
	I,80-82	132, 83	+
	I,82 f	132, 84	+
	I,83	133, 85	+
	I,90 f	133, 92	+
	I,94 f	133, 93	+
	I,95	127, 8	+
	I,99	133, 95	+
		158, 17	+
	I,99 f	166, 7	+
	I,100	133, 96	+
		133,100	+
	I,100 f	177, 5	+
	I,101	133, 97	+
	I,103	133, 98	+
	I,104 f	133, 99	+
	I,114-116	133,101	+
	I,115	174, 47	+
	I,117-119	133,102	+
	I,120	134,104	+
	I,120 f	134,105	+
	I,123	134,106	+
	I,124 f	134,107	+
		190	+
	I,125 f	134,108	+
		190	+
	I,126	166, 9	+
	I,126 f	134,109	+
	I,128	160, 9	

SHR	I,128	174, 47	+
	I,128 f	134,111	+
	I,129 f	134,112	+
	I,132	134,113	+
	I,134	134,114	+
	I,135	134,116	+
	I,136	158, 18	+
		160, 2	+
	I,137	134,117	+
		173, 20	+
	I,138-140	176, 3	+
	I,141 f	134,120	+
	I,143	134,121	+
	I,143 f	134,122	+
	I,144 f	135,123	+
	I,145 f	135,124	+
	I,146	158, 5	
		158, 7	+
	I,147	192	+
	I,147 f	135,126	+
	I,148 f	176, 12	+
	I,148-150	135,127	+
	I,149 f	175, 55	+
	I,150	135,128	+
	I,159 f	135,129	+
	I,160	193	+
	I,160 f	135,130	+
	I,162	135,131	+
		135,132	+
	I,165	135,134	+
	I,166	135,135	+
	I,169 f	135,136	+
	I,171	148, 8	+
		194	+
	I,172 f	136,138	+
	I,172-174	174, 47	+
	I,173	136,137	+
		160, 9	+
	I,174	136,139	+
	I,176	136,140	+
		195	+
	I,178 f	158, 16	+
	I,181	177, 7	+
	I,183	136,141	+
	I,183 f	136,142	+
	I,184	136,143	+
	I,185	136,144	+
	I,187	136,145	+
		136,146	+
		196	+
	I,189	166, 8	+
	I,190	166, 11	+
	I,199 f	136,148	+
	I,200	136,149	+

SHR	I,201 f	172, 1 +
	I,202	196 +
	I,203	137,150 +
		158, 8
	I,204 f	175, 50 +
	I,206 f	175, 58 +
		177, 10 +
	I,207 f	137,151 +
	I,216 f	137,152 +
	I,218-221	137,153 +
	I,221-224	153, 27 +
	I,222	138,175 +
	I,224 f	138,175 +
	I,226	141,217 +
		153, 24 +
		166, 32 +
	I,226 f	153, 25 +
	I,227	154, 43 +
		155, 65 +
	I,228	141,217 +
		153, 26 +
		166, 14 +
	I,229	137,154 +
		164, 18 +
		166, 10 +
	I,231 f	137,156 +
	I,234	137,157 +
	I,235	137,159 +
		165, 3 +
	I,237	137,160 +
	II,1	137,161 +
	II,4	137,162 +
	II,5 f	138,163 +
	II,6 f	138,164 +
	II,16 f	138,165 +
	II,17 f	138,166 +
	II,19	138,167 +
	II,19 f	200 +
	II,20	138,168 +
	II,21	138,169 +
		145, 13 +
		158, 4 +
	II,30 f	138,170 +
	II,31	138,171 +
	II,33	145, 13 +
		158, 20 +
	II,34	174, 47 +
	II,36 f	138,172 +
	II,40,45	138,173 +
	II,45-47	138,174 +
	II,48	138,175 +
	II,48-50	202 +
	II,49 f	138,176 +
	II,50	158, 9 +
SHR	II,51 f	138,177 +
		174, 44 +
	II,52 f	174, 41 +
	II,53	166, 28 +
	II,54	174, 47 +
	II,55	139,178 +
	II,62	139,179 +
	II,63	139,180 +
	II,64	158, 6 +
	II,65 f	174, 48 +
	II,66 f	174, 49 +
	II,72	139,182 +
	II,77-80	158, 1 +
	II,80	139,183 +
	II,80 f	139,184 +
	II,80-88	156, 72
	II,82	139,185 +
	II,83 f	158, 2 +
	II,84	166, 22 +
	II,85	139,186 +
	II,86	139,187 +
		143,235 +
	II,87 f	139,188 +
	II,92	140,192 +
	II,94	140,189 +
	II,94 f	140,190 +
	II,95	140,191 +
	II,100	140,192 +
		140,193 +
	II,101	140,194 +
		140,196 +
	II,101 f	140,195 +
	II,110-112	140,197 +
	II,113	140,198 +
	II,114 f	140,199 +
	II,115 f	140,200 +
	II,122 f	140,201 +
	II,123-125	140,202 +
	II,125	140,203 +
	II,134	140,204 +
	II,135 f	140,205 +
	II,137	140,196 +
	II,137 f	140,206 +
	II,144 f	140,207 +
	II,146	141,208 +
		205 +
	II,147	145, 13
	II,147 f	141,209 +
	II,149	155, 61 +
	II,151	140,196 +
	II,151 f	141,210 +
	II,158	141,213 +
	II,159	141,211 +
	II,160 f	141,212 +

SHR II,163-166	141,215	+
II,165	141,213	+
	206	+
II,165 f	141,214	+
II,166	145, 12	+
II,167	155, 68	+
II,168	154, 44	+
	166, 21	+
II,180	141,216	+
II,181 f	141,217	+
II,182 f	141,218	+
II,183	141,219	+
II,183 f	141,220	+
II,184	142,221	+
III,1	142,222	+
III,5 f	142,223	+
III,7	142,223	+
III,8	142,222	+
III,10-12	142,224	+
III,16 f	142,225	+
III,17	142,226	+
III,18 f	142,227	+
	207	+
III,20	166, 2	+
III,20 f	158, 2	
	166, 6	+
III,21 f	176, 4	+
III,23	160, 2	
III,25	142,228	+
III,26	138,163	
	142,229	+
	208	+
III,27	142,230	+
III,28	142,231	+
	158, 2	
	165, 4	+
III,37	174, 47	+
III,38	142,232	+
III,39	142,233	+
	158, 3	+
III,40	143,234	+
III,41	176, 13	+
III,42	174, 35	+
III,47	143,235	+
III,47-59	156, 72	
III,48 f	143,236	+
III,49-51	210	+
III,50	143,237	+
III,51 f	143,238	+
III,52	143,239	+
	155, 66	+
III,53	155, 67	+
	155, 70	+
	155, 71	+

SHR III,53 f	155, 64	+
III,54	166, 13	+
III,56	177, 2	+
III,57	143,240	+
	158, 2	
	211	+
III,58	177, 9	+
IV,12 f	143,241	+
IV,25	143,242	+
IV,27	140,195	+
IV,28 f	143,243	+
IV,28-30	212	+
IV,30-39	164, 17	+
IV,31	153, 18	
IV,32	153, 28	+
	153, 29	+
	153, 30	+
	153, 31	+
	166, 31	+
IV,33	153, 32	+
IV,33 f	157, 82	+
IV,34	154, 49	+
IV,35	155, 62	+
	157, 84	+
	157, 85	+
	166, 13	+
IV,35 f	153, 22	+
IV,36	145, 15	+
IV,37	175, 53	+
IV,40 f	143,244	+
IV,41	214	+
IV,43	143,245	+
IV,45-47	143,246	+
	215	+
IV,47	143,247	+
	158, 19	+
IV,47-57	164, 16	+
IV,48	166, 23	+
	166, 29	+
IV,48-50	156, 77	+
IV,49	166, 19	+
IV,50	154, 51	+
	157, 87	+
IV,51	154, 50	+
	157, 88	+
	166, 5	+
IV,51 f	166, 15	+
IV,52	154, 41	+
	154, 55	+
IV,53	154, 52	+
	157, 86	+
	166, 4	+
IV,54	145, 13	
IV,57	156, 76	+

SHR IV,57	177, 1 +
IV,59 f	145, 2 +
IV,63	145, 12
IV,63 f	160, 8 +
IV,65	177, 5 +
	177, 7 +
IV,69	165, 5 +
	166, 34 +
IV,69 f	154, 45 +
	177, 3 +
IV,71	165, 5 +
V,2	143,249 +
V,4	143,250 +
V,15	143,251 +
V,19	143,251 +
V,21	143,252 +
V,23	143,253 +
	158, 5 +
V,23 f	154, 47 +
	166, 30 +
V,23-30	164, 15 +
V,24	152, 7 +
	155, 59 +
	157, 85 +
	166, 3 +
V,24 f	152, 8 +
V,25	154, 42 +
	154, 52 +
	154, 53
	155, 56 +
	157, 86 +
V,26	154, 46 +
	157, 83 +
	166, 12 +
V,26 f	157, 78 +
V,27	154, 54 +
	155, 60 +
V,28	156, 73 +
V,28 f	153, 23 +
	166, 35 +
V,29	157, 84 +
V,30	177, 6 +
V,34	138,163 +
V,36	139,182 +
V,38	138,163 +
VI,1	143,255 +
VI,6	143,256 +
VI,9	147, 38 +
VI,10	143,257 +
VI,11	143,258 +
VI,13,19	143,259 +
VI,30	144,261 +
VI,34 f	144,262 +
	221 +
SHR VI,36	144,263 +
	152, 8 +
	152, 11 +
	152, 14 +
	152, 15 +
	158, 8 +
	166, 25 +
	166, 26 +
VI,37	153, 36 +
	166, 16 +
VI,37 f	155, 63 +
	166, 18 +
VI,38	153, 37 +
	166,201 +
VI,39	154, 39 +
	156, 74 +
	166, 17 +
	166, 27 +
VI,39 f	152, 12 +
VI,40	154, 53 +
	166, 24 +
	166, 33 +
VI,40 f	154, 38 +
VI,41	145, 15
	166, 14 +
VI,43	152, 16 +
VI,50	144,264 +
VI,51	144,265 +
	165, 2 +
VII	152, 1

vgl. noch die Stellensammlungen: 131,63; 138,162; 139,183; 148,2-5; 162,27; 163,1: 165,1.

Ḥ̣DM 2,35	167, 46
3,11,19	163, 1 +
4,16	167, 46
5 f	167, 44
14,3-6	148, 10 +
21,2	150, 44
22,10,18	128, 8 +
23,14-33	164, 20 +
23,34-24,7	149, 28 +
24,8	167, 37
25,18	168, 54 +
26,16-19	167, 49

Dai 4,3	148, 11 +
6,17 f	146, 26 +

Dai	6,20 f	165, 5 +
	7,4	167, 45
		168, 50 +
PGM	I,42-195	130, 48
	I,165 f	175, 56 +
	I,185	165, 6 +
	I,198-221	163, 10 +
	I,232	127, 8 +
	I,305,312	150, 38
	II,53	155, 61 +
	II,126	160, 9 +
	II,178-181	165, 7 +
	III,36-40	170, 84
	III,145 f	161, 23 +
	III,147 f	170, 80 +
	III,430	148, 12 +
	III,499 f	167, 38 +
	IV,180	155, 61
	IV,232 f	165, 14 +
	IV,237	177, 11 +
	IV,251-254	165, 14 +
	IV,370	172, 12 +
	IV,606-610	149, 17 +
	IV,920-922	165, 8 +
	IV,978-983	169, 77 +
	IV,999	155, 61
	IV,1007 f	167, 40 +
	IV,1018 f	161,26a +
	IV,1067-69	165, 9 +
	IV,1115-35	147, 35 +
	IV,1245	177, 12 +
	IV,1376 f	171,100 +
	IV,1469	177, 11 +
	IV,1522-26	174, 33 +
	IV,1528-30	174, 32 +
	IV,1540-43	176, 7 +
	IV,1551-53	170, 87 +
	IV,1916 f	170, 90 +
	IV,1936-38	162, 29 +
	IV,2176-78	165, 13 +
	IV,2288-90	161, 26 +
	IV,2327	163, 11 +
	IV,2332	156, 79 +
	IV,2356 f	155, 61 +
	IV,2911	177, 12 +
	IV,2999	161, 22 +
	IV,3019	170, 94 +
	IV,3019 f	170, 79 +
	IV,3033-36	170, 94 +
	IV,3038-45	172, 14 +
	IV,3039-41	170, 95 +
	IV,3060	137,161 +
PGM	IV,3069-72	170, 78 +
	IV,3119-24	165, 10 +
	IV,3268	160, 9 +
		162, 31 +
	V,41-46	165, 11 +
		169, 66 +
	V,44 f	177, 4 +
	V,76-82	169, 76 +
	V,98-108	162, 30 +
	V,108 f	161, 22 +
	V,134 f	171,100 +
	V,135-138	162, 30
	V,145-156	162, 30 +
	V,321-329	164, 11 +
	VII	124, 26
	VII,226 f	173, 29 +
	VII,242	167, 40
	VII,271	141,220 +
	VII,289 f	170, 83 +
	VII,303	162, 27
	VII,322 f	174, 43 +
	VII,330 f	177, 12 +
	VII,383 f	161, 25 +
	VII,461	169, 75
	VII,500-502	150, 40 +
	VII,521	148, 12 +
	VII,634	161, 27
	VII,644	160, 6 +
	VII,836-838	170, 92 +
	VII,892 f	170, 82 +
	VII,2031-34	170, 84 +
	VIII,36-38	162, 28 +
	VIII,41	149, 23 +
	VIII,50	162, 28 +
	IX,13	149, 23 +
	X,40 f	176, 5 +
	XII,20	173, 21
	XII,67 f	163, 10 +
	XII,75	161, 24 +
	XII,262 f	164, 19 +
	XII,285-301	171,101 +
	XII,468	171,100 +
	XIII	130, 48
	XIII,27	161, 22 +
	XIII,63 f	156, 79 +
	XIII,133	150, 41 +
	XIII,138	150, 32 +
	XIII,139	177, 11 +
	XIII,146	171, 97
	XIII,149	162, 27
	XIII,150-152	151, 51
	XIII,254 f	161, 27 +
	XIII,262	149, 24 +
	XIII,288	162, 31 +

PGM	XIII,454	171, 97 +
	XIII,605-607	155, 61 +
	XIII,795	162, 28
	XIII,845	149, 18 +
	XIV,6 f	177, 8 +
	XIV,7 f	170, 93 +
	XVIIIb	170, 81 +
	XXXV,13 f	170, 88 +
	XXXV,17-19	173, 21 +
	XXXV,24 f	145, 15 +
	XXXVI,190 f	150, 38
	XXXVI,201	161, 26
	XXXVI,245 f	176, 6 +
	XXXVI,288 f	176, 14
	XXXVI,365 f	169, 75
	XXXVIII,2	128, 9
	LI,1	145, 14 +
	LVII,35	171,100
	LVIII,29 f	171,101 +
	LXIX,2	161, 22 +
	LXX,3	171,100
	13,15-17	173, 26 +
	O 1,6 f	170, 89 +

B U C H T I T E L   U N D   A U T O R E N

ABT, A., 124,27.

ALBECK, Ḥ., 175,55: 247: 251.

ALTHEIM, F., 124,22: 160,14; 247: 251.

ASSAF, Ś., 122,16: 152,2; 254.

ASSMANN, J., 123,20.

AUDOLLENT, A., 124,22; 172,11, 12; 247.

BACHER, W., 128,12.

BAEUMER, M.L., 4: 125,35,36; 126,38,41; 247; 255.

BARB, A.A., 123,20.

BARON, S.W., 122,18: 247.

Battê midrāšôt, 248.

Bêt ham-midrāš, 251.

BIDEZ, J., 120,7.

BLAU, L., 2: 122,11,16; 124, 27; 145,7; 147,38; 150,42; 164,13; 239; 248.

BLEEKER, C.J., 122,16.

BONNER, C., 123,20; 124,21: 148,14; 248.

BUDGE, E.A.W., 123,20.

CASSUTO, U., 162,32.

COULTER, J., 199.

CUMONT, F., 120,6,7.

CURTIUS, E.R., 4; 125,35,36; 248: 255.

DAICHES, S., 122,16; 248.

DAN, J., 122,16; 127,2,4: 128, 10,11,14: 129,24; 146,26; 168,50: 248.

DAVIDSON, I., 152,2; 254.

DEISSMANN, A., 160,14; 164,13.

DELATTE, A., 123,20; 124,21; 148,14; 248.

DERCHAIN, Ph., 123,20; 124,21; 148,14; 248.

DIETRICH, E.L., 122,14.

DROWER, E.S., 126,38; 165,16; 248.

ELBOGEN, I., 153,21,34; 249.

ELLIS, Th., 249.

EMRICH, B., 255.

Encyclopaedia Judaica, 122,19; 248.

EPSTEIN, J.N., 146,25; 149,26, 30; 158,23: 172,15: 175,59: 249; 256.

FASCHER, E., 167,39.

FRAZER, J.G., 1; 120,2.

GASTER, M., 2; 121,9; 122,16; 124,25; 128,8; 225; 249.

GASTER, Th., 121,9.

GEISLER, R., 120,3.

GOLLANCZ, H., 15; 130,40.

GORDON, C.H., 148,13; 158,22;

173,22; 249.
GOSCHE, R., 121,8.
GOYON, J.-Cl., 123,20.
GRAETZ, H., 2; 121,8.
GRUNWALD, M., 124,26.
GRÜNWALD, I., 122,16; 131,55; 249.
GUNDEL, W., 120,6.

Habdālāh d^{e}R. ʿAqîbāh, 122, 16; 128,19.
Ḥarbā' d^{e}Mošäh, 128,19; 249.
HARRIS, J.R., 123,20.
HEILER, F., 1; 120,1; 249.
HEIM, R., 124,27; 146,28; 250.
HEINEMANN, J., 128,12.
HENRICHS , A., 124,25.
HEITSCH, E., 4.
Hêkālôt rabbatî, 152,2; 250.
HOPFNER, Th., 148,1,6; 150,37; 161,23; 167,36; 250; 252.
HORNUNG, E., 124,20.

JACOBY, A., 171,98.
JELLINEK, A., 127,2; 251.
JOEL, I., 152,2; 254.

KAGAROW, E., 125,32.
KAHLE, P., 127,5.
KASHER, M., 127,4: 128,11,19; 139,178: 250.
KITTEL, R., 247.
KLASENS, A., 124,20.
KROLL, J., 3: 160,14: 161,15; 162,33.
KROLL, W., 253.
KROPP, A.M., 123,20; 160,14.

LACAU, P., 250.
LAYARD, A.H., 249.
LEVINE, B.A., 146,20,28; 165, 15; 175,55; 250; 256.
LEVY, J., 127,8.
LEXA, F., 120,6; 123,20; 160, 14.
LEYH, G., 123,20.
LIDZBARSKI, M., 149,19; 251.
LIEBERMAN, S., 125,37.
LIETZMANN, H., 255.

Maʿaśeh märkābāh, 152,2; 251.
MACUCH, R., 124,22; 126,38; 150,35,49; 160,12,14; 165, 16; 248; 251; 258.
Maftēaḥ Š^{e}lomoh, 15: 182.
MAIER, Joh., 125,33; 127,4,5; 128,12,13,16,17,18,19; 130, 50; 131,55; 152,3,4,5,6; 153,33; 154,40,48,53; 155, 58; 249; 251.
MARGALIOT, M., passim.
MARGALIOT, R., 225.
Märkābāh šelēmāh, 182; 252.
MARTINET, A., 145,8.
Massäkät hêkālôt, 251.
McCULLOUGH, W.S., 124,23; 161, 17; 167,49; 172,8: 173,28; 251.
MERḤABJAH, Ḥ., 127,4,6; 128, 11,13,19; 129,26; 130,44, 50; 131,57; 225; 251.
MIRSKY, A., 125,33.
Mišnēh tôrāh, 136,142.
MOMIGLIANO, A.D., 123,20.
MONTGOMERY, J.A., 147,34; 164,

23; 169,67; 249; 252.
MORAUX, P., 148,15; 252.
MUSAJOFF, S., 151,50; 182; 252.

NEUSNER, J., 251; 252.
NILSSON, M.P., 125,28.
NÖLDEKE, Th., 124,23.
NORDEN, E., 3; 125,34; 160,14; 161,15; 162,33; 177,12.

OBERMAN, J., 252.
OBERMAYER, A., 255.

PACK, R.A., 123,20.
PETERSON, E., 160,14.
PÖGGELER, O., 255.
POGNON, H., 161,18; 252.
PRADEL, F., 124,25; 252.
PREISENDANZ, K., 123,20; 124, 25; 125,32; 145,6; 150,47; 162,30; 252.

REITZENSTEIN, R., 147,34; 253.
ROEDER, G., 123,20.
ROSENTHAL, A.S., 8; 131,62.
ROSENTHAL, F., 123,20; 124,23.

Ša'arê Ṣijjôn, 182.
SCHÄFER, P., 128,12.
SCHOLEM, G., 2; 121,8; 122,13, 14,15,16; 127,2; 129,23,34; 146,28; 148,7; 149,29; 150, 48,50; 152,2,9; 167,37,46; 169,73,77; 170,88; 225; 250; 252; 254.
SCHRIRE, Th., 124,21; 148,14; 253.
SCHRÖDER, Chr.M., 120,1.
SCHWAB, M., 253.
SCHWEIZER, E., 160,14; 161,15; 162,34.
SECRET, F., 127,4; 130,42.
SED, N., 127,4; 128,16; 130, 49,50; 131,62; 225; 253.
Sēdär rabbāh dibrē'šît, 254.
Sēfär haj-jāšār, 122,16.
Sēfär ham-ma'alôt, 122,16
Sēfär ham-malbûš, 128,19; 182.
Sēfär hā-rāzîm, passim.
Sēfär jeṣîrāh, 128,16.
Sēfär Noaḥ, 127,2.
Sēfär Rāzî'ēl, 7; 127,2; 182.
Sēfär šimmûšê tehillîm, 122,16
Sēfär šimmûšê tôrāh, 122,16.
Sēfär sôdê rāzajjā', 7; 127,2; 144,260; 182.
Siddûr Rāb Sā'adjāh Gā'ôn, 152,2; 254.
SMITH, M., 199;217.
SOKOLOFF, M., 126,39.
STEINSCHNEIDER, M., 121,8.
STIEHL, R., 124,22; 160,14; 247; 251.
STÜBE, R., 254.

Tefillat Rāb Hamnûnā' sabbā', 122,16.
TEIXIDOR, J., 141,217; 254.
Tôrāh šelēmāh, 250; 255.
TRACHTENBERG, J., 121,12; 150, 42; 255.

URBACH, E.E., 122,17; 129,23; 150,42; 154,48; 250; 255.

VAJDA, G., 127,4.

VEIT, W., 126,41; 255.

VILLEFOSSE, M.A.H.de, 255.

VOGUE, M.de, 255.

WEBER, M., 123,124,20.

WERTHEIMER, S.A.u.A.J., 152,2; 153,32; 155,59; 248; 250; 254; 255.

WESSELY, C., 250.

WIDENGREN, G., 120,1,5.

WISSOWA, G., 253.

WOHLSTEIN, J., 255.

WOLBERGS, Th., 125,31.

WORTMANN, D., 124,24; 173,19; 176,1; 255.

WÜNSCH, R., 145,9; 162,27; 164,13; 172,1,11; 173,30; 176,8; 247; 255.

YAMAUCHI, E.M., 126,39; 149, 31; 255.

ZAFREN, H.C., 123,19.

ZEITLIN, S., 123,19.